D1729893

A Fábula
Cinematográfica

Jacques
Rancière

TRADUÇÃO
Luís Lima

ORFEU
NEGRO

OBRA PUBLICADA COM OS SEGUINTES APOIOS
Centro Nacional do Livro – MINISTÉRIO DA CULTURA FRANCÊS
Programa de apoio à publicação – INSTITUT FRANÇAIS

OUVRAGE PUBLIÉ AVEC LES SOUTIENS SUIVANTS
Centre national du livre – MINISTÈRE FRANÇAIS CHARGÉ DE LA CULTURE
Programme d'aide à la publication – INSTITUT FRANÇAIS

TÍTULO ORIGINAL
La Fable cinématographique

AUTOR
Jacques Rancière

TRADUÇÃO
Luís Lima

REVISÃO
L. Baptista Coelho

CONCEPÇÃO GRÁFICA
Rui Silva | www.alfaiataria.org

IMPRESSÃO
Guide – Artes Gráficas

COPYRIGHT
© 2011 Éditions du Seuil
© 2014 Orfeu Negro

1.ª EDIÇÃO
Lisboa, Maio 2014

DL 375726/14
ISBN 978-989-8327-39-0

ORFEU NEGRO
Rua Gustavo de Matos Sequeira, n.º 39 – 1.º
1250-120 Lisboa | Portugal | t +351 21 3244170
info@orfeunegro.org | www.orfeunegro.org

A FÁBULA CINEMATOGRÁFICA

Jacques Rancière

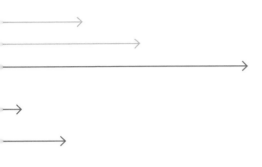

PRÓLOGO
Uma fábula contrariada

«Em geral, o cinema conta mal a história. E, nele, "acção dramática" equivale a erro. O drama em curso está já meio resolvido e resvala pela encosta curativa da crise. A verdadeira tragédia está em suspenso. Ameaça todos os rostos. Está na cortina da janela e na tranca da porta. Cada gota de tinta pode fazê-la florescer na ponta da esferográfica. Dissolve-se no copo de água. O quarto satura-se por inteiro de drama em todos os estados. O cigarro fumega ameaçadoramente na borda do cinzeiro. Poeira de traição. O tapete estende arabescos venenosos e os braços da poltrona tremem. Agora, o sofrimento está em sobrefusão. Espera. Ainda não se vê nada, mas o cristal trágico que irá criar o bloco do drama caiu algures. A sua onda avança. Círculos concêntricos. Desliza de divisória em divisória. Segundos.

O telefone toca. Está tudo perdido.

Então, faz mesmo questão de saber se eles se casam no final. Mas NÃO HÁ filmes que acabem mal e entra-se na felicidade à hora marcada.

O cinema é verdadeiro. Uma história é uma mentira»[1].

---

1   Jean Epstein, *Bonjour cinéma*, Paris, Éditions de la Sirène, 1921; *Écrits sur le cinéma*, Paris, Seghers, 1974, p. 86.

Estas linhas de Jean Epstein põem a nu o problema colocado pela própria noção de fábula cinematográfica. Escritas em 1921, por um homem de vinte e quatro anos, celebram, com o título *Bonjour cinéma*, a revolução artística de que o cinema é, segundo ele, portador. Ora, Jean Epstein resume ao máximo esta revolução, e de tal forma que parece invalidar o propósito deste livro: o cinema está para a arte das histórias como a verdade está para a mentira. Este não dispensa apenas a espera infantil pelo fim do conto, com o casamento e os muitos filhos. É a «fábula», no sentido aristotélico, o agenciamento de acções necessárias ou verosímeis que, pela construção ordenada do nó e do desenlace, faz passar as personagens da felicidade para a infelicidade ou da infelicidade para a felicidade. Esta lógica das acções agenciadas definia não só o poema trágico como a própria ideia de expressividade da arte. Ora, esta lógica é ilógica, diz-nos o jovem adulto. Contradiz a vida que pretende imitar. A vida não conhece histórias. Não conhece acções orientadas para um fim, mas apenas situações abertas em todas as direcções. Não conhece progressões dramáticas, mas antes um movimento longo, contínuo, feito de uma infinidade de micromovimentos. Esta verdade da vida encontrou, finalmente, a arte capaz de a expressar; a arte em que a inteligência que inventa mudanças de fortuna e conflitos de vontades se submete a uma outra inteligência – a inteligência da máquina que nada quer e não constrói histórias, mas que regista essa infinidade de movimentos que torna um drama cem vezes mais intenso do que qualquer mudança dramática de fortuna. No princípio do cinema está um artista «escrupulosamente honesto», um artista que não faz batota, que não pode fazer batota, uma vez que ele apenas regista. Mas esse registo não é já a reprodução idêntica das coisas, na qual Baudelaire via a negação da invenção artística. Ao modificar o próprio estatuto do «real», o automatismo cinematográfico regula a querela entre a técnica e a arte. Não reproduz as coisas tal como se oferecem ao olhar. Regista-as tal como o olho humano não as vê, tal como surgem ao ser, no estado de ondas e de vibrações, antes da sua qualificação como objectos, pessoas ou acontecimentos identificáveis pelas suas propriedades descritivas ou narrativas.

É por isso que a arte das imagens móveis pode derrubar a velha hierarquia aristotélica que privilegiava o *muthos* – a racionalidade da intriga – e desvalorizava o *opsis* – o efeito sensível do espectáculo. Ela não é só a arte do visível, que teria anexado, graças ao movimento, a capacidade do relato. Também não é uma técnica da visibilidade, que teria substituído a arte de imitar as formas visíveis. É o acesso aberto a uma verdade interior do sensível, que regula as querelas de prioridade entre as artes e os sentidos, porque regula, antes de mais, a grande querela entre o pensamento e o sensível. Se o cinema revoga a velha ordem mimética é porque resolve a questão da *mimesis* pela raiz: a denúncia platónica das imagens, a oposição entre a cópia sensível e o modelo inteligível. Aquilo que o olho mecânico vê e transcreve, diz-nos Epstein, é uma matéria igual ao espírito, uma matéria sensível imaterial, feita de ondas e corpúsculos. Esta abole toda a oposição entre as aparências enganadoras e a realidade substancial. O olho e a mão, que se esforçavam por reproduzir o espectáculo do mundo, o drama, que explorava os recursos secretos da alma, pertencem à velha arte, porque pertencem à velha ciência. A escrita do movimento pela luz remete a matéria ficcional para a matéria sensível. Remete o negrume das traições, o veneno dos crimes ou a angústia dos melodramas para a suspensão dos grãos de pó, para o fumo de um cigarro ou para os arabescos de um tapete. E reduz estes últimos aos movimentos íntimos de uma matéria imaterial. Tal é o drama novo que com o cinema encontrou o seu artista. O pensamento e as coisas, o exterior e o interior, são nele tomados numa mesma textura indistintamente sensível e inteligível. O pensamento imprime-se na fronte em «pinceladas de amperes», e o amor do ecrã «contém aquilo que nenhum amor até agora conteve: a sua quota-parte de ultravioleta»[2].

Manifestamente, esta visão é de um tempo diferente do nosso. Mas há diferentes maneiras de medir a distância. A primeira é nostálgica. É a constatação de que, fora da fiel fortaleza do cinema experimental, a realidade do cinema que traiu desde há muito tempo a bela esperança de uma escrita de luz, que opusesse a presença íntima das coisas às fábulas e às personagens de antigamente. A jovem arte do cinema não se contentou em restabelecer laços com a velha arte das histórias. Tornou-se o seu

2 *Ibid.*, p. 91.

mais fiel guardião. Não se limitou a utilizar o seu poder visual e os respectivos meios experimentais para ilustrar velhas histórias de conflitos de interesses e provações amorosas. Colocou-os ao serviço da restauração de toda a ordem representativa que a literatura, a pintura e o teatro haviam posto em causa. Restaurou as intrigas e as personagens típicas, os códigos expressivos e os velhos recursos do *pathos*, até à estrita divisão dos géneros. A nostalgia acusa então a involução do cinema, atribuída a dois fenómenos: a ruptura do sonoro, que revogou as tentativas da língua das imagens; a indústria hollywoodiana, que reduziu os criadores cinematográficos ao papel de ilustradores de argumentos que, visando a rendibilidade comercial, se fundam na estandardização das intrigas e na identificação com as personagens.

A segunda maneira é condescendente. Diz-nos que estamos hoje, sem dúvida, longe desse sonho. Mas tão--só porque tal sonho não era senão uma utopia inconsistente. Estava em sincronia com a grande utopia desse tempo, com o sonho estético, científico e político de um mundo novo, onde todas as densidades materiais e históricas se encontrariam dissolvidas no reino da energia luminosa. De 1890 à década de 20 do séc. xx, esta utopia paracientífica da matéria dissolvida em energia inspirou quer as divagações simbolistas do poema imaterial quer a empresa soviética de construção de um novo mundo social. A pretexto de definir a essência de uma arte a partir do seu dispositivo técnico, Jean Epstein limitou-se a dar--nos uma versão particular do grande poema da energia, que a sua época louvou e ilustrou de mil maneiras: nos manifestos simbolistas, como o de Canudo, e nos manifestos futuristas à Marinetti; nos poemas simultaneístas de Apollinaire e Cendrars, glorificando o néon e a TSF, ou nos poemas da língua transmental de Khlebnikov; nos dinamismos de bailes populares, como os de Severini, e nos dinamismos de círculos cromáticos à maneira de Delaunay; no cinema-olho de Vertov, na cenografia de Appia ou na dança luminosa de Loïe Fuller... Regido por esta utopia do novo mundo eléctrico, Epstein escreveria esse poema do pensamento gravado em pinceladas de amperes e do amor com a sua quota-parte de ultravioleta. Terá celebrado uma arte que já não existe, pela simples razão de nunca ter existido. Não era a nossa, mas também não era a dele; não era aquela que as salas de cinema do seu tempo exibiam em cartaz nem a que ele próprio fazia – e onde, também ele, contava histórias de amores malfadados e outros desenganos sentimentais à moda antiga. Celebrou uma arte que existia unicamente na sua cabeça, um cinema que era apenas uma ideia dentro de algumas cabeças.

Não é certo que a condescendência nos instrua melhor do que a nostalgia. Em que consiste, afinal, esta simples realidade da arte cinematográfica para a qual nos remete? Como se estabelece o vínculo entre um dispositivo técnico de produção de imagens visíveis e uma maneira de contar histórias? Não foram poucos os teóricos que quiseram assentar a arte das imagens móveis na base sólida dos seus meios próprios. Mas os meios próprios da máquina analógica de ontem, como os da máquina digital de hoje, revelaram idêntica aptidão para filmar as desventuras amorosas e as danças de formas abstractas. A relação entre um dispositivo técnico e um determinado tipo de fábula só pode postular-se em nome de uma ideia de arte. *Cinema*, tal como *pintura* ou *literatura*, não é apenas o nome de uma arte cujos procedimentos podem ser deduzidos da sua matéria e do seu dispositivo técnico próprios. É, tal como eles, um nome da arte, cujo significado transborda as fronteiras das artes. Para compreendê-lo, talvez devamos ver com outros olhos essas linhas de *Bonjour cinéma* e a ideia de arte que elas implicam. À velha «acção dramática», Epstein opõe a «verdadeira tragédia» que é a «tragédia em suspenso». Ora, este tema da tragédia em suspenso não se reduz à ideia da máquina automática que inscreve na película o rosto íntimo das coisas. O poder do automatismo da máquina é de índole totalmente diferente: é uma dialéctica activa na qual uma tragédia leva a melhor sobre outra: a ameaça do cigarro, a traição do pó ou o poder venenoso do tapete afectam os encadeamentos narrativos e expressivos tradicionais da espera, da violência e do temor. O texto de Epstein opera, em suma, um trabalho de des-figuração. Compõe um filme com os elementos de um outro. E, de facto, não nos descreve um filme experimental – real ou imaginário – realizado com o propósito de atestar o poder do cinema. Na realidade – como compreenderemos pouco depois –, é um filme retirado de outro, de um melodrama de Thomas Harper Ince intitulado *The Honour of His House* e interpretado por um actor fetiche da época, Sessue Hayakawa.

A fábula – teórica e poética – que nos explica o poder original do cinema provém do corpo de outra fábula, cujos aspectos narrativos tradicionais foram apagados por Epstein, a fim de compor uma outra dramaturgia, um outro sistema de esperas, de acções e de estados.

Assim se desdobra, exemplarmente, a unidade-cinema. Jean Epstein celebra uma arte que devolve a uma unidade primordial a dualidade da vida e das ficções, da arte e da ciência, do sensível e do inteligível. Mas tal essência pura do cinema só se constrói extraindo do modelo filmado o trabalho de um «puro» cinema. Ora, esta maneira de construir uma fábula a partir de outra é algo bem distinto de uma ideia passadista. É um dado constitutivo do cinema como experiência, como arte e como ideia de arte. Mas é também um dado que inscreve o cinema numa continuidade contraditória com todo um regime da arte. Realizar um filme a partir do corpo de outro é algo feito incessantemente, de Jean Epstein aos nossos dias, pelas três figuras que o cinema põe em contacto: os cineastas, que «encenam» argumentos nos quais não colaboraram; os espectadores, de cujas memórias misturadas o cinema é feito; e os críticos e cinéfilos, que compõem uma obra de formas plásticas puras a partir do corpo de uma ficção comercial. É também isto que fazem os autores das duas grandes súmulas que pretenderam resumir o poder do cinema: os dois volumes da obra *Cinema*, de Deleuze, e os oito episódios da(s) *História(s) do Cinema*, de Godard. Juntas, constituem uma ontologia do cinema, argumentada a partir de amostras retiradas do conjunto do *corpus* da arte cinematográfica. Godard defende uma teoria da imagem-ícone e argumenta-a com planos plásticos puros extraídos das imagens funcionais que veiculam os enigmas e os afectos das ficções hitchcockianas. Deleuze apresenta uma ontologia na qual as imagens do cinema são duas coisas numa: são as próprias coisas, os acontecimentos íntimos do devir universal, e são as operações de uma arte que restitui aos acontecimentos do mundo o poder do qual foram privados pelo ecrã opaco do cérebro humano. Mas a dramaturgia desta restituição ontológica opera-se, tal como a dramaturgia da origem em Epstein ou Godard, por via de amostras retiradas dos dados da ficção. A perna paralisada de Jeff, em *Janela Indiscreta*, ou a vertigem de Scottie, em *A Mulher Que Viveu Duas Vezes*, encarnam a «ruptura do esquema sensoriomotor» pela qual a imagem-tempo se subtrai à imagem-movimento. Em Deleuze, como em Godard, opera a mesma dramaturgia que marca a análise de Jean Epstein: a essência originária da arte cinematográfica é retirada *a posteriori*, partindo dos dados ficcionais que tem em comum com a velha arte das histórias. Mas se tal dramaturgia é comum ao pioneiro entusiasta do cinema e ao seu historiógrafo desencantado, ao filósofo sofisticado e aos teóricos amadores, é porque ela é consubstancial à história do cinema enquanto arte e objecto de pensamento. A fábula pela qual o cinema diz a sua verdade sai das histórias narradas nos seus ecrãs.

A substituição operada pela análise de Jean Epstein é, pois, muito mais do que uma ilusão juvenil. Esta fábula do cinema é consubstancial à arte do cinematógrafo. Mas isto não significa que tenha nascido com ele. Se a dramaturgia enxertada por Jean Epstein na máquina cinematográfica chegou até nós é por ser uma dramaturgia tanto da arte em geral quanto do cinema em particular, é por ser própria do *momento* estético do cinema mais do que da especificidade dos seus meios técnicos. O cinema como ideia da arte antecedeu o cinema como meio técnico e arte particular. A oposição entre a «tragédia em suspenso», reveladora da textura íntima das coisas, e as convenções da «acção dramática» serviu para opor a jovem arte cinematográfica à antiquada arte teatral. Porém, foi do teatro que o cinema a herdou. Foi no seio do teatro que essa oposição se verificou pela primeira vez, no tempo de Maeterlinck e Gordon Craig, de Appia e Meyerhold. Foram os dramaturgos e os encenadores teatrais quem opôs o *suspense* íntimo do mundo às peripécias aristotélicas. Também eles ensinaram a extrair essa tragédia do corpo das velhas intrigas. E seria tentador fazer da «tragédia em suspenso» de Jean Epstein uma derivação da «tragédia imóvel» que Maeterlinck quisera, trinta anos antes, extrair das histórias shakespearianas de amor e violência; «O que se ouve por trás do rei Lear, Macbeth ou Hamlet, por exemplo, o canto misterioso do infinito, o silêncio ameaçador das almas ou dos deuses, a eternidade a trovejar no horizonte, o destino ou a fatalidade que se vislumbra interiormente sem que se possa dizer através de que sinal é possível reconhecê-la, não seria possível, por uma qualquer interversão de papéis, aproximá-los de nós enquanto se afastariam os actores? [...] Dei por mim a acreditar que um velho, sentado na sua poltrona, limitado a esperar sob uma lâmpada, escutando, sem saber, todas as leis eternas reinantes em torno de sua casa, interpretando, sem compreender, o que há no silêncio das portas e das janelas ou na vozinha da lâmpada, padecendo da presença da sua alma e do seu destino, inclinando um pouco a cabeça, sem suspeitar que todas as potências deste mundo intervêm e velam no seu quarto como servidoras atentas [...] e que não existe um astro no céu nem uma força da alma que seja indiferente ao movimento de uma pálpebra que se fecha ou de um pensamento que se eleva – dei por mim a acreditar que esse velho imóvel levava, na realidade, uma vida profunda, mais humana e mais geral do que o amante que estrangula a sua amada, o capitão que obtém uma vitória ou o "esposo que vinga a sua honra"»[3].

O olho automático da câmara, celebrado por *Bonjour cinéma*, faz o mesmo que o poeta da «vida imóvel» sonhado por Maeterlinck. E a metáfora do cristal, que Gilles Deleuze retomará de Jean Epstein, está já presente no teórico do drama simbolista: «Um químico deposita umas gotas misteriosas num vaso que parece não conter senão água clara: e, de repente, um mundo de cristais eleva-se até ao rebordo e revela-nos o que estava em suspenso nesse vaso, onde os nossos olhos incompletos nada haviam vislumbrado»[4]. Maeterlinck acrescentava

—

3 Maeterlinck, «Le Tragique quotidien», in *Le trésor des humbles* (1896), Bruxelas, Labor, 1998, pp. 101-105.

4 *Ibid.*, pp. 106-107.

que esse poema novo, que revelava cristais fabulosos num líquido em suspensão, precisava de um intérprete inédito: já não o velho actor com os seus sentimentos e meios de expressão antiquados, mas um ser não humano que se parecesse com as figuras de cera dos museus. Este andróide teve no teatro a fortuna que se sabe – da super-marioneta de Edward Gordon Craig ao teatro da morte de Tadeusz Kantor. Mas uma das suas possíveis encarnações é o ser de celulóide cuja materialidade química «morta» contradiz a mímica viva do actor. E aquilo que a evocação dessa personagem imóvel sob a lâmpada nos descrevia é, efectivamente, um plano de cinema, ao qual os cineastas, narrativos ou contemplativos, saberão dar as mais diversas encarnações.

Mas o mais importante não está na dívida particular que a fábula cinematográfica tem para com a poética simbolista. O trabalho de extrair uma fábula de outra, ao qual se entrega Jean Epstein, depois de Maeterlinck e antes de Deleuze ou Godard, não é uma questão de influências, não é uma questão de pertença a um universo lexical e conceptual particular. O que está aqui em jogo é toda a lógica de um regime da arte. Este trabalho de des-figuração fora já levado a cabo pelos críticos de arte do século XIX – Goncourt ou outros – quando respigaram, nas cenas religiosas de Rubens, nas cenas burguesas de Rembrandt ou nas naturezas-mortas de Chardin, a mesma dramaturgia em que o gesto da pintura e a aventura da matéria pictórica ocupavam um lugar privilegiado, relegando para segundo plano o conteúdo figurativo dos quadros. É o que propunham, no dealbar desse mesmo século, os textos do *Athenäum*, dos irmãos Schlegel, em nome da fragmentação romântica que desfaz os antigos poemas para fazer deles as sementes de poemas novos. É toda a lógica do regime estético da arte que se instala nessa época[5]. Esta lógica opõe, ao modelo representativo das acções encadeadas e dos códigos expressivos, apropriados aos temas e às situações, uma potência originária da arte, inicialmente dividida entre dois extremos: entre a pura actividade de uma criação doravante sem regras nem modelos e a pura passividade de um poder expressivo inscrito nas próprias coisas, independentemente de qualquer vontade de significação ou de obra. Opõe, ao velho princípio da forma que trabalha a matéria, a identidade do puro poder da ideia e da radical impotência da presença sensível e da escrita muda das coisas. Mas essa unidade dos contrários, que faz coincidir o trabalho da ideia artística com a potência do originário, só se alcança, de facto, no trabalho demorado da des-figuração que, na obra nova, contradiz as expectativas de que o tema ou a história são portadores, ou, na obra antiga, re-vê, re-lê, e re-dispõe os elementos. É este trabalho que desfaz as composições da ficção ou do quadro representativo, revelando o gesto da pintura e a aventura da matéria sob os temas da figuração. Faz brilhar, por trás dos conflitos de vontade, dramáticos ou romanescos, o clarão da epifania, o esplendor puro

—

5 Permito-me remeter, a este propósito, para os meus livros *L'inconscient esthétique* (Paris, Galilée, 2001) e *Le Partage du sensible* (Paris, La Fabrique, 2000). [Trad. port.: *Estética e Política – A Partilha do Sensível*, Dafne Editora, Porto, 2010].

do ser sem razão. Esvazia ou exacerba a gestualidade dos corpos expressivos, reduz ou aumenta a velocidade dos encadeamentos narrativos, suspende ou sobrecarrega os significados. A arte da era estética pretende identificar o seu poder incondicionado com o seu contrário: a passividade do ser sem razão, a poeira das partículas elementares, o surgimento originário das coisas. Flaubert sonhava, como se sabe, com uma obra sem tema nem matéria, que não assentasse em nada além do «estilo» do escritor. Mas esse estilo soberano, expressão pura da vontade de arte, só podia realizar-se no seu contrário: a obra franqueada de qualquer vestígio da intervenção do escritor, apresentando a indiferença dos flutuantes grãos de poeira e a passividade das coisas sem vontade nem significado. E esse esplendor do insignificante, por sua vez, só se realizava no ínfimo intervalo escavado no seio da lógica representativa: histórias de indivíduos perseguindo objectivos que se entrecruzam e se contrariam; objectivos, no fundo, dos mais comuns, como seduzir uma mulher, conquistar uma posição social, ganhar dinheiro... O trabalho do estilo consistia em revestir a exposição dessas acções comuns com a passividade do olhar vazio das coisas sem razão. E só alcançava esse objectivo ao tornar-se ele próprio passivo, invisível, anulando tendencialmente a sua diferença com a prosa comum do mundo.

Tal é a arte da era estética: uma arte que vem depois e desfaz os encadeamentos da arte representativa: ao contrariar a lógica das acções encadeadas pelo devir-passivo da escrita; ou, então, ao re-figurar os poemas e os quadros antigos. Este trabalho supõe que toda a arte do passado está, doravante, à disposição, podendo ser relida, revista, repintada ou reescrita; mas, também, que qualquer coisa do mundo – objecto banal, manchas num muro, ilustração comercial ou outra – está disponível para a arte na sua qualidade de duplo recurso: enquanto hieróglifo que encripta uma época do mundo, uma sociedade, uma história e, ao invés, como pura presença, realidade nua ornada com o novo esplendor do insignificante. As propriedades que Jean Epstein atribui ao cinema são as propriedades deste regime da arte: identidade do activo e do passivo, elevação de todas as coisas à dignidade da arte, trabalho da des-figuração que extrai o *suspense* trágico da acção dramática. A identidade do consciente e do inconsciente, que Schelling e Hegel haviam tomado como o próprio princípio da arte, encontra a sua encarnação exemplar no duplo poder do olho consciente do cineasta e do olho inconsciente da câmara. É tentador retirar daqui a conclusão, com Epstein e alguns outros, de que o cinema é o sonho realizado desse regime. Eram, efectivamente, em certo sentido, «planos de cinema» que enquadravam as micronarrações flaubertianas ao apresentarem-nos Emma à janela, absorta na contemplação dos seus pés de feijão derrubados pela chuva, ou Charles, apoiado nos cotovelos, numa outra janela, com o olhar perdido na preguiça de uma noite de Verão, nas rocas dos tintureiros e na água suja de um braço de rio industrial. O cinema parece cumprir naturalmente essa escrita da *opsis* que inverte o privilégio aristotélico do *muthos*. No entanto, a conclusão é falsa, e por uma razão simples: sendo por natureza aquilo que as artes da era estética se esforçavam por ser, o cinema inverte-lhes o movimento. Os enquadramentos flaubertianos resultavam de um trabalho da escrita que contradizia, pela fixidez sonhadora do quadro, as expectativas e as verosimilhanças narrativas. O pintor ou o romancista tornavam-se os instrumentos do seu devir-passivo. O dispositivo maquínico, por sua vez, suprime o trabalho activo desse devir-passivo. A câmara não pode tornar-se passiva; em todo o caso, já o é. Está necessariamente ao serviço da inteligência que a manipula. No início de *O Homem da Câmara de Filmar*, de Dziga Vertov, uma câmara-olho, preparada para a exploração do rosto desconhecido das coisas, parece, primeiro, ilustrar o propósito de Jean Epstein. Mas, sobre essa câmara, um operador vem também instalar o tripé de uma segunda câmara, instrumento de uma vontade que, de antemão, dispõe das descobertas da primeira e faz delas pedaços de celulóide próprios para tudo. O olho da máquina, de facto, presta-se a tudo: à tragédia em suspenso e ao trabalho dos *kinoks* soviéticos, bem como à ilustração antiquada das histórias de interesse, de amor e de morte. Quem pode fazer tudo está geralmente destinado a servir. A «passividade» da máquina, supostamente votada a cumprir o programa do regime estético da arte, presta-se, igualmente, a restaurar a velha potência representativa da forma activa comandando a matéria passiva que um século de pintura e de literatura se esforçara por subverter. E, com ela, a pouco e pouco, é toda a lógica da arte representativa que acaba por ser restaurada. Mas também o artista, que comanda soberanamente a máquina passiva, está, mais do que qualquer outro, destinado a transformar o seu domínio em servidão, a pôr a sua arte ao serviço das empresas de gestão e de rendibilização do imaginário colectivo. Na era de Joyce e de Virginia Woolf, de Malevitch ou de Schönberg, o cinema parece surgir de propósito para contrariar uma simples teleologia da modernidade artística, opondo a autonomia estética da arte à sua antiga submissão representativa.

Porém, essa contrariedade não se reduz à oposição entre o princípio da arte e o do entretenimento popular, submetido à industrialização do lazer e do prazer das massas. Pois, a arte da era estética abole as fronteiras, e tudo converte em arte. O seu romance cresceu com o folhetim, a sua poesia alinhou-se pelo ritmo das multidões, e a sua pintura instalou-se nas *guinguettes* e nos *music-halls*. No tempo de Jean Epstein, a nova arte da realização reivindica os desfiles do saltimbanco e o desempenho do atleta. E, na mesma época, o refugo do consumo começa a aparecer nas paredes das galerias e a ilustrar os poemas. A imposição industrial, sem dúvida, cedo transformou o cineasta em «artesão», esforçando-se por imprimir a sua própria marca num guião por ilustrar com actores impostos. Mas chegar depois, enxertar a sua arte numa outra já existente, tornar a sua operação quase indiscernível da prosa das histórias e das imagens comuns, é uma lei do regime estético da arte, à qual a indústria cinematográfica, num certo sentido, confere apenas a sua forma mais radical. E a nossa época é facilmente propensa a reabilitar o cinema dos artesãos, face aos impasses de uma «política dos autores», encontrando o seu cumprimento no estetismo publicitário. Desta feita, recupera, adaptando-o, o diagnóstico hegeliano: a obra do artista que faz o que quer acaba apenas por mostrar a imagem do artista em geral. A contemporaneidade acrescenta que esta última, finalmente, se confunde com a imagem de marca da mercadoria[6]. Se a arte do cinema teve de aceitar aparecer depois de produtores e argumentistas, mesmo que contrariando, com a sua lógica própria, o programa que lhe davam a ilustrar, não foi apenas devido à dura lei do mercado. Foi também em virtude da indecidibilidade que está no seio de sua natureza artística. O cinema é, ao mesmo tempo, a literalização de uma ideia secular da arte e a sua refutação em acto. É a arte do *a posteriori*, oriundo da des-figuração romântica das histórias, e é aquele que devolve essa des-figuração à imitação clássica. A sua continuidade com a revolução estética, que o tornou possível, é necessariamente paradoxal. Se encontra, no seu equipamento técnico inicial, a identidade do passivo e do activo, que constitui o princípio dessa revolução, só lhe pode ser fiel, na medida em que acrescenta um ponto à sua dialéctica secular. A arte do cinema não foi apenas empiricamente obrigada a afirmar a sua arte contra as tarefas que

—

6 Foi Serge Daney quem com maior rigor formulou esta dialéctica da arte e do comércio. Ver, designadamente, *L'exercice a été profitable, Monsieur* (Paris, P.O.L., 1993) e *La maison cinéma et le monde* (Paris, P.O.L., 2001). Ver, acerca deste assunto, Jacques Rancière, «Celui qui vient après. Les Antinomies de la pensée critique», *Trafic*, n.º 37, Primavera de 2001.

a indústria lhe propunha. Essa manifesta contrariedade esconde outra, mais íntima. Para contrariar a sua servidão, o cinema teve, primeiro, de contrariar o seu próprio domínio. Os seus procedimentos artísticos devem construir dramaturgias que contrariem os seus poderes naturais. Da natureza técnica à vocação artística que lhe são próprias, a linha não é recta. A fábula cinematográfica é uma fábula contrariada.

É preciso, então, contestar a tese de uma continuidade entre a natureza técnica da máquina de visão e as formas da arte cinematográfica. Cineastas e teóricos postularam de bom grado que a arte do cinema atingia a sua perfeição onde as suas fábulas e as suas formas expressavam a essência do meio cinematográfico. Algumas proposições e figuras exemplares balizam a história dessa identificação: o autómato burlesco – chapliniano ou keatoniano –, que fascinou a geração de Delluc, Epstein ou Eisenstein, antes de estar no cerne da teoria de André Bazin e de ainda inspirar as sistematizações contemporâneas[7]; o olhar da câmara rosselliniana sobre as «coisas não manipuladas»; a teoria e a prática bressonianas do «modelo», opondo a verdade do automatismo cinematográfico ao artifício da expressão teatral. Seria possível demonstrar, porém, que nenhuma dessas dramaturgias pertence propriamente ao cinema, ou antes, que, a pertencerem-lhe, será apenas por via de uma lógica da contrariedade. André Bazin empe-

---

7   Cf., por exemplo, a obra de Thérèse Giraud, *Cinéma et technologie* (Paris, PUF, 2001), que defende a tese oposta à que aqui se advoga.

nhou-se com brilhantismo em mostrar que a gestualidade de Charlot era a encarnação do ser cinematográfico, da forma fixada pelos sais de prata na fita de celulóide[8]. Mas o autómato burlesco era já, antes mesmo do cinema, uma figura estética constituída, um herói do espectáculo puro, recusando a psicologia tradicional. E não foi como encarnação do autómato técnico que ele funcionou no cinema, mas antes como instrumento de um desregulamento fundamental de toda a fábula; um equivalente, na arte das imagens móveis, do devir-passivo próprio da escrita romanesca moderna. O corpo burlesco é, com efeito, aquele cujas acções e reacções estão sempre em excesso ou em falta, que não cessa de passar da extrema impotência ao extremo poder. Exemplarmente, o herói keatoniano oscila entre um olhar sempre vencido de antemão e um movimento que nada detém. É aquele que vê constantemente as coisas escaparem-lhe. E é ainda, ao invés, o móbil que vai sempre adiante, sem resistência, como no episódio de *Sherlock Jr.*, em que transpõe, em linha recta, todos os obstáculos, ao volante de uma moto cujo condutor caíra muito tempo antes. O corpo burlesco

---

8   «Antes de possuir um "carácter" [...], Charlot existe, simplesmente. É uma forma branca e preta impressa nos sais de prata da ortocromática» (André Bazin, «Le mythe de M. Verdoux», *in* André Bazin e Eric Rohmer, *Charlie Chaplin*, Paris, Éditions du Cerf, 1972, p. 38). A análise de André Bazin, é certo, não se limita a esta identificação ontotecnológica da personagem chaplinesca com o ser cinematográfico, mas é fortemente marcada por ela, daí a sua oposição à «ideologia» de *Tempos Modernos* ou de *O Grande Ditador*, que destrói a natureza «ontológica» de Charlot, ao deixar transparecer excessivamente a mão e o pensamento de Charlie Chaplin.

desfaz os encadeamentos da causa e do efeito, da acção e da reacção, porque põe em contradição os próprios elementos da imagem móvel. Daí advém que, ao longo de toda a história do cinema, tenha incessantemente funcionado como uma máquina dramatúrgica própria a transformar uma fábula noutra. Comprovam-no, hoje ainda, os filmes de Kitano, nos quais a mecânica burlesca serve para inverter a lógica do filme de acção. O confronto violento das vontades é neles reduzido, por aceleração, a uma pura mecânica das acções e das reacções, livre de qualquer expressividade. Esse movimento automático é, depois, afectado por um princípio inverso de distensão, de intervalo crescente entre a acção e a reacção, até ao ponto em que se anula em pura contemplação. No final de *Fogo de Artifício*, polícias que se tornaram puros espectadores contemplam o suicídio de um antigo colega – suicídio que, em si mesmo, só é percebido como um som que ecoa na indiferença da areia e das águas. O automatismo burlesco conduz a lógica da fábula àquilo que poderíamos chamar, segundo Deleuze, situações ópticas e sonoras puras. Mas essas situações «puras» não são a essência reencontrada da imagem; são o produto de operações em que a arte cinematográfica organiza a contrariedade dos seus poderes.

Que a situação «pura» seja sempre o resultado de um conjunto de operações, é também o que nos revela a dramaturgia rosselliniana, à custa, talvez, de um distanciamento das leituras de André Bazin e de Gilles Deleuze. O primeiro vê cumprir-se, nessas grandes fábulas de errância, a vocação fundamental da máquina automática, a seguir, pacientemente, os sinais ínfimos que deixam entrever o segredo espiritual dos seres. Para o segundo, Rossellini é o cineasta das situações ópticas e sonoras puras por excelência, traduzindo a realidade da devastada Europa do pós-guerra, onde indivíduos desamparados enfrentavam situações para as quais já não tinham resposta. Mas as situações de rarefacção narrativa que Rossellini encena não são situações de «impossibilidade de reagir», de incapacidade de suportar espectáculos intoleráveis e de coordenar o olhar e a acção. São, antes, situações experimentais em que o cineasta sobrepõe ao movimento normal do encadeamento narrativo um outro movimento, comandado por uma fábula da vocação. Quando Pina, em *Roma, Cidade Aberta*, escapa de uma fileira de soldados, que a deviam ter detido, para se lançar atrás do camião que transporta o seu noivo, numa corrida que começa à maneira do movimento burlesco, para terminar numa queda mortal, esse movimento excede, ao mesmo tempo, o visível da situação narrativa e a expressão do amor. Assim como a queda no vazio que encerra a corrida errante de Edmund, em *Alemanha, Ano Zero*, excede qualquer (não-)reacção à ruína material e moral da Alemanha de 1945. Esses movimentos não estão orientados para um objectivo ficcional nem desorientados por uma situação insuportável. São desviados pela imposição de outro movimento. É uma dramaturgia do chamamento, transferida do plano religioso para o plano artístico, que ordena às personagens rossellinianas que passem de um modo de movimento e gravitação para outro, segundo o qual só poderão precipitar-se em queda livre. Este movimento faz coincidir uma dramaturgia ficcional e uma dramaturgia plástica. Mas tal unidade da forma e do conteúdo não remete para uma essência do meio cinematográfico produtora de uma visão «não manipulada» das coisas. É o produto de uma dramaturgia que faz coincidir a extrema liberdade da personagem e a sua absoluta sujeição a um comando. A lógica da «ruptura do esquema sensoriomotor» é uma dialéctica entre a falta de poder e o seu excesso.

É esta dialéctica que se encontra em acto na «cinematografia» bressoniana. Bresson gostaria de resumi-la na dupla do «modelo» passivo, que reproduz mecanicamente gestos e entoações comandadas, e do cineasta-pintor-montador, que utiliza o ecrã como uma tela virgem e que junta os «pedaços de natureza» oferecidos pelo modelo. Mas é necessária uma dramaturgia mais complexa para separar a arte do cinematógrafo das histórias que conta. De facto, um filme de Bresson é sempre a encenação de uma armadilha e de uma perseguição. O caçador furtivo (*Amor e Morte*), o delinquente (*Peregrinação Exemplar*), a namorada repudiada (*Les Dames du Bois de Boulogne*), o marido ciumento (*Uma Mulher Meiga*), o ladrão e o comissário (*O Carteirista*) estendem as suas redes para que a vítima caia nelas. A fábula cinematográfica deve realizar a sua essência de arte, contrariando estes enredos da vontade actuante. Mas tal contradição não pode emanar unicamente da adopção da fragmentação visual e da passividade do modelo. Estas traçam, de facto, uma linha de indiscernibilidade entre a perseguição do caçador que espera pela sua presa e a do cineasta que quer surpreender a verdade do «modelo». A esta cumplicidade visível dos caçadores, deve opor-se uma contralógica. É, antes de mais, um movimento de fuga – de queda no vazio – que subtrai a presa do caçador e a fábula cinematográfica da história ilustrada: uma porta que bateu, porque uma janela se abriu, e a flutuação de um lenço de seda (*Uma Mulher Meiga*), ou ainda o rebolar de uma garota até à lagoa onde se afoga (*Amor e Morte*), marcam o contra-movimento, inicial ou final, pelo qual as presas escapam aos caçadores. A beleza dessas sequências vem da contradição que o visível confere ao significado narrativo: um véu que se eleva ao vento esconde um corpo que cai porque pretende morrer; a brincadeira de uma criança que rebola ladeira abaixo cumpre e nega o suicídio de uma adolescente. O facto de os autores contrariados por essas sequências acrescidas não serem obscuros argumentistas, mas sim Dostoievski e Bernanos, permite apreciar melhor o contramovimento que separa o cinema de uma mera efectuação da sua essência visual. É na lógica deste contra-efeito que se deve pensar o papel da voz. A voz dita «branca» dos filmes de Bresson vai muito além da mera expressão da verdade arrancada ao modelo. É, de modo mais radical, a maneira pela qual o cinema realiza, invertendo-o, o projecto da literatura. Esta fazia penetrar em si mesma, para contrariar os agenciamentos de acção e os conflitos de vontades, a grande passividade do visível.

A adição literária da imagem era uma subtracção de sentido. O cinema não pode recuperar-lhe a potência sem antes inverter o jogo, escavando pelo avesso o visível por meio da palavra. É o que faz aquela «voz branca», na qual vêm fundir-se, em Bresson, as entoações diversas que respondem à clássica expressão dos caracteres. Mais do que o enquadramento do pintor e a construção do montador, é essa invenção sonora que define, paradoxalmente, a arte do representante exemplar do «cinema puro». À imagem que interrompe o relato romanesco responde essa voz que, ao mesmo tempo, dá e retira corpo à imagem. Esta é como uma palavra literária contradita: neutralidade da voz narrativa atribuída a corpos que ela desapropria, sendo, em compensação, por eles desnaturada. Ironicamente, essa voz que especifica a arte cinematográfica de Bresson foi imaginada, primeiro, no teatro, como voz da «terceira personagem» – o Desconhecido, o Inumano – que, segundo Maeterlinck, habitava os diálogos de Ibsen.

As grandes figuras de um cinema puro, cujas fábulas e formas se deduziriam da sua essência, apresentam-nos, então, apenas versões exemplares da fábula desdobrada e contrariada: encenação de uma encenação, contramovimento que afecta o encadeamento das acções e dos planos, automatismo que separa a imagem do movimento, vozes que escavam o visível. E esses jogos do cinema, com os seus recursos próprios, só podem ser entendidos num jogo de trocas e de inversões com a fábula literária, a forma plástica ou a voz teatral. É a multiplicidade de tais jogos que os textos aqui reunidos gostariam de testemunhar, sem qualquer pretensão de cobrir o campo dos possíveis da arte cinematográfica. Há quem apresente na sua completa radicalidade os paradoxos da fábula cinematográfica: assim, a tentativa eisensteiniana de um cinema que opõe às fábulas de outrora a tradução directa de uma ideia – a do comunismo – em signos-imagens portadores de afectos novos; ou, ainda, a transposição, por Murnau, do *Tartufo* de Molière, em filme mudo. *A Linha Geral/O Velho e o Novo* pretende realizar o primeiro programa e identificar a demonstração da nova arte com a oposição política do novo mundo colcoziano e mecanizado ao mundo camponês do antigamente. Mas só o consegue ao conjugar a oposição, com uma cumplicidade estética mais secreta, entre as figuras dionisíacas da arte nova e os transes e superstições antigos. O *Tartufo* mudo de Murnau realiza, por sua vez, a sua «transposição», transformando o intrigante de Molière em sombra, e a sua operação de conquista em conflito das visibilidades, conduzido por Elmira para dissipar a sombra que amedronta o seu esposo. Mas é, então, o próprio poder da sombra cinematográfica que deve ser afastado pela confusão do impostor. É de uma maneira mais discreta que o cinema contraria o texto que põe em imagens no caso de *Os Filhos da Noite*, de Nicholas Ray, onde a fragmentação visual faz uso dos poderes poéticos da metonímia para desfazer o contínuo perceptivo da «corrente de consciência», através do qual o romance dos anos 30 do século XX pretendia, ao invés, apropriar-se da sensorialidade da imagem móvel. Mas até as formas cinematográficas mais clássicas, mais fiéis à tradição representativa das acções bem encadea-das, dos caracteres bem destacados e das imagens bem compostas, são afectadas pelo intervalo que assinala a pertença da fábula cinematográfica ao regime estético da arte. Comprovam-no os *westerns* de Anthony Mann, repre-sentantes exemplares do género cinematográfico mais codificado, obedecendo a todas as necessidades ficcio-nais de um cinema narrativo e popular, todavia habitado por um intervalo essencial. Já que as acções do herói, pela própria minúcia do encadeamento das percepções e dos gestos, se subtraem àquilo que normalmente dá sentido à acção: à estabilidade dos valores éticos, como ao frenesi dos desejos e dos sonhos que os transgridem. É então, ironicamente, a perfeição do «esquema sensorimotor» da acção e da reacção que cria a desordem na narrativa dos conflitos do desejo e da lei, substituindo-os pelo con-fronto de dois espaços perceptivos. E um dos princípios constantes daquilo a que se chama encenação no cinema é suplementar – e contrariar – a conduta da acção e a racionalidade das metas, através do não-ajustamento de duas visibilidades, ou de duas relações do visível com o movimento, pelos reenquadramentos visuais e os movi-mentos aberrantes impostos por uma personagem que, ao mesmo tempo, se ajusta ao argumento da perseguição dos fins e que o perverte.

Não é, pois, de admirar que se encontrem aqui duas encarnações clássicas dessa figura: a criança (*O Tesouro de Barba Ruiva*) e o psicopata (*Matou!* e *Cidade nas Trevas*). A criança do cinema oscila entre duas posições: no seu uso convencional, encarna a vítima de um mundo violento, ou o observador malicioso de um mundo que se leva a sério. Em *O Tesouro de Barba Ruiva*, a figura estética do realizador-criança opõe-se exemplarmente a essas figuras representativas banais, obstinada em impor o seu próprio guião e em desmentir visualmente o jogo narrativo das intrigas e o jogo visual das aparências que a destinam à situação de vítima ingénua. A obstinação, que excede qualquer perseguição racional dos fins, é também o traço pelo qual o psicopata no cinema perturba os enredos de caça – nos quais o criminoso é, ao mesmo tempo, caçador e presa – e desdobra, com a sua aberração, a equivalência da acção e da paixão, onde o cinema se metaforiza. Assim, o assassino de *Matou!* escapa visualmente, pelo automatismo do seu movimento próprio, ao jogo da dupla caça – dos polícias e dos ladrões – que o encerra e que o derrotará. É que, ao invés dos seus perseguidores, que traçam círculos nos mapas e colocam observadores nas esquinas, ele não persegue um objectivo racional e não pode fazer mais do que faz: passar, ao ver um olhar de criança reflectido no vidro de uma montra, da despreocupação do transeunte anónimo para a mecânica do caçador, nem que retome, por um instante, junto de outra menina, a figura do contemplador feliz. O plano em que o assassino e a sua vítima prometida olham, numa felicidade partilhada, para a montra de uma loja de brinquedos, pertence à mesma lógica do contra-efeito do véu flutuante de *Uma Mulher Meiga* ou do rebolar de Mouchette, mas igualmente da corrida rectilínea de *Sherlock Jr.*, dos gestos minuciosos e indiferentes de James Stewart, nos *westerns* de Mann, ou da alegria mitológica das bodas do touro, em *A Linha Geral/O Velho e o Novo*.

É também essa lógica que abole as fronteiras entre o documento e a ficção, a obra alinhada e a obra pura. Assim, a loucura plástica do filme comunista de Eisenstein participa do mesmo sonho que a indiferença do «plano» de Emma Bovary à janela, e essa indiferença, eventualmente, comunicará com as imagens de um documentário alinhado. É o que acontece quando Humphrey Jennings, em *Listen to Britain*, põe a câmara em contraluz por trás de duas personagens que assistem tranquilamente a um pôr do Sol sobre as águas, antes que uma deslocação do enquadramento nos revele a sua função e identidade: são dois guarda-costeiros que vigiam a possível chegada do inimigo. Este filme apresenta uma utilização-limite do contra-efeito próprio da fábula cinematográfica. Destinado a solicitar apoios para uma Inglaterra em guerra, em 1941, mostra-nos, na realidade, o contrário de um país sitiado e mobilizado militarmente para a sua defesa. Os soldados aparecem apenas nos momentos de lazer – numa carruagem de comboio, a cantar uma canção sobre países distantes, numa sala de baile ou de concerto ou num desfile de aldeia –, e a câmara desliza entre imagens furtivas: à noite, uma janela atrás da qual um homem segura numa lanterna e puxa uma cortina, um pátio de escola onde crianças dançam em roda, ou os tais dois espectadores do sol-poente. A escolha política paradoxal – mostrar um país em paz para granjear apoios na guerra – é servida pelo uso exemplar do paradoxo próprio da fábula cinematográfica. Pois estes momentos de paz que o filme encadeia – um rosto e uma luz entrevistos atrás de uma janela, dois homens a conversarem ao pôr do Sol, uma canção num comboio, um rodopio de dançarinos – são apenas momentos de *suspense* que pontuam os filmes de ficção, acrescentando à verosimilhança construída das acções e dos factos a verdade bruta, a verdade sem sentido da vida. Estes momentos de *suspense*/momentos de realidade, a fábula fá-los normalmente alternar com as sequências de acção. Ao isolá-los assim, este estranho «documentário» revela a habitual ambivalência desse jogo de trocas entre a acção verosímil, própria da arte representativa, e a vida sem razão, emblemática da arte estética[9]. O comum, o grau zero da ficção cinematográfica, é a complementaridade dos dois, a dupla atestação da lógica da acção e do efeito de realidade. O trabalho artístico da fábula consiste, ao invés, em fazer variar os seus valores, em aumentar ou reduzir a sua divergência, em inverter os seus papéis. O privilégio do filme dito documentário é que, não tendo a obrigação de produzir o *sentimento* do real, pode abordar esse real como problema e experimentar mais livremente os jogos variáveis da acção e da vida, da significação e da não-significação. Se, no documentário de Jennings, este jogo se situa por si só no grau zero, irá adquirir outra complexidade quando Chris Marker compõe *Le Tombeau*

—
9 Para uma análise mais pormenorizada deste filme, remeto para o meu texto «L'inoubliable», *in* Jean-Louis Comolli e Jacques Rancière. *Arrêt sur histoire*. Paris, Centre Georges Pompidou, 1997.

d'Alexandre, entrecruzando as imagens do presente pós-
-soviético com diversos tipos de «documentos»: as imagens da família imperial a desfilar, em 1913, e do sósia
de Estaline «em auxílio» dos tractoristas em apuros; os
filmes-reportagens enterrados do kino-comboio de Alexandre Medvedkine, as suas comédias censuradas e
os filmes dedicados, por coacção, aos grandes desfiles
estalinistas de ginastas; as entrevistas das testemunhas
da vida de Medvedkine, o fuzilamento de *O Couraçado
Potemkine* e a deploração do Inocente, no palco do Bolshoi.
Ao fazê-los dialogar, nas seis «cartas» a Alexandre Medvedkine que compõem o filme, o cineasta pode desdobrar,
melhor do que qualquer ilustrador de histórias inventa-
das, a polivalência das imagens e dos signos, as diferenças de potencial entre os valores de expressão – entre a
imagem que fala e a que se cala, entre a palavra geradora
de imagens e a geradora de enigmas – que constituem,
de facto, face às peripécias de outrora, as formas novas da
ficção na era estética.

Mas, por esta mesma via, a ficção documental, que
inventa intrigas novas a partir dos documentos da história, afirma a sua comunidade com o trabalho da fábula
cinematográfica, que junta e afasta, na relação da história
com a personagem, do enquadramento com o encadeamento, as potências do visível, da fala e do movimento.
O trabalho de Marker, que repassa, na sombra das imagens coloridas da restaurada pompa ortodoxa, as imagens
«falsificadas» do fuzilamento nas escadarias de Odessa,
ou os filmes de propaganda estalinista, entra em res-

sonância com o de Godard, que encena, na era da *pop*, a teatralização maoísta do marxismo e junta, na era «pós--moderna», os fragmentos da história entrelaçada do cinema e do século. Mas vai também ao encontro do trabalho de Fritz Lang, que reencena a mesma fábula da caça ao assassino psicopata em duas idades diferentes do visível: a primeira vez, em *Matou!*, em que mapas e lupas, inventários e quadrículas servem para caçar o assassino e levá-lo à barra de um tribunal de teatro; uma segunda vez, em que todos esses acessórios desapareceram em proveito de uma única máquina de visão: a televisão, onde o jornalista Mobley se instala «de frente» para o assassino, para transformar a mera captura imaginária em arma da captura real. A caixa televisiva não é o instrumento do «consumo de massas» que assina a sentença de morte da Grande Arte. É, mais profundamente, mais ironicamente, a máquina de visão que suprime o intervalo mimético e que realiza, à sua maneira, o projecto pan-estético da nova arte da presença sensível imediata. Esta máquina não anula a potência do cinema mas, antes, a sua «impotência». Anula o trabalho de contrariedade, que não cessou de animar as suas fábulas. E o trabalho do realizador consiste em regressar novamente a esse jogo, pelo qual a televisão faz o cinema «cumprir-se». Uma longa deploração contemporânea torna-nos testemunhas da morte programada das imagens na máquina da informação e da publicidade. Escolheu-se aqui o ponto de vista inverso: mostrar como a arte das imagens e o seu pensamento não cessam de se alimentar daquilo que os contraria.

AS FÁBULAS DO VISÍVEL
Entre a era do teatro e a da televisão

A loucura Eisenstein

Recorrendo a dois episódios, Eisenstein pretende dizer-nos tudo acerca da sua passagem do teatro para o cinema, da passagem do tempo do teatro para o tempo do cinema. A primeira conta-nos a sua última experiência como encenador no teatro do Proletkult. Nessa condição, havia garantido a produção de *Máscaras de Gás*, de Tretiakov. E ocorrera-lhe a ideia de montar a peça no lugar que ela referia e para o público ao qual se dirigia. *Máscaras de Gás* foi, assim, montada numa verdadeira fábrica de gás. E aí, conta-nos Sergei Mikhailovitch, a realidade da fábrica revelou a vaidade do seu projecto cenográfico e, de maneira mais ampla, o projecto de um teatro revolucionário cujos desempenhos cénicos eram directamente assimiláveis aos gestos e às operações técnicas do trabalho. A nova fábrica e o trabalho novo exigiam uma arte nova, à sua medida.[1]

À primeira vista, o caso parece simples: a realidade do trabalho soviético opõe-se às velhas miragens da representação. Porém, um outro episódio vem imediatamente complicá-lo. Ainda no teatro do Proletkult, durante a preparação de uma peça de Ostrovski, o olhar do encenador

1   S.M. Eisenstein, «Through Theatre to Cinema» (1934), in *Film Form*, trad. Jay Leyda, Cleveland, Meridian Books, 1957, p. 8.

terá sido atraído pelo rosto de um rapazinho que assistia aos ensaios. Esse rosto mimetizava, qual espelho, todas as acções e os sentimentos representados no palco. Daí terá nascido um outro projecto, bem distinto: essa todo-poderosa mimese, que se deixava ler no rosto da criança, não devia ser anulada com a destruição das ilusões da arte em prol da vida nova. Antes pelo contrário, era preciso captar-lhe o princípio, desmontar-lhe o mecanismo, não para fazer uma demonstração crítica dos seus poderes de ilusão, mas para racionalizar e optimizar a sua utilização[2]. Dado que a mimese é duas coisas. É o poder psíquico e social, por via do qual uma palavra, um comportamento, uma imagem, apela ao seu análogo. E é também um determinado regime da arte, aquele que enquadra esse poder nas leis dos géneros, na construção das histórias, na representação de personagens que exercem as suas acções e exprimem os seus sentimentos. Não se devia, por isso, opor indiscriminadamente, de acordo com o espírito dominante de então, a realidade da construção da vida nova às fábulas e às imagens antigas. Era preciso arrancar o poder psíquico e social da mimese dos quadros do regime mimético da arte para transformá-lo num poder de pensamento que produzisse directamente, num modo específico de sensorialização, os efeitos que a arte mimética confiara às peripécias das histórias e à identificação com as personagens. Tais efeitos tradicionais de identificação com a história e as perso-

---

2 S.M. Eisenstein, *Mémoires*, trad. Jacques Aumont, Paris, UGE, col. «10/18», 1978, t. 1, pp. 236-239.

nagens tinham de ser substituídos por uma identificação directa com os afectos programados pelo artista. Àqueles que unicamente opunham aos prestígios da mimese a construção de novas formas de vida, Eisenstein contrapunha uma terceira via: a de uma arte *estética* – uma arte em que a ideia já não se traduz na construção de uma intriga que suscite identificação, medo ou piedade, mas que se imprime directamente numa forma sensível própria.

O cinema era a forma exemplar dessa arte. Mas não podemos equivocar-nos com os termos. A palavra «cinema» não designa simplesmente um modo de produção das imagens. Uma arte é algo diferente do uso expressivo de um suporte material e de determinados meios de expressão. Uma arte é uma ideia da arte. É isto mesmo que se sublinha num ensaio de Eisenstein, ao falar do «cinema de um país que não tem cinematografia»[3]. Esse país é, para ele, o Japão. A essência do cinema pode ser, diz ele, encontrada em toda a parte na arte japonesa, exceptuando no cinema. Encontra-se nos *haikai*, na pintura ou no *kabuki*, em todas as artes que operam o princípio ideogramático da língua japonesa. O princípio da arte cinematográfica é, efectivamente, o da língua ideogramática. Mas essa própria língua é dupla. O ideograma é um significado engendrado pelo encontro de duas imagens. Tal como as imagens combinadas da água e dos olhos compõem o significado do choro, o choque entre dois planos

---

3 «Le principe du cinéma et la culture japonaise» (1929), in *Le film, sa forme et son sens*, trad. dir. A. Panigel, Paris, Christian Bourgois, 1976, pp. 33-45.

ou dois elementos visuais de um plano compõe, contra o valor mimético dos elementos representados, um significado – o elemento de um discurso onde a ideia ganha directamente imagem, de acordo com o princípio dialéctico da união dos contrários. A arte «ideogramática» do *kabuki* é a arte da montagem e da contradição, que opõe à integridade da personagem a fragmentação das atitudes do corpo, e aos matizes da tradução mimética dos sentimentos, o choque das expressões antagónicas. E a montagem, por seu vez, herda o poder dessa língua. Mas o ideograma é também o elemento de uma língua de fusão, uma língua que não reconhece a diferença dos substratos e das componentes sensíveis. Por sua vez, o cinema repete essa propriedade imagética, revelando ser ele próprio a arte fusional, a arte que reduz os elementos visuais e sonoros a uma só «unidade-teatro», que não é o elemento de uma arte ou de um sentido determinado, mas o estímulo de uma «provocação global do cérebro humano, que não se preocupa em saber por qual desses diferentes canais passará»[4]. Por outras palavras, o «teatro» japonês fornece ao novo «cinema» o seu programa: a constituição de uma «língua» dos elementos próprios da arte, tal que o seu efeito directo nos cérebros a impressionar seja duplamente calculável – enquanto comunicação exacta de ideias, na língua das imagens, e como modificação directa de um estado sensorial, por via de uma combinação de estímulos sensoriais. Era desta maneira

—

4 «La quatrième dimension filmique» (1929), *ibid*, p. 56 (trad. modificada).

44

que o cinema de um país sem cinematografia apontava a via a um país que transitava da era do teatro para a era do cinematógrafo.

A «passagem do teatro para o cinema» não é, então, um revezamento de uma arte por outra, mas a manifestação de um novo regime da arte. Isto não significa que os seus procedimentos sejam novos por si só. Quando o celebrado realizador do *Potemkine* se vir forçado a dedicar-se à escrita, dada a falta de meios para filmar, empenhar-se-á, pelo contrário, em mostrar como os princípios da montagem cinematográfica estavam já em curso, não só nos *haikai* ou no *kabuki*, como também nos quadros de El Greco ou nos desenhos de Piranesi, nos textos teóricos de Diderot, nos poemas de Puchkine, nos romances de Dickens ou de Zola e em muitas outras manifestações da arte. O cinema apresenta-se como a síntese das artes, realizando materialmente o objectivo utópico perseguido pelo cravo óptico do padre Castel e de Diderot, o drama musical wagneriano, os concertos coloridos de Scriabine ou o teatro dos perfumes de Paul Fort. Mas a síntese das artes não é a combinação, numa mesma cena, das palavras, da música, das imagens, dos movimentos e dos perfumes. É a redução dos procedimentos heterogéneos e das diferentes formas sensoriais das artes a um denominador comum, a uma unidade de princípio comum para o elemento ideal e para o elemento sensorial. É isto mesmo que o termo montagem resume. Na língua cinematográfica, a imagem do mundo captada pela máquina é destituída da sua função mimética, torna-se no morfema de uma combinação de ideias. Mas este morfema abstracto é também um estímulo sensorial que responde ao desejo que Artaud viria a formular: atingir directamente o sistema nervoso, sem passar pela mediação de uma intriga conduzida por personagens que exprimam sentimentos. O cinema não é a língua de luz cantada por Canudo. É, mais sobriamente, a arte que garante a decomposição e a recomposição não mimética dos elementos do efeito mimético, que reduz a um cálculo comum a comunicação das ideias e os desencadeamentos extáticos dos afectos sensoriais.

Língua apolínea das imagens, que confere ao discurso a sua forma plástica, e língua dionisíaca das sensações: o modelo nietzschiano da tragédia, que sustentou, designadamente na Rússia, as teorizações simbolistas da poesia e do teatro é, evidentemente, reconhecível na dupla «dialéctica» do orgânico e do patético. E os tempos pós-revolucionários celebraram já as bodas entre a embriaguez dionisíaca do inconsciente e o cálculo racional dos construtores do mundo soviético e dos atletas biomecânicos do teatro novo. Eisenstein radicaliza essa união ao identificá-la, por provocação, com o cálculo pavloviano dos reflexos condicionados, que deve «lavrar, como um tractor, o psiquismo do espectador», para que nele se eleve uma outra consciência. O rigor absolutamente matemático da montagem «orgânica» é suposto engendrar o salto qualitativo do «patético» e garantir a exacta adequação entre a propagação da ideia comunista e a manifestação de uma ideia nova da arte.

Este programa rege de modo exemplar *A Linha Geral*, filme sem «história», sem nenhum tema além do comunismo em si mesmo. Todos os outros filmes de Eisenstein põem os meios da montagem ao serviço de um elemento já constituído. É certo que *A Greve* encena um conceito de greve que não corresponde a nenhuma greve particular. E os filmes históricos encerram uma boa parte de invenção, a começar pelo fuzilamento nas escadarias de Odessa, em *O Couraçado Potemkine*, nascido, de acordo com Eisenstein, da sensação de fuga materialmente engendrada pelas escadarias. Mas o tema desses filmes, como o de *Outubro*, encerra uma intriga constituída, cenas propensas ao reconhecimento, afectos ou emblemas partilhados. O mesmo não sucede em *A Linha Geral*. Os puros meios da montagem devem aqui tornar patética uma ideia privada de qualquer suporte identificativo: a superioridade da agricultura colectivizada sobre a agricultura individual. A construção das sequências alternadas do antigamente (a procissão para pedir chuva aos céus) e do novo (a leiteira a transformar mecanicamente o leite em natas) deve manifestar o poder da ideia comunista e da arte cinematográfica. E, nas cenas da leiteira, a multiplicação acelerada dos planos, que parte da rotação da máquina e remete para os rostos, revezando-se, um após outro, ora dubitativos, ora alegres ou sombrios, deverá por si só exaltar o acontecimento em si mesmo pouco atraente da condensação do leite. A matemática construtiva deverá ocupar o lugar de toda a orgia dionisíaca. Mas quem não percebe que só poderá fazê-lo, com uma condição: que a matemática seja já, ela própria, dionisíaca? Exemplarmente, à demonstração da leiteira e aos jactos de água, cascatas e relâmpagos que a metaforizam, sucedem os números abstractos que inscrevem no ecrã – na ausência de qualquer multidão figurada – o crescimento dos membros do colcoz. Mas esses números abstractos são por si só elementos plásticos e significantes, cuja dimensão aumenta com a progressão numérica e cuja intermitência luminosa entra em harmonia com os relâmpagos e os cursos de água e de leite. Eisenstein pede-nos que vejamos nestas sequências o equivalente da pintura suprematista de Malevitch. Mas, mais do que uma pintura abstracta, fazem-nos sentir uma língua comum, que é também um *sensorium* comum das palavras, dos ritmos, dos números e das imagens. É esta língua comum, de um «eu sinto», que os comentários acerca do *kabuki* opõem ao dualismo cartesiano. Esta língua nova de uma união imediata entre o inteligível e o sensível opõe-se às formas antigas da mediação mimética, tal como os milagres mecânicos da leiteira, do tractor e da colectividade se opõem às preces antigas que pediam ao céu e aos seus padres os meios para remediar as desventuras da natureza e os males da propriedade. Mas a oposição talvez seja só aparente, e a lógica deste estranho dionisismo pavloviano, oposto à gesticulação manipulada das superstições antigas, deixa-se imediatamente perverter. Para que o frenesi «abstracto» dos relâmpagos e dos números a dançar no ecrã imponha o dionisismo matemático do mundo novo, é preciso que esse frenesi tenha sido já anunciado nas próprias sequências do «antigamente», que estabeleça uma aliança mais profunda com a irracionalidade da superstição.

O que realmente conta nas cenas da procissão, mais do que os jogos «dialécticos» de oposições complacentemente enumeradas pelo cineasta, é a louca pantomima de sinais de cruz e genuflexões. Esta não é apenas a antiga submissão à superstição que há-de ser substituída pela sóbria atenção ao desempenho verificável pela máquina. É a potência de encarnação de uma ideia num corpo que o cinema deve captar nos seus procedimentos para permitir a sua conversão num outro corpo. Ora, a montagem não garante essa conversão dos afectos por via de um simples cálculo das «atracções». Para efectivá-la, é preciso que ela própria se assemelhe a essa possessão de um corpo por uma ideia. O princípio da montagem, segundo consta nas memórias de Eisenstein, equipara-se por inteiro à percepção do supersticioso, para quem o gato não é apenas um mamífero peludo mas uma combinação de linhas, associada desde os tempos mais remotos à escuridão e às trevas[5]. Há aqui, sem dúvidas, uma dose de provocação. O cineasta passou os seus anos de escrita forçada a multiplicar os paradoxos e as pistas falsas. Porém, há algo mais do que uma laracha. E também não é uma simples acrobacia, esse paradoxo lançado, em 1935, à cara dos congressistas, que denunciam o seu formalismo e o convidam a recuperar os valores da humanidade calorosa: o pretenso formalismo, replica-lhes, apoiando-se em Wundt, Spencer

---

5 *Mémoires*, op. cit., t. 1, p. 59.

e Lévy-Bruhl, é, na realidade, a linguagem reencontrada do pensamento conceptual. As metáforas e sinédoques de *A Linha Geral* ou de *O Couraçado Potemkine* obedecem à mesma lógica que rege a estrutura paratáctica da língua bosquímana ou do ritual polinésio do parto. As operações formais do cinema garantem a adequação entre o puro cálculo consciente da obra comunista e a lógica inconsciente que rege as camadas mais profundas do pensamento sensorial e as práticas dos povos primitivos[6].

Mas se garantem essa adequação, é porque a montagem que reutiliza os afectos sensoriais da superstição actua como cúmplice. O jovem *komsomol* de *A Linha Geral* pode desviar o olhar quando os colcozianos plantam nas paliçadas cabeças de gado morto para exorcizar a doença do touro. O realizador pode secundá-lo, ao sublinhar, com um sinal de proibição, o regresso da superstição. Mas a realização, por sua vez, não pode separar o seu poder desses exorcismos. Não pode dispensar essas máscaras, cabeças de morte, metáforas e mascaradas animalescas. E, sem dúvida, o gosto pelas máscaras e pelas hibridações é comummente apreciado no tempo de Eisenstein. Mas o seu uso comum é «crítico». Nas pinturas de Dix e nas fotomontagens de Heartfield, ou no plano dos sapos a coaxar de *Só Vivemos Uma Vez*, a metáfora ou a mascarada denunciam uma certa inumanidade do homem. Os bestiários de Eisenstein têm outro alcance. Para além da

---

6 «Discours au Congrès des travailleurs du cinéma», in *Le film, sa forme et son sens*, op. cit., pp. 132-177.

caricatura, para além da metáfora, remetem para uma afirmação positiva da unidade primária do humano e do não-humano, onde os poderes racionais do novo reencontram os poderes extáticos do antigamente. A velocidade frenética da luta com foices entre o jovem *komsomol* e o velho hércules camponês, bem como as deslumbrantes bodas do touro excedem qualquer figuração da «vida nova». Constituem propriamente uma mitologia: talvez a última versão dessa mitologia da razão tornada sensível, na qual o «mais antigo programa do idealismo alemão» via, no dealbar do século XIX, convergir a tarefa da arte com a da comunidade nova.

O fundo da questão não reside no facto de este programa nos parecer hoje suspeito. O nosso mal-estar perante as cascatas de leite ou as bodas do touro de *A Linha Geral* não é ideológico. É propriamente estético. Diz respeito àquilo que vemos. Gostaríamos de livrar-nos dele, denunciando-o como um filme propagandístico. Mas o argumento não colhe. Não só porque os planos do filme são os mais belos e livres que Eisenstein alguma vez compôs, mas também porque os filmes de propaganda não funcionam assim. Devem assegurar-nos do que vemos, escolher entre o documentário que no-lo dá como realidade tangível e a ficção que no-lo mostra como um fim desejável, e pôr no seu devido lugar a narração e a simbolização. E é precisamente esta certeza que Eisenstein nos subtrai sistematicamente. Vejamos de novo a sequência em que dois irmãos, de acordo com a lei do «antigamente», dividem a sua pobre herança. Retiram o colmo do telhado e serram os toros da isbá. A metáfora do «desmantela-mento» das propriedades é literal e preparamo-nos para ver, no fim da sequência, uma isbá surrealmente cortada ao meio. Aquilo que vemos é, porém, diferente e distribui-se por dois registos incompatíveis. Simbolicamente, os troncos serrados tornam-se instantaneamente novos cer-cados que diminuem os campos. Narrativamente, a família do irmão parte, levando na sua carroça os toros que a metáfora já «empregou» para construir essas barreiras. O cineasta utiliza uma figura retórica clássica, a silepse, que consiste em empregar uma expressão em sentido literal e, ao mesmo tempo, em sentido figurado. A silepse abarca quer a cena particular quer o mundo que esta sim-boliza. Mas o preço que paga por isso consiste em deixar disjuntos os elementos e inseguro o olho daquilo que vê. O fim da célebre sequência da leiteira apresenta o mesmo contra-efeito: narrativamente, o leite tem de engrossar até ter a consistência da nata. Metaforicamente, essa cor-rente espessa foi antecipada por um equivalente simbólico que a contradiz visualmente: um jacto de água ascensio-nal, sinónimo de prosperidade. E o corpo de Marfa, ajoe-lhada, terá de carregar visualmente as duas significações: ao estender as mãos encharcadas com o líquido jorrante – que se opõe à água do Céu da procissão – e ao trazer nas bochechas a maquilhagem da nata espessa – opondo-se às manchas de terra na fronte da camponesa que se levan-tava das genuflexões de antigamente.

É de mais para um só corpo – mas é pouco de cada vez. E tudo o que há de insuportável no filme pode resumir-se, para um espectador dos nossos dias, ao corpo de Marfa. Trata-se de tornar desejável o colectivismo. E a prática comum, para tornar desejável uma ideia, é destiná-la a ser carregada por corpos desejantes e desejáveis. Para a sedução a favor da ideia, Marfa não deveria limitar-se a soltar algumas vezes o lenço que lhe cobre a cabeça. Deveria também significar, por pouco que fosse, um desejo por algo mais do que a sua desnatadeira, o seu touro ou o seu tractor, um desejo *humano*. Tem de haver fraqueza nos corpos, faltas à lei, para tornar a lei apreciável. O folgazão de À *beira do Mar Azul*, de Boris Barnet, que abandona o trabalho comunista pelos lindos olhos de uma das mulheres do colcoz, faz mais para tornar amável o comunismo do que essa figura absorta na sua devoção. Mulher sem homem, sem marido ou amante, sem pais nem filhos, Marfa deseja unicamente o comunismo. A coisa ainda passava, se ela fosse uma virgem da ideia pura. Mas não existe nada de ideal no comunismo de Marfa. O que existe é uma incessante mobilização de afectos amorosos que culmina na falsa-verdadeira cena de amor que a une não ao condutor do tractor mas ao próprio tractor. Para substituir as correias do tractor avariado, é preciso tecido, e o condutor, que já sacrificou o seu plastrão, prepara-se para utilizar a bandeira vermelha, quando Marfa lhe agarra a mão. Instaura-se um diálogo mudo. Marfa entreabre o casaco, descobre a saia e ajuda o condutor a arrancar-lhe o tecido. Agachado sob o tractor, o condutor vai arrancado, tira a tira, as roupas, e Marfa, de saiote, tapa o rosto com as mãos, a rir, como uma virgem pudica que ri e chora ao mesmo tempo, enquanto se oferece. A tensão da cena é tão soberba quanto intolerável, como já acontecera na cena do confronto relativo ao uso dos benefícios, na qual a fúria dos camponeses, ávidos de repartir o dinheiro comum, levava Marfa a sentir algo equivalente a uma violação colectiva.

É isso que nos assusta: este gigantesco desvio das energias que entrega ao tractor comunista afectos «normalmente» carregados pela relação de um corpo humano com outro. Só que, mais uma vez, a ideologia não é o fundo da questão. Já que este excesso – ou êxtase – da ideia, que os nossos contemporâneos criticam n'*A Linha Geral*, classificando-o como «filme de propaganda», é, na realidade, o mesmo aspecto que os propagandistas soviéticos criticaram quando o classificaram de «filme formalista», opondo-lhe a representação do «homem vivo». Quer-se crer e fazer crer que o cinema de Eisenstein teria como único defeito a sua identificação com o regime soviético. Mas o mal é mais profundo. Outros autores emblemáticos do alinhamento comunista tiveram melhor sorte. Assim, Brecht soube identificar a figura do observador cínico com a do crítico alinhado, e as lições de pedagogia dialéctica, com os jogos atléticos do ringue de boxe ou a derisão do cabaré, de acordo com os cânones estéticos da época do dadaísmo e da nova objectividade. Identificou a prática do dramaturgo marxista com uma certa modernidade artística, a de uma arte que encena a denúncia dos ideais históricos da arte. Esta modernidade irónica sobreviveu à queda política do comunismo. Tornou-se, inclusivamente, a forma banal sob a qual sobrevive a aliança entre a novidade artística e a crítica dos imaginários dominantes. Esta banalização ameaça Brecht e protege-o ao mesmo tempo. É desta «protecção» que carece Eisenstein. O mal-estar que ele hoje suscita deve-se menos ao comunismo do que ao próprio projecto estético que ele identificou com a propagação da ideia comunista. Ao invés de Brecht, Eisenstein nunca teve a preocupação de instruir ou de ensinar a ver com distanciamento. Tudo aquilo que Brecht pretendia purgar na representação teatral – identificação, fascinação, absorção – quis ele, pelo contrário, captar, aumentando-lhe a potência. Ele não colocou a jovem arte cinematográfica ao serviço do comunismo. Optou, antes, por colocar o comunismo à prova do cinema, à prova da ideia da arte e da modernidade que, na sua opinião, o cinema encarnava: uma língua da ideia tornada língua da sensação. Uma arte comunista não era, para ele, uma arte crítica que visasse uma tomada de consciência. Era uma arte extática, directamente transformadora das conexões de ideias em cadeias de imagens, para instaurar um novo regime de sensibilidade.

É aqui que reside o fundo da questão. Não censuramos Eisenstein pelos ideais que terá desejado partilhar connosco. Censuramo-lo pelo seu ataque transversal à nossa pretensa modernidade. Ele relembra-nos essa ideia da modernidade artística com a qual o cinema, durante um certo tempo, julgou poder identificar a sua técnica: a arte anti-representativa que iria substituir as histórias e as personagens de outrora pela língua das ideias/sensações e pela comunicação directa dos afectos. A saia de Marfa, amorosamente arrancada, não remete apenas para um século de ilusões revolucionárias caídas a pique. Pergunta-nos também em que século vivemos nós, para retirar, com o nosso Deleuze no bolso, tanto prazer de um amor entre uma rapariga de primeira classe e um rapaz de terceira, a bordo de um navio que se afunda.

Tartufo mudo

Entre 1925 e 1926, Friedrich Murnau realiza um *Tartufo* e um *Fausto*. É a ocasião para verificar que a relação da arte cinematográfica com o teatro é um pouco mais complicada do que afirmaram os defensores da pureza da arte, de Jean Epstein a Robert Bresson. Perante os arautos da radical heterogeneidade das duas «línguas», alguns cineastas entre os maiores procuraram apropriar--se, ainda no tempo do mudo, das obras-primas do palco dramático. A questão coloca-se então: como quiseram, e puderam, fazê-lo com os parcos recursos da imagem muda? Como dizer, por exemplo, em linguagem cinematográfica: «Cubra esse seio, pois eu não o verei» ou «O Céu proíbe-nos, na verdade, alguns contentamentos»? É, num certo sentido, a pergunta clássica do *Laocoon* de Lessing, a da correspondência das artes. Porém, a transposição cinematográfica da peça de Molière levanta problemas mais temíveis do que saber se a escultura pode representar a dor como o faz a poesia. Já que o que está em causa na representação de *Tartufo* é a hipocrisia, ou seja, uma diferença entre a aparência e o ser. Ora, esta não possui por definição um código expressivo específico. Senão, ninguém cairia nas suas malhas. Por outro lado, toda a gente sabe que «hipócrita» vem da palavra grega *hupokrites*, que significa actor, o homem que fala escondido atrás da máscara. A comédia do hipócrita pertence propriamente ao teatro. É a demonstração do seu poder específico em jogar com as aparências. Esta comédia não consiste no confronto entre a mentira e uma realidade que a desvende. Consiste numa conduta das aparências que transforma uma aparência noutra. O motor da comédia de Molière não consiste em desmascarar o devoto como debochado, mas, antes, em transformar o discurso edificante em discurso de sedução. Assim, a ambiguidade das palavras (céu/celeste/divino, devoção/altar) converte, perante Elmira, o discurso da devoção religiosa num discurso da devoção amorosa. A comédia do hipócrita funciona porque utiliza a mais antiga alavanca dramática: o duplo sentido das palavras. Funciona porque Tartufo, tal como Édipo, diz algo distinto do que diz. E diz algo distinto do que diz, porque as palavras, em geral, dizem algo distinto daquilo que dizem. É, aliás, por isso que podemos ser sempre levados por Tartufo, mesmo que, como diz Madame Bordin, em *Bouvard e Pécuchet*, «toda a gente sabe o que é um tartufo». Saber o que é um tartufo não impede a sedução. Pelo contrário, liberta-a. Permite-nos provar, em si mesma, a sedução das palavras que dizem algo distinto daquilo que dizem.

É então possível formular a questão levantada pela representação cinematográfica do hipócrita: pode um plano mostrar algo distinto daquilo que mostra? O problema está bem patente no prólogo moderno, o prólogo «propriamente cinematográfico», inventado pelo argumento de Carl Mayer para este *Tartufo*. Este põe em cena

58

uma hipócrita contemporânea, uma velha governanta que bajula o patrão para lhe ficar com a herança. No início do filme, vemo-la levantar-se, rezingona, e empurrar, depois de os ter arrastado pelo corredor, os sapatos do infeliz, para de seguida se apresentar diante dele cheia de salamaleques. Vemos, pois, logo de início, que é uma hipócrita. Temos diante de nós o ardil alimentado nas costas do velho. A nossa posição de espectadores está já separada da sua posição de personagem. E esta majoração de saber provoca um défice de prazer: sofremos por não estarmos também nós enganados, quando nos cativava o encanto do discurso dirigido a Elmira. A única maneira em que a imagem pode mostrar-nos duas coisas ao mesmo tempo é no modo didáctico do símbolo: a navalha de barbeiro que a criada cuidadosamente afia no cabedal e que significa as suas intenções. Ora, em matéria de aparências, o verdadeiro poder do cinema não consiste em mostrar-nos quem é na verdade esse ser que julgamos ser outrem. Consiste em mostrar-nos, no plano seguinte, o que realmente faz aquele que víramos, no plano anterior, fazer outra coisa. Aquele barbeiro que, também ele, afiava a sua navalha, tomado de raiva, preparava-se simplesmente para bem aparar a barba do seu cliente (*O Grande Ditador*). Esse marido enganado que, diante da sua mulher, disparava um tiro na boca, saboreava simplesmente – com o pavor da sua esposa – um revólver de chocolate (*A Costela de Adão*). É isso que nos é apresentado no plano seguinte. É sempre necessário mais um plano para contrariar as aparências.

À representação da comédia do hipócrita, o cinema parece, portanto, opor duas objecções de princípio. Primeiro, é um princípio de não-duplicidade: a imagem mostra sempre unicamente aquilo que mostra. Anula tendencialmente a duplicidade da palavra. É aquilo que poderíamos denominar efeito *Moonfleet – O Tesouro de Barba Ruiva*, em que a imagem desmente por si só aquele que diz: *não acredites em mim, estou a mentir*[1]. Segundo, é um princípio de suplementaridade: para dizer o contrário do que diz um plano, é preciso outro plano que cumpra e inverta o que o outro começara. Tal princípio supõe por si só a continuidade do encadeamento. Mas corrigir à distância um outro plano é uma tarefa quase impossível. É este o problema que John Ford encontra em *O Homem Que Matou Liberty Valance*. Vimos Liberty Valance (Lee Marvin) cair miraculosamente sob o disparo do inábil Ransom Stoddard (James Stewart). Uma sequência acrescentada muito mais tarde mostra-nos *quem* realmente matou Liberty Valance, designadamente Tom Doniphon (John Wayne), enquadrado no outro lado da rua. Mas esta sequência propõe-nos uma verdade sem um *raccord* com a nossa experiência visual. É impossível modificar *a posteriori* o que está visto, repor em campo aquele que lá não estava, mudar a direcção do tiro que atingiu o bandido. A verdade não nos é mostrada por *raccord* visual. Só ganha consistência nas *palavras* de Doniphon/John Wayne, que revela a verdade a

---

1   Para a análise deste efeito em *O Tesouro de Barba* Ruiva, de Fritz Lang, ver mais adiante «O realizador-criança».

Stoddard/James Stewart. E este poderia ser o sentido último do famoso *Print the legend* que encerra o filme: não a ideia banal de que os homens preferem uma bela mentira à verdade nua, mas a constatação mais perturbadora de que a imagem – ao contrário da palavra – é incapaz de transformar outra imagem.

O que pode então fazer o cinema com a comédia teatral do hipócrita? O que pode o cinema mudo fazer com *Tartufo*? Como pode Murnau ilustrar a ideia de que «o hábito não faz o monge» quando, pelo contrário, acabou de identificar os seus recursos, em *O Último dos Homens*, com a demonstração inversa: o hábito faz o monge, o porteiro degradado, privado do seu traje galonado, não passa já de um andrajo humano? Para este desafio existem duas respostas possíveis. A primeira consiste em representar a dificuldade, a citação, o teatro dentro do teatro. É esta tomada de posição que inspira o argumento de Carl Mayer. A transposição fílmica do *Tartufo* de Molière está inserida numa história contemporânea de hipocrisia. Disfarçado de cineasta ambulante, o sobrinho do velho, que a governanta tenta iludir, conta com a sua projecção de *Tartufo* para desmascarar a hipócrita. A intriga funciona, pois, de acordo com a estrutura hamletiana: o espectáculo dentro do espectáculo deverá obrigar a hipocrisia a revelar-se. Ora, essa estrutura dramática mostra-se inadequada. Porque, aqui, não corresponde a nenhum dos dois casos que a tornam eficaz. Das duas uma, com efeito. A primeira das possibilidades é a representação bem-sucedida dentro da representação, como em *O Pirata*, de Minnelli: o espectáculo permite ao falso Macoco (o actor itinerante tomado, erradamente, pelo pirata) revelar o verdadeiro, escondido sob a aparência de um burguês respeitável. Mas isto funciona devido a um recurso bem particular: a vontade de o verdadeiro pirata, convertido em burguês pançudo, aparecer como aquilo que é, e de não deixar o seu papel ser roubado pelo actor. É o gosto pelo desempenho teatral que faz emergir uma «verdade» que vai ao encontro da realidade da personagem e que confere, afinal, menos importância à derrota de um criminoso do que à vitória do actor. Este aparece, de facto, aos olhos da jovem esposa bovarista, como a verdadeira encarnação daquilo que ela procurava sob a figura romanesca do pirata. A segunda possibilidade consiste na aceitação, como em *Hamlet*, de que a representação é incapaz de desmascarar a hipocrisia. Mas esta desfeita na ficção é ainda um êxito da ficção. Confirma a impossibilidade de saber, que é constitutiva da personagem, a vaidade dessa vontade de saber, que talvez seja um desejo secreto de não saber. E confirma também a idêntica superioridade do actor, que não mente nem diz a verdade, sobre o mentiroso, que esconde a verdade, e sobre o caçador da verdade obcecado por desvendá-la.

O caso de *Tartufo* não corresponde a nenhum destes dois «êxitos» ficcionais. O espectáculo dentro do espectáculo não desmascara nada nem ninguém. O hipócrita não é desmascarado pela representação. Para isso será necessário um veneno de melodrama, ostentando a etiqueta «veneno». A maquinaria não funciona enquanto tal.

Funciona, antes, por dentro do filme como um significante abstracto de modernidade, conjugando com a transposição moderna um efeito de autodesignado distanciamento. Mas o que é, ao certo, um *Tartufo* distanciado?

A transposição cinematográfica deve, pois, basear-se em algo mais do que o dispositivo argumental do espectáculo dentro do espectáculo. Deve comportar um princípio específico de conversão, inserir nas variações do movimento de um corpo o equivalente aos deslizamentos do discurso. O dramaturgo deslocava um discurso, o cineasta tem de mover uma silhueta, aquela silhueta negra que aparece no fundo branco dos muros. O *Tartufo* de Molière era um ser duplamente constituído por palavras: era constituído pelo seu discurso e por todos os discursos acerca dele antes de ele aparecer. Ora, há no filme de Murnau uma recusa do discurso que ultrapassa o constrangimento do filme mudo e a economia dos intertítulos. É isso mesmo que poderá simbolizar o bocejo dado como única resposta de Tartufo ao pedido de Orgon relativamente a Elmira: «Converte-a à tua doutrina». Ou ainda a recomendação de Dorine ao próprio Orgon: «Não me peçam nada. Venham ver». Tartufo não é um ser de palavras. É uma longa silhueta escura, um sobretudo, uma vara negra com uma bola branca pendurada na extremidade, uma cabeça redonda perpetuamente escondida por um livro. A pergunta inicial – como traduzir cinematograficamente «Cubra esse seio, pois eu não o verei» – é radicalmente resolvida: o encontro entre Tartufo e Dorine é um não-encontro. A silhueta negra desce as escadas, imersa no seu livro, sem ver a criada, que as sobe. O problema da ficção cinematográfica consistirá, então, em mover essa silhueta, em transformá-la no seu contrário: esse libertino em mangas de camisa com as fuças abertas que, por fim, se refastela na cama de Elmira.

Mas como operar tal transformação? O Tartufo de Molière era traído pelas palavras, por esse gosto de seduzir pelas palavras, comum ao padre e ao debochado. Qual é, pois, o poder equivalente, próprio do mutismo cinematográfico, que pode animar e trair a silhueta, levá-la a baixar a guarda? Insinua-se uma primeira resposta: aquilo que, diante dos outros e diante da câmara, pode trair Tartufo é o olhar. As variações da figura-Tartufo são variações do olhar. O rosto do devoto fixado no seu livro anima-se pelos olhos, mais exactamente por via de um deles. A hipocrisia é vislumbrada por via desse olho, que se põe a olhar de esguelha para um manjar, um anel ou um decote, enquanto o outro continua a olhar em frente. É pelo seu olhar de esguelha que Tartufo, em suma, se revela. Resta saber o que quer dizer olhar de esguelha. O olhar de lado de Emil Jannings/Tartufo será diferente do de Emil Jannings/Harum al Rachid, sultão concupiscente de *O Gabinete das Figuras de Cera*? Segundo Lotte Eisner: «A câmara de Karl Freund vasculha todas as sinuosidades e imperfeições dos rostos sem maquilhagem, todas as sinuosidades, fissuras dos lábios, piscares de olhos, com as sardas e os dentes podres, os vícios dissimulados»[2]. Mas o que a câmara nos mos-

---

2   Lotte Eisner, *L'écran démoniaque*, Paris, Éric Losfeld, 1965, p. 185.

tra é, acima de tudo, um ser acossado, um ser que teme revelar-se. E um olho de lado pode, precisamente, manifestar duas coisas opostas. Pode ser um olho que cobiça e responde assim à provocação que pretende surpreender, por trás da silhueta negra, o ser de desejo. Mas pode ser o inverso: um olho atento às armadilhas colocadas ao desejo, para que ele se confesse. O olho de Tartufo olha de esguelha porque está constantemente ocupado a deter o movimento oblíquo que deveria denunciá-lo. A tendência que o atrai para o objecto do desejo é incessantemente impedida pela observação de quem para ele olha ou poderia olhar. A maquinação de Elmira que quer mostrar a um Orgon oculto a verdade de Tartufo falha, porque o seu decote oferecido em primeiro plano é, para o olho de Tartufo, menos visível do que o reflexo turvo do rosto de Orgon na chaleira. Mas a impotência de Elmira é também a de Tartufo. O hipócrita mudo, privado das palavras de sedução, está numa situação comparável à dos «sabotadores» estalinistas, que nunca sabotavam para não correrem o risco de se denunciar como sabotadores. Tartufo não pode, sobretudo, deixar transparecer que ele é um hipócrita. Por isso, as cenas de sedução, unicamente orquestradas por Elmira, apresentam um carácter forçado. O que é forçado, antes de mais, é a mímica de Elmira, a menos que haja outro destinatário além de Tartufo. Depois, é sobretudo forçada a concordância dos planos entre o olho sesgado de Tartufo e os objectos propostos ao seu desejo: as pernas de Elmira ou o seu peito excitante. Pois esses objectos são menos aquilo que Tartufo vê, enquanto ser de desejo, do que aquilo que deverá causar-lhe desejo: os objectos do desejo em geral, esse pedacinho de pele acima do cano das botas ou essa elevação dos seios hirtos, que nos romances do século XIX davam a volta às jovens cabeças masculinas. Tais objectos do desejo são-nos mostrados para que *nós* os atribuamos ao desejo de Tartufo. Mas, ao que parece, aquilo que deveria causar o seu desejo amoroso provoca nele, sobretudo, o desejo mais prosaico de ver se ninguém está a vê-lo.

À primeira vista, então, a ficção adoptada parece tender em vão para uma operação que não se efectua: a conversão do corpo de Tartufo a outro *gestus*. Todo o dispositivo cenográfico parece, todavia, construído para o efeito, com os seus dois tipos de lugares: há, com o átrio, as escadas e a soleira, o clássico «lugar de passagem» da ficção teatral, esse lugar de passagem por princípio sempre aberto (mesmo quando é o quarto da Marechala, em *O Cavaleiro da Rosa*). Este espaço teatral, onde não está em causa falar, mas tão-só desfilar, é o lugar privilegiado da silhueta negra. E há os lugares fechados da intimidade cinematográfica. Estes não são lugares do segredo mas, pelo contrário, volumes fechados onde os corpos estão encerrados, apanhados, ameaçados com o olhar pelo buraco da fechadura. Trata-se então de deslocar Tartufo do espaço teatral onde a sua silhueta cinematográfica circula à vontade e atraí-lo para estas câmaras armadilhadas. Ora, tal dispositivo ficcional e cenográfico não funciona, pelo menos se o considerarmos como uma máquina de confissão, adequada a desmascarar o hipócrita. Aquele que foi despojado da conduta das aparências, reduzido ao papel do animal acossado, esse, já não pode ser apanhado no desempenho da sua actuação. Outro será apanhado no seu lugar. Na última cena, perante uma Elmira agora passiva e petrificada, e muito pouco desejável nesse robe galante que mais a assemelha a uma múmia, uma outra personagem ocupou, sem transição, o lugar da silhueta negra: uma espécie de vagabundo bêbedo e folgazão, como uma dessas personagens de Labiche ou de Offenbach que alguém colheu na ralé para fazerem de convidados de nível num jantar destinado a lançar poeira para os olhos de um pacóvio e que, malogradamente, retomam o seu semblante natural. A transformação cinematográfica do corpo não ocorreu, porque não se permitiu ao hipócrita conduzir as aparências. Orgon caça a murro uma outra personagem de teatro, distinta daquela que o havia enganado.

Se a transposição cinematográfica de *Tartufo* consistia em entregar ao olhar da personagem o cuidado de operar o equivalente das palavras com duplo sentido do teatro, pode afirmar-se que o efeito falhou. Sobra, como é evidente, uma outra possibilidade: a de este *Tartufo* nos contar uma história radicalmente diferente da de Molière e à qual os meios do cinema estão, no caso, adaptados. Tal divergência entre a história cinematográfica e a história teatral não é dada pelo prelúdio nem pelo epílogo «modernos». Ganha corpo no começo da «história em si». Como em Molière, Tartufo está dele ausente. Mas o estatuto de tal ausência é diferente. Em Molière, os dois primeiros actos eram constituídos por discursos acerca

do próprio Tartufo. Traçavam a imagem, para todos obce-
cante, do (falso) devoto. A este preenchimento da personagem com palavras opõe-se, aqui, a sua identificação com
uma sombra. Antes de ser o falso devoto que irá defraudar
uma família, Tartufo é a sombra que vai separar Orgon e
Elmira. É esta sombra quem está diante do olhar de Orgon
quando ele afasta os braços de Elmira, prestes a abraçá-
-lo. Evoquei, anteriormente, a questão das frases com
duplo sentido. Ora, aqui, há pelo menos uma, quando,
à declaração de amor de Elmira («Sou feliz»), Orgon responde: «Se tu soubesses como sou feliz». Mas é, evidentemente, a uma outra felicidade que ele se refere, um
outro objecto de amor que contempla através do corpo
de Elmira, tornado transparente. Enquanto ela se com-
praz com o regresso do marido, ele sonha com o novo
amigo que conheceu em viagem. É esta a sombra que se
interpõe entre ambos e com a qual Elmira se confronta
novamente, pouco depois, quando a câmara nos deixa
atrás da porta de Orgon, que ela seguramente foi tentar
reconquistar. E é este encontro com a sombra que confere
intensidade à saída de Elmira, cujo vestido de crinolina
começa a ficar pesado, na descida das escadas, até atingir
um peso formidável. Este vestido de crinolina é, decerto,
um anacronismo, tal como os criados de quarto de rosto
empoado, num cenário de finais de século XVIII. Mas não
é um anacronismo qualquer. Esse vestido de estilo Maria
Antonieta, que esmaga, visto de cima, o corpo de Elmira,
revela-nos a transformação operada: não é um desfasamento histórico, mas sim um deslocamento ficcional.

Elmira tornou-se uma condessa das *Bodas de Fígaro*, que toma dolorosamente consciência de que o seu marido já não a ama. E esta perturbante descida de escadas, aliada às lágrimas vertidas sobre o medalhão de Orgon, é o equivalente a duas árias mozartianas, um «*Dove sono*» e um «*Porgi amor*». Do mesmo modo, a cena da carta escrita com Dorine para atrair Tartufo até ao seu quarto é a transposição do célebre dueto da Condessa e de Susana.

A partir de tal deslocamento ficcional, tudo o que nos desconcertava nesse *Tartufo* sem sedução encontra a sua lógica. A história que o cineasta nos apresenta não é a das maquinações da hipocrisia. É a da doença de Orgon e do tratamento pelo qual Elmira quer curá-la. Tudo se passa entre Elmira e Orgon, entre Elmira e o amor de Orgon por essa sombra. Daí a importância das sequências que nos mostram Orgon a preparar febrilmente o almoço de Tartufo ou a velar apaixonadamente o seu sono. Num certo sentido, tais cenas são a visualização dos propósitos de Dorine ao ironizar, em Molière, sobre a loucura do seu amo. É este o princípio de transformação da palavra em imagem própria do filme. O que as imagens mostram não é o que as personagens da peça dizem, mas aquilo que delas se diz na peça. A agitação dos criados de quarto no momento inicial dá visibilidade aos propósitos de Madame Pernelle, na obra de Molière, quando recrimina todo o serviço às ordens da sua nora. E a imagem de Orgon diante da álea verdejante, velando o sono de Tartufo estirado na rede, dá visibilidade aos propósitos de Dorine na peça. Neste cenário em sobreexposição, o que vemos é o sonho de Orgon, o sonho que atravessa a realidade sórdida que recebemos através dos olhos de Elmira: esse gatão hediondo e saciado, aninhado na sua rede.

Mas tal princípio de visualização não é apenas uma determinada transposição cinematográfica dos elementos de uma fábula teatral. Insere também a figura e a fábula de Tartufo numa série inerente ao cinema, em geral, e ao cinema expressionista, em particular, e ao de Murnau, mais especificamente ainda: uma série de histórias de aparências, que já não são histórias de confissão. Como vimos, o cinema não faz os hipócritas confessarem. Conta histórias de sombras densas, de sombras envolventes, que devem ser destruídas. Uma sombra não se confessa, uma sombra deve dissipar-se. A história de Orgon, vítima de uma sombra, é semelhante a tantas outras fábulas que o cinema de Murnau nos conta. Assemelha-se à do jovem poeta empregado municipal de *Fantasma*, arrebatado pela força, em sentido literal, de uma aparição ebúrnea. Assemelha-se à do jovem Hutter, de *Nosferatu*, que se precipita para o país dos fantasmas. Assemelha-se, ainda, à do fazendeiro de *Aurora* perante a aparição da estrangeira.

Há que dissipar tais sombras. Mas o cinema tem dificuldade em dissipar sombras. Pelo contrário, é excelente a dar-lhes consistência, a fazer delas objectos de amor e de fascínio, dos quais só nos libertamos por milagre ou à força. E é precisamente esse o objecto de *Tartufo*. O filme mostra-nos a maquinação de uma reconquista. Elmira manobra de modo a afastar do coração de Orgon o intruso, aquele que leva Orgon a não querer vê-la. Trata-

-se de um exorcismo, de afugentar um espectro. O défice da personagem advém desta mudança de fábula. Aquele que, em Molière, conduzia tudo, incluindo a sua própria perdição, tornou-se de repente o intruso que é preciso expulsar e forçar a errar para poder expulsá-lo. A iniciativa é-lhe retirada. E o seu próprio assalto à virtude de Elmira é singularmente ambíguo. O missal pousado no peito decotado é seguramente blasfemo, mas não de uma sensualidade ardente. Quando muito, ocuparia o lugar de um lenço ausente. E, para todos os efeitos, os intertítulos cortam ainda mais o seu poder erótico. A iniciativa cabe a Elmira, que quer afastar a sombra, fazer cair a máscara. Comentei, mais acima, a estranheza da grande cena de sedução, da exibição um tanto mecânica de Elmira e do *raccord* problemático entre o olho de Tartufo e o objecto do desejo, esse *raccord* que tinha de passar por nós. A menos que, como disse, a exibição de Elmira se destine a outra pessoa. E, de facto, destina-se a esse terceiro escondido atrás da cortina, aquele para quem Elmira se havia assim decotado: Orgon. É altura de relembrar de relembrarmos as palavras de Madame Pernelle:

Quem apenas quer agradar ao seu marido,
Minha nora, não precisa de tanto prurido.

É preciso responder que não é unicamente ao seu marido que Elmira quer agradar, mas também ao apaixonado por Tartufo. Mas há que acrescentar que Elmira, ao oferecer assim o seu peito, faz duas coisas ao mesmo tempo. Expõe ao desejo renitente de Tartufo o que deveria ser o objecto do desejo de Orgon. Mas também se oferece para dissipar a sombra. Oferece o pescoço ao homem negro, como a noiva de Hutter oferecia o seu aos dentes de Nosferatu, para que, ao cantar do galo, Hutter e todos os outros estivessem livres do vampiro. Oferece o seu pescoço, para que Orgon, tal como o camponês pervertido de *Aurora*, regresse ao mundo dos vivos, para que, como o filho egoísta e ambicioso de *Terra em chamas*, reencontre a sua família. A exibição erótica é um ritual sacrificial. Em *Nosferatu*, o sacrifício provocava o desfalecimento da sombra. Aqui, não se trata de um desfalecimento, mas de uma substituição que aniquila a sombra.

Vale a pena examinar esta diferença entre duas soluções, porque coloca o problema da fábula cinematográfica, isto é, o problema da relação do cinema com as suas próprias aparências. Tais sombras, que mantêm as personagens cativas, são, com efeito, as que projectam os poderes de ilusão próprios do cinema. O relato visual tem de liquidar essas sombras, isto é, liquidar os poderes imediatos do cinema. Mas existem duas maneiras de liquidar as sombras. A primeira utiliza para esse fim o poder fantasmático em si. A máquina de produzir *phantasmata* encarrega-se então de escamotear as sombras que criou. Assim se desvanece a sombra negra de Nosferatu, perante os nossos olhos, pela magia da máquina. Em suma, passa-se tudo em família. A técnica cinematográfica liquida as sombras da ficção cinematográfica. A segunda maneira é muito distinta. Implica que o cinema se despoje desse poder de escamotear as *suas* sombras, que saia de si mesmo, que subtraia as suas figuras. É o que acontece em *Tartufo*. A sombra negra que se destaca do fundo de sombras claras diante de um muro branco é uma figura do cinema. E o mesmo sucede com esse universo do *flou* e da sobreexposição, que é o reino de Orgon. Para liquidar as suas próprias sombras, o cinema tem de secundar a estratégia de Elmira: retirar Tartufo dessa relação entre a silhueta negra e o reino turvado de Orgon, isto é, retirá-lo do reino da imediatez cinematográfica. A estratégia ficcional de Elmira exige que se extraia Tartufo do modo de ser que o protege: o dos *phantasmata* cinematográficos. Esta sombra que não pode confessar à maneira teatral não pode também ser escamoteada à maneira cinematográfica. É, então, preciso deslocá-la para outra cena, uma cena intermédia. Pelo subterfúgio do toucador, onde Elmira tenta, primeiro, armadilhá-la, a silhueta cinematográfica acaba finalmente encerrada num quadro de género. O toucador das galanterias à maneira de Fragonard torna-se um interior holandês, um espaço pictórico de proximidade dos corpos e de repartição das luzes e das sombras, onde a silhueta negra se perde.

A liquidação de Tartufo é a substituição de um corpo por outro. No quarto de Elmira, vimo-lo, é outro corpo que está instalado: um corpo rústico de alegre camponês, rufia e avinhado, como os que se encontram nos quadros de Van Ostade ou de Adriaen Brouwer. A sombra que não pode ser escamoteada é liquidada na modalidade inversa. Torna-se um corpo portador das suas marcas de origem e da evidência da sua diferença. O corpo plebeu refastelado na cama de Elmira aparece como um corpo fora do lugar, deslocado, claramente estranho na residência aristocrática de Orgon, estranho para a maneira de ser do corpo petrificado de Elmira. O seu verdadeiro lugar será uma cena de taberna. A diferença de classes é também uma diferença na repartição das artes e dos géneros. A sombra cinematográfica pertence àquela poética romântica que já não conhece o princípio genérico de adaptação das formas da arte aos temas representados. A estratégia de Elmira e a de Murnau devolvem-na ao universo clássico, onde um género responde a um tema e onde as personagens têm a fisionomia e a linguagem próprias do seu estado. O corpo cinematográfico, inquietante, inapreensível, volta a ser um corpo pictoricamente bem identificado, posto no seu lugar, que já não é o de Elmira e de Orgon, visualmente expulso do universo deles, antes mesmo de Orgon o expulsar fisicamente.

Assim, a transposição cinematográfica da ficção teatral da hipocrisia não pode assimilar-se a uma mera tradução. No país das sombras cinematográficas, é preciso mudar a ficção de Tartufo. É preciso despojar o sedutor dos meios teatrais da sedução para fazer dele essa sombra a suprimir. Mas o que já não pode ser confiado ao duplo jogo da palavra teatral também já não pode ser garantido pelos meios próprios da magia cinematográfica. A sombra tem de ser reincorporada, posta num modo de representação onde os corpos e as suas diferenças sejam identificáveis. É enquanto figura pictórica, enquanto personagem do quadro de género, que Tartufo é identificado, e o problema, resolvido. Mas esta solução, que coloca a câmara diante de uma personagem pictórica, significa uma certa renúncia do cinema àquilo que parecia ser a sua maneira própria de imitar a pintura e de substituir o teatro, ao seu poder de suscitar e dissipar sombras, à sua magia imediata. O filme de Murnau só liquida ficcionalmente Tartufo à custa da liquidação estética do expressionismo cinematográfico. É isto que confere ao filme a sua tonalidade pardacenta. Não é apenas devido à insipidez dos intertítulos que desperta, a cada instante, a nostalgia pelo encanto perdido das palavras de Molière. É também porque o cinema deve, para se apropriar de Tartufo, trabalhar contra os seus próprios encantos. *Tartufo* leva a cabo, com a liquidação do herói, o luto do expressionismo, que é também o luto de um certa ideia da singularidade cinematográfica.

De uma caça ao homem a outra:
Fritz Lang entre duas épocas

Cidade nas Trevas, realizado por Fritz Lang em 1956, passa por ser a expressão do pessimismo radical de um autor desiludido com a democracia e com a arte cinematográfica, por culpa, respectivamente, do povo americano e de Hollywood. Mas qual é ao certo o objecto desse pessimismo, e de que modo se torna fábula? A opinião generalizada é a de que o núcleo do enredo reside na concorrência implacável entre os vários protagonistas do império mediático de Amos Kyne. O chefe de redacção, o chefe da agência telegráfica e o chefe do departamento de fotografia disputam entre si o cargo de director-geral desse império que a morte do fundador deixou nas mãos de um filho caprichoso e incompetente. Este prometeu o lugar àquele que desmascarasse o maníaco assassino de mulheres cujos crimes assaltam, por estes dias, todos os espíritos. Ao serviço dos rivais desenvolve-se simultaneamente toda uma rede de intrigas femininas. E o espaço visual do filme parece inteiramente construído pelos movimentos dos corpos e os jogos de olhar que estabelecem relações de superioridade ou de inferioridade sempre instáveis entre esses intriguistas que, na grande casa de vidro, passam o tempo a espiar aquilo que se passa do outro lado do corredor, a surpreender o sentido de um sorriso ou de um desvio e, inversamente, a esconder aquilo que fazem, a compor uma máscara destinada a enganar o outro acerca da relação de forças existente. Em suma, o centro do caso parece estar na organização da intriga e no segredo permanentes no seio da grande máquina supostamente encarregada de trazer a luz da informação ao povo. O pessimismo de Lang consistiria em observar – e a fazer-nos observar – que todas essas pessoas que perseguem o assassino são tão antipáticas quanto ele – ou mesmo mais.

Porém, poderia também ser que o bailado dos intri-guistas não passasse também ele de um engodo apa-ziguante e que o negro coração da intriga fosse antes constituído pela simples acção dos membros honestos do império de Kyne: o repórter Mobley e a sua noiva, a secretária Nancy. De facto, Mobley não almeja nenhuma promoção nem alimenta intrigas. Quer somente desmas-carar o assassino. E tem um plano para isso: conseguir desmascará-lo, falando com ele. O projecto é, *a priori*, contraditório. Para falar com o assassino é preciso saber quem é ele. E se já se sabe quem é, estará pois desmas-carado. Até o maquiavélico Porfíri seria impotente se Raskolnikov não fosse ao seu encontro. Mas Mobley não é juiz, é jornalista de televisão. E falar face a face com quem não conhece, é o que ele faz diariamente às oito horas. Esta noite, pois, virá falar com os telespectadores, como sempre, mas também com um telespectador muito particular, o assassino. Com os parcos indícios forneci-dos por um polícia amigo, traça o seu retrato, e diz-lhe que foi reconhecido e que o seu fim está próximo. Sem o ver, olha para ele e chama-o com a voz, para que venha colocar-se de frente para esse olhar. E, de facto, a meio da sua frase, um desvio espectacular da câmara antecipa-lhe o efeito, instalando-se, em contracampo ao aparelho de televisão, diante do assassino. Esta literalização do «face a face» que coloca o jornalista em todos os lares é também um tropo que inverte o próprio sentido da palavra «televisão». Com efeito, o *televisionado* não é já aquilo que é visto no televisor, mas aquilo que é por ele visado. O televisado[1] é, aqui, o assassino, chamado ao reconhecimento como aquele de quem se fala e a quem se fala.

A câmara encena assim o equivalente de uma operação teatral, bem conhecida desde Aristóteles, denominado reconhecimento. O reconhecimento é a passagem do desconhecido ao conhecido: não apenas o processo que leva a saber aquilo que se ignorava, mas aquele que opera a sobreposição entre uma pessoa identificada e uma pessoa não identificada. É isto que acontece exemplarmente no *Édipo Rei*, onde Édipo descobre ser ele o assassino que procurava, quando o mensageiro diz ao criado, designando-o: «Essa criança de que falamos, é ele». O reconhecimento é esta junção de dois demons-

---

1 O jogo de palavras que Rancière aqui opera é intraduzível para português, uma vez que se trata de uma releitura do termo *téléviser* à luz do vocábulo francês *viser* (visar, apontar a algo, como nas armas de fogo), em vez de adoptar a sua significação corrente que encontra paralelo no vocábulo português *televisionar* (ver à distância). Assim, *télé-viser* será apontar de longe alguém, sendo o *tele-visado* aquele que é apontado de longe. (*N.T.*)

trativos, que o criado, nesta cena, se esforça por impedir, à imagem da totalidade da peça em que aqueles que sabem ou pressentem o segredo se empenham em impedir o ajustamento das duas identidades, em diferir o momento do reconhecimento onde cairá sobre Édipo a armadilha preparada pelo mesmo Édipo – pelo único que nada sabia e que, sobretudo, nada deveria saber, pelo único, também, que queria saber.

Trata-se disto mesmo na nossa sequência. Mas, claramente, tudo, no filme, funciona de modo inverso ao esquema aristotélico do conhecimento. Desde logo, há muito tempo que o telespectador conhece o rosto do assassino, já que o viu em acção nos primeiros planos do filme. E o reconhecimento não é aqui o momento em que a armadilha se fecha, mas antes aquele em que é instalada, aquele em que alguém que não sabe faz de conta que sabe e diz àquele que desconhece: «Eu sei que és o tal». Fingir que se sabe mais do que aquilo que se sabe, para que o suspeito caia na esparrela e entregue a informação em falta, não é, decerto, nenhuma novidade: é a infância da arte policial. Mas, aqui, não é esta a questão. É isso mesmo que mostra, *a contrario*, um episódio prévio: o interrogatório, no comissariado, do malogrado caseiro detido pela polícia, por ser o suspeito ideal, e que sofre a habitual encenação: os projectores no cara, o círculo de polícias à sua volta, o assédio das perguntas, a intimidação, etc. Ora, foi isto mesmo que Mobley deu a entender ao seu amigo polícia: é uma nulidade de encenação, da qual só poderá resultar um logro. O uso que Mobley faz do seu saber e do seu não-saber é de uma outra ordem de forças. Nada de projectores na cara, nenhuma pergunta, ninguém a assediar o suspeito. É que o problema não está na confissão do crime como seu por parte do suspeito que está à mão, está antes no reconhecimento de si próprio como tendo sido reconhecido por parte do criminoso. Este dispositivo passa por um face a face de uma outra ordem, um face a face com aquele que está mais próximo do que qualquer polícia, porque está mais afastado, porque vos vê de longe, com aquele que está, pois, na vossa imediata inti-midade, e que vos fala na mesma medida em que fala com toda a gente, fala convosco como fala com todos.

O que faz então Mobley nesta sequência? Duas coisas numa. Por via da palavra, apresenta o retrato-robô que indica o criminoso. Ao mesmo tempo, com o olhar posto nele, convoca-o para onde deverá reconhecer-se: neste retrato-robô. O problema, de facto, é que o retrato-robô é, em si mesmo, um logro inconsistente, uma junção de duas coisas heterogéneas: em primeiro, uns traços indivi-dualizantes (uma idade, uma força física e cabelos negros) que serão sempre insuficientes para individualizar quem quer que seja, para saber *quem* ele é; e, em segundo lugar, um retrato clínico, estandardizado, bem conhecido, e que diz simplesmente *qual* é ele, a que género patológico--criminal pertence. Este retrato-robô não poderia ser útil à polícia. Mas não é a ela que se destina. Só pode servir a uma única pessoa: àquele que deve reconhecer-se, que é suposto, que é chamado, de frente, e levado a identi-ficar o seu *quem* com esta junção de traços distintivos.

É ele quem, no mesmo lance, surge como o único capaz de se descobrir, de ir para o lugar onde é esperado, pela mediação do prazer que tem em ser reconhecido por *aquilo* que é e do pavor que tem de ser reconhecido como *aquele* que é. A esta dupla mediação corresponde visualmente o duplo trejeito no rosto do actor John Barrymore Jr., que encarna o papel do homicida Robert Manners. Perante o ecrã ficcional da televisão, como diante do ecrã real da câmara, este recorre, de facto, a um duplo registo expressivo perfeitamente estereotipado. É, primeiramente, um sentimento de satisfação, de boca aberta e olho brilhante; depois, um sentimento de pânico, com a boca retorcida, os olhos a revirarem-se e as mãos que passam aos actos: nesta sequência, apertam as barras da cadeira, um pouco depois o pescoço da mãe e, no final, o de Dorothy Kyne. As variações neste duplo registo e, em particular, na torção da boca constituem a totalidade do desempenho do actor neste filme, quer pela expressão de perturbação que as pernas das mulheres nele mecanicamente despertam, pela febre de uma acção projectada, pelos seus sentimentos ambivalentes a respeito da sua mãe, quer ainda pela sua atitude perante o olhar imaginário de Mobley. E, é certo, esta estereotipia evoca um desempenho de uma outra envergadura, cumprido um quarto de século mais cedo pelo intérprete de um papel de matador maníaco, irmão de Robert Manners. Face ao trejeito estereotipado de John Barrymore Jr., evocamos todas as mudanças expressivas, as transições entre o transeunte sonhador, o selvagem e a vítima prostrada que animavam Peter

Lorre, protagonista de *Matou!*, história de uma caça ao homem, da qual *Cidade nas Trevas* constitui, de certo modo, o *remake* americano.

Pode, com certeza, imputar-se a diferença aos actores, e Lang pôs em causa o seu intérprete. Mas sabe-se que a margem de manobra que ele deixava ao talento individual dos seus executantes era muito reduzida e que, em *Matou!*, em vez de renunciar ao assobio do assassino, que Peter Lorre não era capaz de fazer, fê-lo por ele. Mesmo que John Barrymore Jr. não tenha representado tão bem quanto Lang desejava, é razoável pensar-se que terá representado tal como este lhe pedira. Não soube ter um *desempenho estereotipado*, mas era isso mesmo que lhe era pedido. Ou seja, a simplificação expressiva não se deve aos limites do intérprete. Pertence ao próprio dispositivo da encenação. Foi este dispositivo que mudou em relação a *Matou!*. E, se mudou, não foi por Lang ter perdido as suas capacidades inventivas. É que um dispositivo cinematográfico de encenação é uma maneira de jogar com um dispositivo político e social de visibilidade, de usar os seus recursos tácitos ou de tornar explícito o seu funcionamento implícito. O trejeito estereotipado de Robert Manners opõe-se ao assobio selvagem e apelativo de M, porque a encenação de *Matou!* e a de *Cidade nas Trevas* trabalham com dispositivos de visibilidade diferentes.

Vale então a pena voltar atrás para nos determos no episódio que, em *Matou!*, corresponde a este face a face à distância entre Mobley e o assassino e que dá o sinal de partida para a caça ao homem. A meio de *Matou!*, a polícia, depois de uma investigação minuciosa nos estabelecimentos psiquiátricos, identificou o assassino e encontrou o seu domicílio. Armado de uma lupa, um dos polícias examina o parapeito da janela e passa o dedo pelas ranhuras da madeira onde encontra os vestígios do lápis encarnado com o qual o assassino escreveu as suas mensagens provocadoras. Enquanto a polícia está em sua casa, ele encontra-se no exterior. Está diante de uma montra com a rapariguinha que acaba de encontrar. Visivelmente, ambos estão felizes. Felizes pelo que estão a ver, felizes por estarem lado a lado. Ele segue a mão da criança que lhe mostra o brinquedo dos seus sonhos. Ele gosta de deambular, gosta de olhar para as montras, gosta de meninas, gosta de lhes agradar. Parece ter-se esquecido da finalidade da operação: goza o presente. Também ela está feliz: gosta de brinquedos, gosta dos adultos afectuosos com as meninas. Quando ela lhe vir a marca no ombro, pensará numa só coisa: limpar a mancha que o «pobre velho» fez. De seguida, irá ter início a caçada, já não haverá tréguas. É como que o último momento de graça para o herói. Mas o termo «graça» é para ser aqui levado à letra. Não é só o último momento de descanso, mas algo como uma graça feita à personagem, a graça que lhe é dada como personagem. Um pouco antes, foi-nos mostrado, por via de uma composição sábia, a pôr-se a caçar, passando do seu estado normal para o estado de animal selvagem e impiedoso. Um pouco depois, é contra ele que começa a caça ao homem. Mas por agora há este momento de graça em que lhe é permitido gozar de um espectáculo, de um toque, de uma sensação, gozar esteticamente, de uma maneira desinteressada. Antes de o guião condenar a personagem, de lhe retirar qualquer hipótese de sobrevivência, a encenação dá-lhe a sua hipótese de humanidade. Não só a ocasião de ser um doente por proteger, mas a hipótese de deambular feliz entre a multidão, a hipótese de ser uma imagem calma através de uma montra, a hipótese fotogénica, no sentido que lhe dá Jean Epstein.

Mas não é um simples caso de pausa na narrativa. É um caso poético. Às exigências aristotélicas do relato que leva o criminoso até ao ponto em que será detido e desmascarado, vem juntar-se e contrapor-se uma outra exigência: a exigência *estética* dos planos suspensos, de uma contralógica que interrompe toda a progressão da intriga e toda a revelação do segredo, para dar a sentir a potência do tempo vazio: esse tempo dos fins suspensos, onde as pequenas Cosette contemplam as suas bonecas de sonho e onde os «miseráveis» em adiamento provam o simples momento da reconciliação com um mundo que nada quer de nós e do qual nada se quer além da partilha de uma qualidade inédita do sensível. «A acção também tem os seus momentos de sonho», diz, precisamente, o autor de *Os Miseráveis*. Não se entenda com isto que se devem simplesmente providenciar pousios na sucessão dos episódios. Foi o próprio sentido do episódio que mudou. A nova acção, a intriga estética, opõe-se à velha intriga narrativa pelo seu modo de tratamento do tempo. É o tempo vazio, o tempo perdido da deambulação, ou o tempo suspenso das epifanias, e não mais o tempo dos projectos e dos fins perseguidos ou entravados, que doravante dá ao relato a sua consistência. Foi essa potência pura do sensível que a literatura ganhou entre Flaubert e Virginia Woolf. E foi também a partir dela que Jean Epstein e alguns outros tentaram produzir a própria textura da língua das imagens. Fritz Lang nunca terá sucumbido às ilusões dessa língua. Não fez seu o pensamento do cinema como arte nova da estese, abandonando as velhas artes da mimese. Desde muito cedo, soube que o cinema era uma arte, precisamente enquanto mistura de duas lógicas: a lógica do relato que comanda os episódios e a da imagem que detém e engendra novamente o relato. Mas percebeu também que essa lógica mista da mimese cinematográfica estava em si mesma ligada a uma lógica *social* da mimese, que se desenvolvia simultaneamente contra ela e ao seu abrigo.

Voltemos, para compreendê-lo, a esse momento de felicidade estética, que é um momento de permuta dos lugares. O assassino está na rua, como se estivesse em casa, enquanto a polícia está em casa no seu domicílio. Há uma estranha complementaridade entre esta quietude totalmente momentânea de M, o homem das multidões, e a organização metódica desta polícia que, de compasso na mão, traça círculos sobre o território, vasculha até ao último arbusto, faz investidas em todos os antros, a fim de submeter ao exame da lupa todos os pormenores do seu interior, que, em suma, realiza o seu trabalho para encontrar o que se oculta no visível. A hipótese que tem de existir enquanto personagem é, para ele e para nós, paradoxalmente solidária com todos esses círculos nos quais se espalha o crime e que se concentram em seu redor: o círculo dos polícias, o dos bandidos, o da opinião pública, o de todos essas suspeições que se espraiam anarquicamente em todas as direcções e entre as quais ele escapa e traça o seu caminho, abrigado, de certa maneira, no próprio âmago da perseguição, tal como a felicidade desse plano se abriga no seio da montagem alternada que ritma a caça ao criminoso. Todos esses círculos que se fecham sobre ele, no guião da perseguição, todos esses círculos sociais que se imitam entre si, são também aquilo que o preserva enquanto personagem, dando-lhe uma hipótese de existir.

Para alcançar o princípio de tal hipótese, devemos deter-nos num momento singular do singular processo que o tribunal dos bandidos intenta ao assassino. Não só os bandidos adoptam exactamente os papéis de um julgamento verdadeiro, incluindo o do advogado que defende tenazmente o assassino, de código penal na mão, ao ponto de já não se saber «o que pensa realmente». Como ainda, mais profundamente, o destino do assassino parece estar preso entre duas leis. Existe a lei, em sentido estrito, a ordem, a protecção das gentes honestas – que é também a das gentes desonestas. Existe, depois, uma segunda lei: a mimese da comédia social, a maneira como os papéis sociais vivem da imitação, alimentando-se de uma espécie de ser teatral do social que se difunde, se representa e se inverte. O cabecilha dos ladrões surge na qualidade de representante dos pais e das gentes honestas, e mostra ao assassino as fotografias das meninas que matou. O escroque da quadrilha faz de advogado. Uma prostituta interrompe-o para dizer a angústia e a dor das mães. Será ela própria uma mãe ou estará a desempenhar o papel como o outro desempenhou o de advogado? Pouco importa. Em contrapartida, o que é importante é a ruptura de tom na sua voz. Arranca com um apóstrofe furioso, depois a sua voz marca uma pausa e torna-se muito mais lenta, muito mais terna, como que para exprimir o inefável carácter dessa dor das mães, como que para dar a crer que também ela a sentiu, ao mesmo tempo que passa por ela a mão de uma outra mulher, manifestação silenciosa da grande solidariedade dolorosa das mães. «Como podes tu saber o que é? Teríamos de perguntar às mães», disse em essência a sua «representante». Mas esta fúria inicial, este embargo da voz, esta retoma em tom menor de lamentação e estas palavras simples, havíamo-los ouvido um pouco antes. Idênticos rasgos caracterizaram a intervenção do assassino. Também ele começara por gritar, antes de se deter, para retomar no mesmo registo em tom menor, como que a exprimir uma pura dor, para responder aos seus acusadores a mesma coisa: «O que sabeis vós disto? Como poderíeis saber o que eu estou a sentir?». Em ambos os casos, uma mesma «voz da dor» destaca-se do silêncio para invocar o que não é sabido. Há algo que não se sabe, que só pode ser imitado, vocalizado, representado, que só pode ser dado a sentir por via de um equivalente.

A hipótese do assassino, a sorte da encenação consistem em poder inserir o grito de angústia ou o olhar apaziguado na trama de uma mimese que é também um paradigma do funcionamento da sociedade. A lei *social* da mimese quer dizer isto: é preciso imitar, representar, aquilo que, verdadeiro ou falso, não está presente, aquilo que falta ao saber. A sinceridade e a hipocrisia são iguais perante este imperativo. A ordem nua, a ordem social da lei, tem o seu contrapeso naquilo que se poderia chamar liberdade ou hipótese da mimese; aqui, à voz da mãe fictícia como à do assassino ficcional são dadas as mesmas hipóteses. É esta a protecção de que goza a personagem M. E foi isto que desapareceu em *Cidade nas Trevas*. Se existe um paradoxo na relação entre os negócios do império mediático de Kyne e o destino do assassino psicopata, não consiste no facto de as «gentes honradas» se revelarem mais ignóbeis que o criminoso que perseguem. É que esse império da imprensa democrática e da opinião pública faz desaparecer de cena toda a opinião pública, nem que seja com recurso aos linchamentos de *Fúria*. Em *Cidade nas Trevas*, ninguém se preocupa com Robert Manners, ninguém visita as clínicas psiquiátricas para saber quem de lá saiu, ninguém procura identificar o domicílio do assassino. E, mais estranho ainda, ninguém lê o jornal, excepto os jornalistas e o assassino. Aparentemente, ninguém vê televisão, excepto Nancy, que admira o seu herói e, uma vez mais, o assassino. Não há inventariação de suspeitos nem de locais do crime, não há necessidade de seguir a pista do assassino. Será ele mesmo, o tele-

-visado, quem irá pelo seu próprio pé até ao ponto em que deve ir, e que o fará, antes de mais, porque uma imagem foi buscá-lo a sua casa, tendo-o instalado de frente para si como aquele que deveria reconhecer-se no retrato-robô imaginário do assassino: deverá reconhecer-se nela lisonjeado, reconhecido na identidade do seu caso, feliz pelo sucesso da sua mensagem escrita com batom, reconhecido no seu gozo pleno de ódio; ao mesmo tempo, deverá reconhecer-se como alvo de perseguição, como o assassino. Através desta dupla captura, o personagem é empurrado para a armadilha, instigado a fazer voluntariamente aquilo que antes fazia por compulsão automática, a fazê--lo de maneira programada, por desejo de vingança e de ultrapassar o desafio. É levado a pôr em acção essa idêntica resposta a todas as situações, essa identidade entre a simples incapacidade de suportar a vista de um par de pernas femininas e os motivos profundos da vingança, do ódio e do desafio. Efectivamente, tudo isto constitui um único sintoma que se exprime no mesmo trejeito da boca, na mesma divagação dos olhos, provocando a mesma sequência de gestos.

A estereotipia da interpretação não se deve, portanto, à escolha de um actor deplorável. É um reflexo do dispositivo de visibilidade no qual o personagem se mantém. Entre quem o procura e ele, já não há qualquer estrutura de abrigo nem lhe é concedido nenhum momento de graça no qual possa espraiar algo mais do que esse mero automatismo facial. A emissão de voz e o constrangimento do olhar lançado pelo outro encerraram-no neste campo-

-contracampo imaginário, sem forma de escapar. Um assassino pode fugir da polícia, um homem na multidão pode esquivar-se, como faz M, mas algo bem diferente é escapar de quem, à distância, nos olha na cara para nos fazer coincidir com o que sabe de nós, isto é, para fazer coincidir em nós e por nós o que ele sabe e o que não sabe. Diante do assassino, Mobley junta o saber da polícia com o saber do clínico, o «suposto saber» do psicanalista com o saber do professor, juntando-lhe ainda muitos outros saberes. Reúne-os sob a égide de um saber fundamental: saber fazer-se passar pelo sábio que ele não é, saber, em geral, representar aquilo que ele não é. Esse saber é o do actor. E é enquanto actor que o jornalista reúne em si todos esses papéis. Isto significa que ele convocou os poderes da mimese e dos seus jogos para identificá-los com a posição de quem sabe. Bloqueou esse poder no lugar ocupado pela sua imagem, o lugar de quem vê e sabe.

Para pensar tal identificação entre ciência e mimese, convém voltar aos dados clássicos, aos dados platónicos do problema. O saber supremo aqui propalado por Mobley é o poder daquele que pode identificar aquilo que sabe com o que não sabe, aquilo que é com o que não é; em suma, o saber de ser aquilo que não é. É este, precisamente, o saber do mimético para Platão: o não-saber que se faz passar por saber. Sabemos de que modo Platão põe em causa esse «saber». No *Íon*, Sócrates pergunta de que modo Íon, o rapsodo, poderia conhecer tudo aquilo de que fala quando canta as suas epopeias, como poderia saber «fazer» tudo aquilo que diz, tudo aquilo com que se identifica. Na *República*, pergunta ironicamente se Homero sabe tudo aquilo que as suas personagens sabem. Essas personagens dirigem estados, fazem guerras, etc. Será que Homero sabe fazer tudo isso? Se não sabe fazê-lo, terá então fabricado simulacros, aparências, que apenas servem para alimentar a comédia social das aparências.

Como vimos, foi esta comédia social das aparências, que obrigava os bandidos a parodiar a dor das gentes honestas e a imparcialidade da justiça, que, nesse mesmo movimento, deu uma oportunidade à personagem no próprio seio da perseguição mortal. Aqui, com Edward Mobley, as coisas mudam: o que Homero não podia fazer, pode-o ele. Apenas com a sua *performance* icónica é, efectivamente, polícia, procurador e juiz, professor, médico, interlocutor e general que comanda toda a manobra. E é tudo isso enquanto actor. Por isso mesmo, já não se vê limitado pela obrigação de mimetizar a polícia e a justiça. O actor ocupou o lugar daquele que sabe, operou a síntese imaginária de todos esses saberes, nesse face a face imaginário que suplanta qualquer espaço social onde a personagem se possa abrigar, qualquer espaço social que o autorize a ser algo mais do que aquilo que sabemos que é, o que ele é de acordo com o saber, isto é, um doente, um caso clínico bem repertoriado, algo como uma fotografia à maneira de Charcot, ou uma projecção numa conferência pedagógica: um fantoche do saber.

O dispositivo de Ed Mobley no seu palco de televisão vai, pois, muito para lá do estratagema urdido num outro filme de Lang, *Gardénia Azul*, por um colega de

Mobley, o repórter Casey Mayo. Este, em busca de uma jogada espectacular, montava igualmente uma armadilha à sua vítima, dirigindo-lhe, através da imprensa, uma «carta a uma assassina desconhecida». Insinuando que já tinha sido identificada, oferecia-lhe a sua ajuda e, deste, modo, incitava-a a dar-se a conhecer. Mas a armadilha de Casey Mayo inscreve-se nas diligências clássicas da sedução. Montada por um homem a uma mulher, por um jornalista de sucesso a uma simples telefonista, baseava-se numa dependência tradicional de sexo e de classe. A armadilha de Ed Mobley em *Cidade nas Trevas* é de outra natureza. Não sugere qualquer apoio ao fraco para que ele vá ter consigo, impõe-lhe a sua assistência num outro sentido. Impõe a sua imagem, a sua presença, a sua identificação daquilo que sabe e do que não sabe, daquilo que ele próprio é e do que não é. Faz apelo a uma única dependência: a dependência a respeito do imaginário do saber, carregada pela imagem que fala com o televisado e lhe pede que aja de acordo com o saber que dele temos até ao momento em que será detido. Não se trata de uma sedução, é mais propriamente uma condenação à morte, em certo sentido mais radical que o tribunal fictício: uma condenação à morte científica, onde se despoja o sujeito da sua capacidade de existir de outra maneira além daquela pela qual é conhecido. É uma condenação à morte simbólica, feita em simultâneo com a efectiva instalação da armadilha.

É, pois, algo bem distinto do *truque* de Casey Mayo, mas também das intrigas do império de Kyne, da sonegação de informação, dos adultérios e das seduções de bastidores. Compreende-se que o honesto Mobley, Mobley o altruísta, possa dispensá-las. Aqui também se passa como em Platão: para desprezar o poder é preciso conhecer algo melhor do que o poder. E, evidentemente, ele conhece algo melhor do que ser director-geral da empresa de Kyne, isto é, o gozo desse jogo do saber que subsume todas as relações de dominação e que culmina num dispositivo de condenação à morte. Para compreender o sentido deste face a face, falta saber qual é a natureza da imagem que ele coloca nesse lugar, a natureza da potência que ele exerce e que lhe permite impor tal face a face. Mas para isso é preciso fazer um desvio, deixar Mobley rei do ecrã para ir ter com Mobley na cidade.

Uma singular cena de sedução servirá para nos elucidar acerca do assunto. Mobley, que bebeu alguns *whiskies* para ganhar coragem, vai nesse estado bater à porta de Nancy. Depois de inicialmente afastado, bloqueia o fecho de segurança com discrição, entra sem aviso no apartamento e impõe à sua donzela o abraço reconciliador. O interesse desta cena está no decalque, ponto por ponto, das cenas de homicídio do maníaco. Temos novamente o vão de escada, o fascínio pelas pernas de mulher, um olhar de esguelha lançado à fechadura de segurança, igualmente bloqueada, a intrusão no apartamento, um jogo de mãos e, também, a insistente inscrição do significante maternal. «A sua mãe devia ter-lhe ensinado», diz Nancy em resposta a uma pergunta insinuante do seu pretendente, mas também dando eco a esse *Ask mother* que o maníaco escreve na parede com o batom das suas vítimas. De modo insistente, a encenação coloca as duas cenas, a da sedução e a do homicídio, numa relação analógica. Há que perceber então qual é a diferença. Ora, a resposta administrada visualmente nestes planos é simples: a diferença é que Mobley encontra o encadeamento adequado, o esquema motor adequado entre a palavra, o olhar e as mãos. Porque existe uma maneira de bem empregar a violência das mãos, de segurar o pescoço com uma só mão enquanto se utiliza a outra para enlaçar a cintura; uma maneira de fechar os olhos em vez de os escancarar ou revirar; de utilizar a linguagem vulgar e as piadas insinuantes em vez do mutismo das inscrições com o batom. Em suma, como nos mostra Mobley junto das mulheres, há coisas por dizer e coisas por fazer que devem ser executadas na ordem certa e no momento certo. E para tal não é preciso ser-se muito subtil. Até o andar e a entoação de um tipo que bebeu uns copos a mais podem servir. Basta que uma boa orientação seja adoptada logo à partida: renunciar à posição de filhinho do papá – estilo Walter Kyne – ou de menino da mamã – estilo Robert Manners. Renunciar à questão supérflua: saber se somos realmente aqueles que os nossos pais desejaram. A este preço, encontra-se a orientação certa, coordena-se o esquema motor, em suma, tornamo--nos num bom behaviorista em vez de sermos um retrato psicanalítico-robô.

O espectador sente, sem dúvida, que, no lugar de Nancy, estaria a ser mediocremente seduzido. Só que não estamos perante uma verdadeira cena de sedução, mas sim, mais uma vez, perante uma cena de pedagogia. Tudo se passa como se Mobley não estivesse a declarar o seu amor a Nancy, mas antes a mostrar à distância ao doente sexual o que é uma líbido normal, que ultrapassou o estádio das fixações infantis e que encontrou os objectos certos para chuchar, os copos de álcool e os lábios das secretárias. Podemos então dar resposta à questão relativa ao poder de Mobley: o que é que o instala nesse lugar, na imagem daquele ao qual o assassino não poderá escapar. Aquele de quem não se pode escapar não é o pai. Não é a lei, a ordem, a sociedade. Lembremo-nos da atitude de Mobley perante Amos Kyne, que lhe explicava os deveres da imprensa numa democracia, a soberania do povo, a necessidade de o manter informado de tudo o que é do seu interesse, etc. Mobley, de costas o tempo todo, pensava no seu programa televisivo iminente, e o seu silêncio parecia dizer: «Vai falando. O povo, a democracia, a imprensa livre, a informação são tudo palavras ao vento. O que não são palavras ao vento é aquilo que eu vou fazer: instalar-me diante da câmara, insinuar-me em casa das pessoas. O povo não existe. Há telespectadores e pessoas como eu, infinitas pessoas para quem não sou um pai, mas sim um instrutor, um simples irmão mais velho».

O irmão mais velho não é aqui uma imagem aterradora do género *Big Brother*. É, simplesmente, aquele que pode servir como imagem normal, como imagem da norma, aquele que ultrapassou o estádio das fixações infantis e «amadureceu» a sua líbido. Este situa-se perante o assassino como perante um irmão mais novo, estagnado no estádio da masturbação manual e intelectual, nas brincadeiras de papás e mamãs e na questão de saber se foi efectivamente por desejo de si que um homem e uma mulher, o seu pai e a sua mãe, executaram essa série de gestos que denominamos fazer amor. Em suma, está diante dele como o irmão mais velho, a imagem normal. E é este irmão mais velho, esta imagem normal, que ocupa o lugar do actor sábio, o lugar da mimese absorvida, autodenegada. Esse é o novo par que substitui a dupla constituída pela mimese e pela lei. O actor ocupou o lugar do sábio, absorveu a mimese, desde logo identificada com a posição daquele que sabe e que nos vê. E com o desempenho televisivo de Mobley, é a autoridade do irmão que sucede à do pai. Mas sabemos que existem duas maneiras de entender essa substituição. Nas suas páginas sobre *Bartleby* e sobre *Pierre ou as Ambiguidades*, de Melville, Deleuze compõe a fábula teórica de uma América dos irmãos e irmãs, fundada na destituição do pai[2]. A fábula de Fritz Lang opõe a esta utopia da fraternidade democrática americana uma contra-utopia: o mundo dos irmãos mais velhos não é «o caminho livre» dos órfãos emancipados. Pelo contrário, é o mundo sem escapatória. Quem fecha as portas não é o pai nem a lei, mas sim a ausência destes, é a destituição da mimese social na relação única da imagem que sabe e vê com a imagem que é sabida e vista. É a sua destituição em prol da imagem tele-

—

2 Gilles Deleuze, «Bartleby ou la formule», in *Critique et clinique*, Paris, Éditions de Minuit, 1992, pp. 89-114.

visiva, a imagem fingida daquele que é e sabe a normalidade, o irmão mais velho «sexualmente maduro».

Cidade nas Trevas exprime, pois, algo mais que o desencanto do emigrado alemão diante da democracia americana. O que o filme encena é a identificação televisiva da democracia. Mas esta identificação não é um mero objecto para o cineasta. É um novo dispositivo do visível com o qual o cinema enquanto tal tem de confrontar-se. Vimos quais foram as suas repercussões na fábula e no personagem do assassino. Mas a mesma estereotipia afecta a expressão do vencedor: o deus ubíquo da presença televisiva. Sigamos Edward Mobley até à cidade e no seu papel de apaixonado. Já próximo do desenlace, quando o assassino, submetido ao apelo do televisor, se precipita para a armadilha que lhe foi montada, Mobley é vítima de uma cena conjugal por parte da sua noiva. A rapariga censura-o pela sua afronta com a provocadora Mildred, que trabalha por conta de um dos seus competidores. Perante ela, o actor-professor Mobley é singularmente incapaz de falar, de adoptar um tom convincente. E quando fala da tristeza que o irá assolar se ela o deixar, não conseguimos acreditar nele. Não é que não nos pareça sincero, só que tudo se passa como se ele não soubesse imitar, escolher o tom e oferecer a imagem de alguém habitado por um sentimento. Já antes víramos de que modo Dorothy Kyne, a adúltera, traía o marido e como Mildred, a mestra do engodo, seduzia teatralmente o repórter. Mas ele, pelos vistos, não sabe ou deixou de saber representar o próprio sentimento sincero que nutre por Nancy – já que um sentimento sincero deve ser tão representado quanto um sentimento fingido. A prostituta de *Matou!* sabia exprimir a dor das mães, tornando vã a pergunta: «É ou não é?». Pelo seu lado, Mobley só sabe aqui exprimir dois sentimentos: a beatitude idiota da vaidade – sorriso presunçoso, boca escancaradamente aberta, olhar inspirado – ou a exasperação, traduzida pelos seus olhos voltados para o céu e por uma insistente gesticulação manual. Primeiro, essas mãos parecem dizer «Deixem-me em paz»; depois crispam-se, imitando de certo modo o assassino, para, em todo o caso, mimetizarem o pensamento «estrangulá-la-ia de bom grado»; e, finalmente, voltam a fechar-se num gesto normal de cólera: dois punhos a esmurrarem uma mesa. A estereotipia das duas mímicas, beatitude ingénua ou exasperação, surge como resposta à estereotipia da dupla expressão do assassino, como se Mobley também fosse agora uma imagem captada, como se a identificação do imitador com a imagem que sabe o tivesse incapacitado para os velhos jogos teatrais e sociais da mimese, e o tivesse deixado inapto para a expressão representada do sentimento. Fica assim reduzido à estereotipia, prisioneiro do seu saber exclusivo: falar como a imagem daquele que sabe, de longe, falar com o ausente.

Aqui, mais ainda do que com o assassino, importa pouco atribuir as culpas à interpretação do autor. É verdade que Lang terá proferido algumas palavras pouco amistosas para com Dana Andrews. Mas há duas coisas que ele devia saber antes de dar a primeira volta de manivela. Representar a chama ardente da paixão nunca fora a especialidade deste actor. No seu grande filme de amor, *Laura*, ele fazia, apesar de tudo, o papel de um estranho apaixonado. Em contrapartida, há algo que ele sempre soube representar bem: a impassibilidade. Em *Laura*, opunha a indiferença soberana do polícia plebeu Macpherson às humilhações que lhe infligia a vedeta radiofónica, o cronista social Waldo Lydecker. Era, pois, capaz de colorir a exasperação de Mobley com todas as matizes necessárias. O problema não está na representação do actor Dana Andrews, mas sim na estranha espécie de actor que ele interpreta e que põe de novo em causa a própria ideia de jogo mimético. De facto, aqui, o polícia tornou-se jornalista, e o plebeu ocupou o lugar do cronista mundano. Captou a atitude do escritor, substituiu a voz radiofónica de Lydecker pela sua voz e imagem televisiva. Mas, ao alcançar este lugar, o plebeu promovido perdeu duas capacidades: a capacidade de dizer e representar o amor invencível que caracterizava Lydecker e a capacidade de representar a paciência, que caracterizava Macpherson. Agora, está prisioneiro da sua nova identidade, a da imagem que sabe e que nos fala de longe. Tudo se passa como se, fora desta relação, só ficasse por representar a insignificância ou a carantonha. A imagem que sabe já não pode ser a personagem que representa. A imagem televisiva não só questiona o jogo social que o actor deve interpretar, como o próprio *gestus* do actor.

Ao ver todos esses esgares, esses olhos levantados para o céu, esses gestos de mãos exasperados, que compõem a mímica de Mobley perante Nancy, somos levados a pensar numa declaração de Dziga Vertov, nos tempos heróicos do cinema: «A incapacidade que os homens têm de saber comportar-se envergonha-nos diante das máquinas. Mas o que se há-de fazer, se as maneiras infalíveis da electricidade nos afectam mais do que os atropelos desordenados dos homens activos ou do que a inércia corruptora dos homens passivos?»[3]. A desordem do homem activo, a inércia do homem passivo; é esse o espectáculo que Dana Andrews nos apresenta aqui, como uma espécie de caricatura desse grande ideal cinematográfico. É certo que esse ideal do homem maquínico exacto captado pelo olho eléctrico nunca foi o de Lang. Ele nunca se entusiasmou, como Vertov, com a sociedade dos homens e das máquinas exactas, desembaraçados da psicologia. Nunca pensou, como Epstein, que um sentimento se radiografava e que o pensamento se imprimia na fronte com pinceladas de amperes. Lang sempre acreditou que um sentimento se representava, que se imitava, e se a palavra expressionismo – termo que ele não apreciava – tiver algum sentido será exactamente este. Contra a utopia antimimética dos vanguardistas dos anos 20 do século XX, Fritz Lang contrapôs repetidamente o modo crítico da mimese, aquele que utiliza um dos seus modos contra outro. Tal escolha foi por ele assumida desde as formas do cinema de autor, como *Matou!*, onde ele era o dono do jogo, até ao cinema por encomenda que fez em

—

3 Dziga Vertov, *Articles, journaux, projets*, trad. S. Mossé e A. Robel, Paris, UGE, col. «10/ 18», 1972, p. 17.

Hollywood, no qual dispôs de uma intervenção limitada, num processo em que tanto os actores como os guiões eram determinados pelo produtor e impostos pela indústria. Porém, ele sempre soube preservar um dispositivo mimético pessoal, soube fazer uso da sua própria arte da mimese contra a que lhe era imposta pela indústria. Todavia, em *Cidade nas Trevas*, Lang deparou com algo mais do que os constrangimentos financeiros da indústria. Encontrou uma outra figura da indústria, ou essoutra versão da utopia eléctrica que, esta sim, é mesmo uma realidade e é dada pelo nome de televisão. Ora, tal máquina vem baralhar a ordem da relação arte-indústria, redefinindo o próprio sentido da mimese. Vem resolver a querela entre os utopistas do olho maquínico e os artistas da mimese contrariada. E resolve-a, na medida em que os suplanta a todos e fixa o estatuto da imagem maquínica de massas, esse estatuto da mimese auto-suprimida.

O que representa então Dana Andrews? Representa o homem televisivo, representa a relação entre a sua capacidade e a sua incapacidade. Representa a sua capacidade para bem mimetizar uma única coisa: a posição daquele que sabe, que fala e vê à distância e que apela a que nos situemos à sua frente. Esta capacidade é com certeza um desafio lançado à arte mimética em geral e ao cinema em particular. *Cidade nas Trevas* poderia, então, ser pensado como a encenação do homem televisivo. É por isso que o trio composto pelo assassino, pelo jornalista que o procura e pela sua cúmplice prevalece sobre todas as intrigas da empresa de Kyne. Este trio é, com efeito, o trio televisivo, o casal televisivo e a sua testemunha, Nancy. No seio do império de Kyne, no seio do império da informação para o povo, e do contra-império das intrigas e das ilusões, afinal – e Mobley sabe-o – só existe uma coisa séria: o palco televisivo. A coisa séria é isto: o dispositivo que coloca Mobley «face» ao assassino, pelo qual uma única pessoa, dentro de empresa, se interessa – Nancy. Eu, antes, disse que era este trio que dava a sua fórmula ao filme e não a valsa das intrigas e intriguistas. Talvez devesse reformular com mais precisão o enunciado. O filme recai, de facto, sobre um patamar de separação. O trio televisivo encontra-se separado do mundo das intrigas. Sabe onde se passam as coisas sérias. É esse o seu privilégio. Mas tal privilégio tem um preço, que consiste na retracção da capacidade mimética, uma retracção a respeito daquilo que deve ser normalmente feito por um actor, porque também é feito na vida: imitar sentimentos, quer sejam ou não experimentados.

A questão não reside, pois, em saber o que é o mais interessante, se a caça ao assassino se o jogo de intrigas que o cerca. O interesse está, precisamente, no patamar, na relação entre o cenário televisivo e o velho cenário da representação. A grande parada dos interesses, das paixões e das ambições, dos fingimentos, das mentiras e das seduções é ainda, por muito sórdidas que sejam as ambições e os meios ao seu serviço no império de Kyne, a grande fogueira mimética das aparências. Em torno do novo poder da imagem-que-sabe, a velha mimese espalha todos os seus prestígios, incluindo os mais batidos, como na cena de sedução de Mildred interpretada por Ida Lupino. O que Lang dá a ver, por via deste grande flamejar, é o defeito da imagem-que-sabe, a perda do poder de sedução mimético ligado à sua própria autoridade. É aquele trejeito ao qual o personagem televisivo se reduz quando não está diante da câmara, quando não está a olhar para um espectador distante e tem de acomodar a proximidade da representação de um sentimento. É isto que é encenado: a relação entre esta capacidade e esta incapacidade, com cada um dos lados a criticar o outro, levando-o para o lado da derisão. E a própria realização de Lang parece traduzir o pressentimento do realizador de que, na arte como nesta história, talvez seja o tele-visor quem está destinado a levar a melhor, a imagem fraca a levar a melhor sobre a imagem forte. Talvez seja o sentimento de um tal destino, mas também a vontade de jogar com ele, de o retomar no seio da arte das aparências, que levou Lang a impor uma pequena sequência imprevista no guião, uma sequência que, paradoxalmente, era indesejada pelos produtores, porque a consideravam um tanto grosseira: a cena da pequena lupa de diapositivos, com a qual a insidiosa Mildred excita o desejo de Mobley, e que apenas dá a ver um bebé a gatinhar. Este pequeno dispositivo óptico encerra, na sua qualidade derisória, toda a potência da ilusão. É preciso somar-lhe, sem dúvida, o comentário mudo do empregado que a recolhe no bar: um sorriso, um acenar afirmativo de cabeça. Podemos ver nele o sorriso simultaneamente trocista e desabusado do realizador, que talvez pense que a velha caixa de ilusões tenha chegado ao seu fim, mas que, ainda assim, quer brincar com o que a suplanta.

O realizador-criança

É costume dizer-se que a infância desarma. Por baixo do seu duplo rosto, lastimável ou malicioso, o animalzito está muito bem treinado nas artimanhas da inocência que nos revela a brutalidade ou a falsidade de um mundo. Por isso, o espírito, sentindo-se vencido de antemão, mantém-se atento quando, no início de *O Tesouro de Barba Ruiva*, a imagem nos oferece um retrato exacto, quase essencial, do animalzito. Idade: dez anos; olhos: verdes; cabelo: ruivo; sinais distintivos: sardas; nacionalidade: inglês; estado civil: órfão; profissão; limpa-chaminés; tipo romanesco: criança oriunda de uma família caída em desgraça. A identificação com o orfãozito parece demasiado imparável quando à habitual compaixão diante de quem não tem pais se junta o desejo mais secreto de ser ele, de tê-lo sempre sido: desejo de ser o seu próprio genitor, geralmente metaforizado pelo alto-mar, pelo caminho aberto e pelos sapatos rotos. Ao observar a maneira como o animalzito assobiador enfia o dedo na sola esburacada, não se sentirá glorificado o colegial dos nossos tempos por saber recitar *Ma Bohême*, do mesmo modo que o seu homólogo, no tempo de Flaubert, sabia declamar *Rolla*? Elaborada a partir das mais comuns nostalgias a respeito de toda a inocência paradisíaca, a figuração da infância reencontrada não será ela um grau zero da arte, idêntica a um grau zero da moral, um e outro ainda apegados ao afecto da origem: verde paraíso onde todas as histórias de infância e ingenuidade se equivalem e a respeito do qual Kant e Schiller, para não recuarmos a Santo Agostinho, nos avisaram mais do que uma vez?

Mas talvez seja a preguiça de pensar que nos conduz a alegar esta preguiça do sentimento. Já que não é sempre a mesma fábula da infância que reaparece em imagens mais ou menos belas. Sobre a sedução mais comum vão construir-se figurações de uma outra ordem de grandeza, onde a virtude da infância se identifica com uma argumentação do visível, onde a fábula comum do olhar nu da criança sobre as aparências do mundo adulto se presta ao confronto de uma arte com as suas próprias forças. Nos últimos tempos do mudo, Ozu punha em cena duas crianças que começam uma greve de fome depois de terem presenciado a projecção, em casa dos patrões do seu pai, de um filme amador onde este fazia de palhaço para divertir os seus patrões (*Eu nasci, mas...*). Através da sua mímica, a arte cinematográfica confrontava-se com esses usos sociais da câmara que estavam ao serviço da hierarquia e da diversão dos ricos. «E, todavia, nós nascemos», diz, significativamente, o título japonês original. Ao cabo de vinte e cinco anos de cinema sonoro, a greve de fome transforma-se em greve de palavras, levada a cabo por crianças da geração seguinte, para terem uma televisão (*Bom dia*). Desta vez, os dois pequenos rebeldes confrontam visualmente os códigos conversacionais da civilidade adulta com a anarquia – esse outro conformismo – da sociedade infantil. Só que, ao mesmo tempo, ao despertarem a impertinência da coreografia muda de um Chaplin ou de um Buster Keaton a respeito da comédia social, confrontam o próprio cinema com os seus antigos poderes. Na relação entre fábula e figuração, é todo o campo da representação cinematográfica que encontra assim uma nova argumentação.

A ingenuidade do pequeno John Mohune, preso à carta de sua mãe, que lhe garante que irá encontrar um amigo na figura do odioso Jeremy Fox, poderia muito bem definir, por sua vez, a suspensão conjunta de um código social e de um código representativo. «*Sir, I object*»: não é unicamente a respeito do cinismo de Lord Ashwood que John Mohune faz de objector. O animalzito ingénuo vai lançar a confusão no seio da própria lógica do jogo da verdade e da mentira, do visível e do seu avesso, próprio do cinema em geral e da figuração languiana em particular: assim, não só se torna insuportável para o realizador, que não gosta de ingénuos, como exige dele uma exemplar torção da sua arte, do seu modo de visualizar o jogo das aparências.

Olhemos para o Polegarzinho em acção. Atraída por um ruído, a criança John Mohune acaba de levantar a cabeça. O seu olhar depara com o olhar fulminante do arcanjo de bronze que está de vigília no cemitério. Como que saída de além-túmulo, uma mão ergue-se acima da laje e invade o espaço direito do ecrã. Um grito, uma vertigem. Então, um plano contrapicado dispõe em círculo de pesadelo os rostos de cera inclinados sobre a criança:

citação derisória dos meios que o cinema, na sua infância, gostava de empregar para evocar a visão subjectiva
e suscitar a imagem do abismo e o sentimento de medo.
Mas eis que a criança abre os olhos, ergue-se apoiando-se
nos cotovelos e endireita o olhar. Estes parcos planos dão-
-nos todo o movimento do filme: o pequeno limpa-chaminés, habituado a descer por cilindros escuros e que passa
o tempo a cair nos subterrâneos onde o avesso odioso
da sociedade brilhante se deixa visitar, não deixará de
reerguer a perspectiva, tentando horizontalizá-la. Incessantemente, irá reenquadrar, impor o seu espaço, desco-
nhecedor daquilo que o hábito social e a mestria artística
figuram e metaforizam na relação vertical da superfície
brilhante e dos fundos tenebrosos, da aparência oferecida e do segredo velado: uma certa economia do visível, ao mesmo tempo social e narratológica, onde o saber
oculto se torna alavanca ficcional. Do *topos* da inocência
que afronta vitoriosamente a corrupção, Lang extrai uma
fábula cinematográfica com outra consequência: a do corrector de aparências. Não um corrector de erros. O corrector de erros permanece no interior da fábula: é Maskew, o
juiz-carrasco, semelhante àqueles que combate, não tanto
pela sua crueldade quanto pela sua absoluta incapacidade
de dizer uma frase que não tenha duplo sentido.

John, por seu lado, não ouve as frases com duplo sentido. É surdo para qualquer frase que diga que aquilo que
vemos esconde aquilo que é. Nos estúdios da verdade
escondida, ele instala o seu próprio olhar, desenhando
sem tréguas os enquadramentos do seu próprio cená-

rio: a cena da carta que o manda procurar por aquele que não pode não ser seu amigo. Na taberna e no subterrâneo onde o capelão se revela chefe dos contrabandistas, por detrás do vidro do solar devoluto onde a cigana dança sobre a mesa e joga com o seu desejo, John isola obstinadamente o rosto do amigo, encena essa relação, a única que importa, e que deve ser tal e qual como o guião a fixou. E é verdade que a encenação deste argumento para duas personagens é de uma simplicidade infantil: consiste tão-só na inversão da lógica do guião adulto que exige que não se acredite no que é dito. «Nada de palavras: apenas factos», declara a sabedoria dos que sabem. Assim procede a encenação infantil: às palavras que afirmam não dever acreditar-se nas palavras, contrapõe a surdez tranquila dos gestos que ouvem e não ouvem, dos gestos que extraem uma outra verdade das palavras. «O que esperas que um cavalheiro como eu faça de ti?», pergunta o fidalgo-bandido. E os bandidos, que sabem o que fazer, desatam a rir. A criança, por sua vez, não fala nem ri. Olha, cumprimenta, sorri. Aceita, de corpo inteiro, esta promessa «a brincar», ou seja, faz dela uma verdadeira promessa. Pela sua simples postura, retira à frase o seu «segundo sentido». Obriga-a a efectuar todo o seu sentido no espaço único do manifesto. Esta estratégia da ingenuidade é simétrica com a do pequeno Edmund de *Alemanha, Ano Zero*. Ao investir toda a sua atenção e ternura na supressão de um pai sofredor e socialmente inútil, Edmund faz aquilo que o seu professor, não fazendo, lhe diz que faça – isto é, o que o seu professor, enquanto vulgar membro do grande exército nazi, fez e não confessa: «Vós disseste-lo, eu fi-lo», declara-lhe ele. A Jeremy Fox, o pequeno John poderá dizer o inverso: «Dissestes que me abandonaríeis. Não o fizestes». Mas se Jeremy não o fez, foi porque o realizador-criança, através do seu olhar e dos seus gestos, construiu pacientemente a realidade onde a palavra do cínico perdeu a sua efectividade.

Esta estratégia de suspensão tem início na sala dos fundos do antro onde o cínico empreende a educação do ingénuo, onde o informa que ele, afinal, não é o amigo que o outro esperaria encontrar. «Perca essa ilusão», diz Jeremy Fox, de costas voltadas, à criança que ele supõe estar atenta, uma vez que nem sequer olha para ela. Porque aqueles que sabem não precisam de olhar, e Jeremy Fox também sabe que voltar as costas a quem se dirige faz parte da postura do superior, de modo a melhor deixar suspenso quem o escuta por via do sentimento de inferioridade gerado. A criança não responde. Escolhe outra maneira para contestar a frase que lhe diz para não acreditar: suspende a acção, dorme, como irá dormir, bem mais tarde, na cabana da praia, o tempo suficiente para Jeremy tornar a dar e a tirar a palavra que lhe diz, uma vez mais, que fez mal em confiar nele. Dorme o tempo necessário, também, para que o trio dos enganadores enganados se extermine entre si, dando a vitória ao adormecido, cuja própria ausência constitui, ainda, uma acção. Para quê dar atenção a palavras que dizem para não se acreditar em palavras, a menos que se queira entrar nesses jogos de poder, nos quais convém dar a saber àquele que nos engana que sabemos estar a ser enganados? Estes jogos de sociedade são bons para a alcova ou para o coche dos Ashwoods, onde a câmara nos dá a ver que um cachorro que se abraça vale por um amante e que, quando comparadas com o brilho do diamante, a mentira de uma falsa cena de amor e a verdade de uma autêntica cena adúltera equivalem-se. A encenação da criança pouco facunda («*You don't speak much, John, do you?*», diz-lhe a pequena Grace) estilhaça os espelhos onde Jeremy e Lady Ashwood incansavelmente verificam que o ouro e o amor se trocam como a verdade e a mentira. E apoia-se, de facto, nessa verdade que, de acordo com a vontade do mundo, os sábios são obrigados a abandonar a favor dos ingénuos: o enunciado «Eu minto» não tem, *em boa verdade*, sentido nenhum. A carta materna que afirma que John Mohune encontrará em Jeremy Fox um amigo contém, em todo o caso, mais verdade do que a afirmação de Jeremy Fox, quando este diz: «Acredite no mentiroso Jeremy Fox, que lhe diz para não acreditar nele». Mas é também caso para dizer que esta mentira retira a sua força e a sua fragilidade de uma só e mesma coisa: a absoluta dependência do agenciamento ocorrido no espaço do visível por parte do olhar e dos gestos da criança, de modo a circundar o amigo, a destacar-lhe o rosto, bem como o espaço da ligação da verdade a partir do espaço do fingimento e da mentira.

O trabalho ficcional do personagem e o acto da câmara definem então uma única operação: uma postura por desfazer, um grupo por desagregar. É preciso desfazer a postura daquele que entra em trajes de noite, com gestos teatrais, olhar conquistador e beicinho desdenhoso, no retiro dos contrabandistas para se virar de costas, dando a entender a sua altivez e, depois, reajustar a sua postura após cada lição de artes marciais dada aos subalternos. E o caso não se prende tanto com o dorso de Jeremy Fox, que a mulher ciumenta despe para nele se revelar a marca dos caninos deixada pelos cães que os Mohumes soltaram sobre o jovem. Prende-se com aquilo que terá já existido, designadamente um jogo mais subtil para que o olhar e a voz da criança circundem a ferida no rosto de Jeremy, para que a encenação ordene os signos quase imperceptíveis deste assalto: um olhar cujo fulgor do desafio parece desvanecer, uma crispação dos lábios que muda de registo expressivo. Este jogo deve ser visto a operar no entrelaçamento dos planos de conjunto e dos planos aproximados, dos movimentos horizontais e verticais, dos campos e contracampos que integram o objector, o corrector de aparências, no âmago da festa, com a sua cantiga que suspende os aparatos do *flamenco* e os corriqueiros jogos da sedução desenvolta. É, assim, que a encenação recorta do plano visível dos jogos de sociedade uma visibilidade da ferida, enquanto a criança atrai o seu «amigo» para o seu próprio campo: neste plano aproximado que, em contracampo com o cantor, revela a sedutora profissional, já vencida, a posar, num gesto que deveria ser de conquista e é somente de impotência, com a mão posta no ombro daquele que está prestes a escapar-lhe. Este amplo plano final das escadarias mostra assim o favorito das senhoras, no limite dos dois espaços que a intervenção do ingénuo separara já, sucedendo-lhe a subida da criança que não o vê. «Também irá destruí-lo?», pergunta a companheira abandonada. «É, antes, ele quem pode destruir-me», responde Jeremy. Com efeito, neste passo a mais, a destruição do destruidor já começou. E anuncia-se a derradeira saída da cabana, às arrecuas, para esconder a ferida mortal, daquele que inicialmente entrara com tanta arrogância pela porta da taberna.

O filme torna visível o trajecto de uma ferida. Aquela cujo olhar atento do pequeno realizador procura nos indícios do cenário abandonado do casarão estival, mas que ele faz aparecer com bem mais visibilidade nos lábios crispados do adulto. Mas traça simultaneamente a história de uma sedução superior. A encenação da ingenuidade, apenas suspensa pelo argumento da carta e por aquilo que esta autoriza – o segredo único de um amor partilhado e uma dívida recíproca –, é outra forma de categorizar o visível que oferece ao libertino desenvolto o equivalente de uma aposta pascaliana: o encanto de um jogo superior, um princípio de discernimento que porá limites ao jogo dos enganos entre o oculto e o visível do casal Ashwood e que transformará em pura farsa o cinismo triunfante dos fidalgos odiosos e das mulheres-iscos. E, decerto, esta inversão da fábula é também uma inversão da encenação. A exasperação de Jeremy Fox contra a criança de olhos de cão agarrada às fraldas fora antes a exasperação de Fritz Lang contra essa história idiota e esse menino-actor que, como sempre, não era «suficientemente bom». Toda a sua exasperação de exilado que descobriu que no seio do melhor regime político habitava o instinto do linchamento e a mentira organizada, toda a sua arte de cineasta que soube dispor as aparências no seu essencial engano não haveriam de revoltar-se também perante a obrigação de pôr em belas imagens esta inverosímil história de uma criança confiante que, por via do seu sorriso, desarma o mundo e a sua farsa generalizada? Poderia ser assim, não fosse a força da encenação residir nessa mesma cólera. Já que a encenação «ingénua» da criança não é mais do que a sábia encenação de um realizador que despreza o argumento sentimental e não suporta a ingenuidade da criança. É que, desde Schiller, a sentimentalidade é uma coisa, e a «poesia sentimental», outra. Para Schiller, a poesia ingénua é aquela que não necessita de «criar sentimento» por estar naturalmente em acordo com a natureza que apresenta. Sentimental é, pelo contrário, a poesia que se sabe estar separada do paraíso perdido da imanência pela distância da sentimentalidade e que deve, pois, recuperar-se às suas custas. A obra sentimental, a obra moderna, se quisermos, é a obra contrariada. A encenação contrariada do cineasta Lang apresenta a mesma tensão que o estilo do romancista Flaubert. A mesma, só que invertida. Em prol do tema «seco» dos miseráveis amores de Emma Bovary, Flaubert abandonava o lirismo de *Santo António*. «Escrever bem o medíocre», tal era então o seu programa e a sua tortura. A obrigação de Lang será aqui encenar bem a ingenuidade, isto é, pelo contrário, praticar esse lirismo que o aborrece. Flaubert vingara-se ao escrever *Salammbô*, Lang vingar-se-ia ao filmar *Cidade nas Trevas*.

Mas, desta feita, o filme lírico da inocência vitoriosa e o *film noir* dos canalhas triunfantes vão de mãos dadas, aparecem cada um como sendo o mesmo filme que o outro e como o seu exacto oposto. A encenação da criança que está a dormir quando lhe é dito que se está a mentir-lhe e abre as pesadas pestanas para verificar, vez após vez, que os factos desmentem a alegada mentira, responde de antemão à encenação desse sono do povo, sobre o qual reina, em paridade, o crime oriundo dos confins mais obscuros e a mentira dos homens da gaiola de vidro que pretendem levar noite adentro a luz da informação democrática. A descrição do criminoso obsessivo que escreve *Ask mother* na parede da sua vítima e a do repórter a quem a sua mãe «nada ensinou» vingarão o realizador das concessões compelidas feitas ao órfão sardento. E a sedução conquistadora de Mildred (Ida Lupino), exercida a favor (e às custas) do mesmo George Sanders, compensará as vãs minudências de Lady Ashwood. Mas é daqui, justamente, que sai a singular tensão que anima a superfície aparentemente limpa e a montagem narrativa exemplarmente fluida de *O Tesouro de Barba Ruiva*. Tensão de uma encenação obrigada a abdicar dos seus habituais pontos fortes, a submeter o grande jogo do dia e da noite, do que está em cima e do que está em baixo, da aparência e do seu reverso, à efracção desse olhar desarmado/ /desarmante que chega à procura do «amigo», da vítima. Para além do segredo partilhado de um amor infeliz e de um tesouro escondido, o olhar de John Mohune manifesta tão-só o segredo sem segredo da igualdade do visível, essa igualdade, da qual, em última instância, toda a demonstração do jogo das aparências retira o seu poder. O segredo último da imagem não consiste em conter, para desespero dos espertos, nada mais e nada menos do que aquilo que contém? A vitória do inocente limita-se a exercer a obstinação do objectivo cinematográfico, que despoja a imagem de toda a metáfora para apenas ver nela aquilo que é oferecido à horizontal do olhar. Mas a força da figuração, a sua lógica implacável, consiste em reduzir a esse único plano, em submeter a essa única igualdade a grande maquinaria dos duplos fundos da aparência.

Esta lógica da narração atinge o seu expoente máximo na sequência do poço. No lugar de onde proverbialmente sai uma verdade que é a da mentira da superfície, suspenso pela corda da maquinação adulta, a criança, de pálpebras pesadas, afinca-se, com todas as forças que uma criança normalmente emprega, num baloiço e estende a mão, para alcançar o seu diamante, na horizontal do seu olhar. Neste plano soberbo, tão soberbo quanto topograficamente inverosímil, condensa-se a rectificação das aparências, o grande jogo das verticais convertidas em horizontais. Jogo superior da encenação, onde o realizador seduz por estar ele próprio seduzido, desviado do seu caminho. Assim se pode compreender o seu humor a respeito deste filme realizado a contragosto e apreciado, apesar de si, pelos cinéfilos. A sua célebre cólera contra o último plano «acrescentado» por imperativos de produção talvez exprima o despeito de quem, para produzir a sua obra, se deixou sucumbir à sedução do ingénuo.

Seguramente, o plano da criança a abrir o portão do solar para aguardar o regresso do amigo não é tão belo quanto o da barca que, sob o olhar da criança, transporta esse amigo, Jeremy Fox, cuja morte o menino desconhece. Mas o que o realizador lamenta aqui não será sobretudo esta assinatura do prestidigitador que recupera o controlo das operações, colocando diante do olhar da criança essa verdade teleobjectivada do amigo morto, que o menino, com os seus simples olhos de cachorro, não consegue ver? A mudança «imposta» do final em nada muda o sentido da narração. O mesmo não sucede com o *happy end* de *Cidade nas Trevas* em que Mobley, desgostoso pela decisão de Walter Kyne em atribuir o cargo ao incompetente amante da sua própria mulher, descobre pela rádio, no decurso da sua viagem de núpcias, que este voltara atrás na decisão tomada. Ao dar a vitória final a uma moral que a narrativa nunca contemplou, esse próprio fim inverte, efectivamente, toda a lógica da figuração. Lang deveria ter-se rebelado sobretudo aqui. Se não o fez, foi porque tal revés submeteu-se, neste caso, a uma pirueta última do mestre, que assim tornou equivalentes o constrangimento comercial do *happy end* e a desenvoltura do criador, relegando a sua criação para a inexistência de onde nascera. O chapéu que o repórter em lua-de-mel atira para cima do telefone da intriga torna-se assim o exacto equivalente da cruz de Homais na última linha de *Madame Bovary*. O «desenlace falhado» de *Cidade nas Trevas* não está na traição do artista pela lei do comércio. Está antes na ilustração irremediavelmente ingénua dessa lei que diz que o idiota anula o poder do esperto. Aquela assinatura com teleobjectiva nada pode fazer aqui: John Mahune, tal como Emma Bovary, escapa à auto-afirmação do artista enquanto ser astuto, escapa a esse jogo de domínio alternativamente expresso no «fechamento» da obra sobre si mesma, na qual o artista desaparece, e no efeito de assinatura, onde nos lembra que ele próprio engendrou o seu desaparecimento. Aceitar um outro desaparecimento, traçar a linha imperceptível que separa esse outro desaparecimento da banalidade do comércio, eis o poder superior da arte. A criança nunca falha aqui o seu devir homem.

RELATO CLÁSSICO, RELATO ROMÂNTICO

Algumas coisas por fazer:
poética de Anthony Mann

«Some things a man has to do, so he does'em».

A fórmula está carimbada à imagem do filme ao qual confere a sua moral: *Winchester '73*. Entre todos os *westerns* de Anthony Mann, este é aquele que apresenta as fórmulas e as imagens mais cuidadosamente cinzeladas. Como sabemos, o seu obstinado protagonista faz uma única coisa, ou melhor, duas numa: persegue o homem que lhe roubou a famosa Winchester e que ao mesmo tempo é o mau irmão que matou o pai de ambos. E o cineasta, pelo seu lado, parece ter-se empenhado, com idêntico zelo, no cumprimento de todos os requisitos do bom autor de *westerns*: uma pequena vila em efervescência recebe a chegada de forasteiros a cavalo, uma provocação num *saloon*, uma demonstração de atiradores de elite, uma perseguição no deserto, uma partida de póquer que acaba mal, a defesa de um acampamento contra o ataque dos índios, o assalto a uma casa onde os maus se entrincheiraram, o ataque a um banco, um acerto de contas final entre cactos e rochedos. Mann integrou todos estes episódios obrigatórios para a construção exemplar de uma fábula exemplar: no decurso da perseguição que deve, segundo a boa lógica aristotélica, revelar a identidade do familiar e do inimigo e, de acordo com a boa moral westerniana, fazer sucumbir o criminoso sob as balas do justiceiro, a Winchester do genérico anda de mão em mão e de grande plano em grande plano até depor a sua imagem sob a palavra FIM. E a heroína feminina, eterno problema da narração westerniana, circula com a arma, para finalmente encontrar idêntico proprietário.

A concordância entre fazer e dever fazer do cineasta e da sua personagem, entre uma lógica da narração capaz de satisfazer todo o semiólogo e uma moral da acção justiceira vitoriosa ao cabo de uma série de provas, parece, pois, perfeita. Porém, esta bela harmonia fica comprometida precisamente no ponto de identificação que deveria conectar as duas lógicas: a maneira de ser da personagem. Por muito que Lin Mac Adam (James Stewart) garanta a Lola (Shelley Winters) que, tal como toda gente, ele se assusta com a possibilidade do assalto, é todo o seu comportamento que desmente as palavras proferidas. Por mais que recorra a fórmulas sentenciosas, o seu olhar ou a sua postura parecem incapazes de encarnar a justiça e a vingança. Os signos da reflexão que sem cessar animam o rosto do herói, a sua atenção sem tréguas para com todos os presentes que o aproximam ou afastam do seu objectivo, só servem para manifestar ainda mais a sua impotência. Mac Adam vinga um pai como faria *outra coisa*. Esta justiça exactamente cumprida, esta carabina que retorna para as mãos do seu legítimo proprietário não fazem mais do que denunciar, de maneira evidente, uma certa ausência. No flanco do cavalo, com uma placa sem nome na culatra, a própria Winchester parece cristalizada no seu estatuto de peça de exposição, estranha ao seu proprietário. É como se, à imagem de Helena de Estesícoro, de quem apenas a sombra terá abandonado Esparta, alimentando combates e epopeias com a sua vaidade, a espingarda só em sonhos tivesse percorrido o caminho da vitrina do concurso ao museu do *western*. Como se os outros – todos aqueles cujo olhar se perdera na imagem da culatra e do canhão, que só para nós brilhava em contracampo –, como se todos eles – o comerciante, o índio, o cobarde e o bravo – tivessem morrido por terem trocado a velha e boa espingarda depositada na consigna de Dodge City.

E a história poderia, em suma, não passar do sonho dessas crianças que, nas primeiras imagens, apoiavam a fronte contra as vitrinas e que, pagando o preço do seu silêncio, haviam obtido, antes de mais ninguém, o privilégio de acariciar o objecto. Esta ideia metafílmica não seria desprovida de coerência. De facto, *Winchester '73* deixa muito tempo de fora do universo manniano a infância e o idílio familiar, tão presentes na fábula índia do filme precedente – *O Caminho do Diabo*: como se as crianças tivessem sido enviadas para a reserva juntamente com os índios que julgaram estar em casa nas suas terras e como se esta partida fechasse a porta a todos os sonhos de convivialidade harmoniosa numa casa e numa terra paterna. E talvez seja este o primeiro significado da «viragem índia» do *western*: não tanto a descoberta de que os Índios também são homens que pensam, amam e sofrem, mas antes o sentimento de que a sua expropriação tem um comum

123

destino com o do homem americano e impede que o romance o faça nascer enquanto tal numa «sua» terra e com as suas virtudes. Será um puro acaso do guião, ser um filho de índio quem, sete anos mais tarde, em *Sangue no Deserto*, recupera a infância e o idílio familiar tão radicalmente ausentes dos ciclos dos *westerns* rodados com James Stewart? A ficção do índio expropriado é a da porta fechada da casa paterna. E a força do justiceiro sóbrio consiste inquestionavelmente em encarnar, desde logo, perante seres mal curados das suas respectivas infâncias, essa expropriação. Talvez não seja preciso fazer uma leitura de sintomas edipianos na fotografia de família que, em *Winchester '73*, de modo inverosímil, decora o esconderijo do filho assassino. Mas uma coisa é certa: ainda que sirva, para a heroína e para nós, como índice de reconhecimento, não confere a menor consistência à residência familiar na qual ninguém imagina um James Stewart a gozar a paz do dever cumprido, com a Winchester pendurada na parede, entre uma Shelley Winters de avental e duas crianças de olhar azul à Stewart. Em vão, o companheiro de Lin o convida a pensar no *depois*. Esse tempo jamais conseguirá distrair a vigilância do justiceiro, inscrever o seu imaginário no presente dos seus gestos.

Tal é a força singular desta personagem em defeito de encarnação à qual James Stewart presta uma atenção meticulosa que aparenta ser a manifestação de uma distração mais profunda. Nele, não ganham corpo nem a imagem do pai e da casa paterna nem a da lei e a da moral. Parece não ter nunca ouvido falar do xerife Wyatt Earp, ele próprio pouco preocupado aqui com a sua estrela e que se mostra tão atento à boa ordem da sua circunscrição quanto indiferente ao que possa passar-se para lá dos seus limites. Na melhor das hipóteses, será uma fugaz figura da lei – apenas menos fugitiva que a do xerife de Crosscut em *O Homem do Oeste*, apenas mais séria que a lei despudoradamente encarnada pelo odioso Gannon de *Terra Distante*. Nenhum sentimento de lei, nenhuma pertença vivida numa comunidade ética distinguem o cuidado que o herói manniano emprega na vingança do pai ou na do irmão ou ainda aquele zelo com que, mais adiante, conduzirá o seu rebanho ou o seu prisioneiro para a matança. E que pai se pode imaginar para este homem cuja tranquilidade de cada passo e de cada disparo de revólver revela que é apenas filho das suas obras? Não se encarnam nele nem a força nem o sonho da justiça. Pelo contrário, é a sua abstracção, o seu defeito de encarnação, quem o protege ao subtraí-lo da fascinação onde se perdem todos aqueles que vêem no brilho das espingardas o objecto ao alcance do desejo. Não se deve procurar noutro lugar o segredo da paradoxal invencibilidade deste herói que o guião, com tanta frequência, nos mostra ferido e que a câmara, como que a gozar, coloca tão ostensivamente para nós na linha de mira do atirador de elite.

Esta invencibilidade, claro está, é antes de mais nada um caso de contrato entre o cineasta e o espectador. E Anthony Mann subscreve-o sem reservas: é preciso que o herói triunfe, que o homem que diz «vou fazer isto» e que o faz efectivamente possa satisfazer o desejo dessas salas obscuras povoadas de homens habituados a nunca fazerem aquilo que esperariam. Ainda assim, é preciso converter essa generosidade do contrato em fábula e em imagens. Ora, aquele que deve fazê-lo, o actor, não tem exactamente o perfil para esse papel. James Stewart, diz Mann, não é do género «corpulento» e não se pode «fazê--lo enfrentar a terra inteira sem se tomarem as devidas precauções». Mas este sistema de *precauções* não é mais do que a própria lógica que converte a fábula em imagens. Contemplemos, pois, Dutch Henry, no alto do seu promontório, a esgotar as munições disparando sobre as pedrinhas metodicamente atiradas pelo seu irmão. O que lhe inutiliza o braço e lhe tolda a visão senão o facto de estar a empunhar a Winchester dos seus sonhos e de estar a disparar contra uma sombra: esse justiceiro tão ausente, tão alheio a toda a fascinação por qualquer objecto fugitivo que acaba por adquirir a enganosa consistência de um espectro? Vejamos, em *O Homem Que Veio de Longe*, o velho rancheiro precipitar-se, como um raio, sobre um adversário pacificamente encostado a uma árvore e disparar, *stricto sensu*, contra o cenário. A mera explicação materialista – ele está a perder a visão – não explica a estranheza material da cena. A câmara fixa, numa paisagem bucólica, desvenda-nos algo mais: se o alvo foi falhado é porque o homem presente-ausente no ponto de mira do velho é o homem que ele vira em sonhos.

Sigamos, em *Jornada de Heróis*, o movimento lateral da câmara, que perscruta na noite os rostos de Cole (Arthur Kennedy) e dos seus companheiros atentos ao ruído dos disparos, cumprimento visível/invisível da promessa feita pelo rosto alucinado de Stewart/Mac Lyntock quando interpelava, diante de nós, um adversário que já estava de costas voltadas para si: «Uma destas noites estarei aqui». É o homem dos seus sonhos que dispara e mata na sombra, porém não *fora de campo*, pois a sua presença está, pelo contrário, presente em todos os olhares. Escutemos, por último, a partir do salão de *Terra Distante*, o som do sininho atado à sela que os passos do cavalo cadenciam na exterioridade da noite. Como não falharia ele o seu tiro, esse matador de série B enlouquecido pelo tilintar da campainha? Sabemos que esse sininho na sela foi dado a Jeff Webster para o seu pequeno rancho no Utah pelo velho sonhador Ben, que morreu por não ter sabido sacrificar o café da viagem pela casa sonhada. E nem por instantes deixamos de saber que não haverá nenhum rancho no Utah para Jeff Webster. O Harry Kemp de *Esporas de Aço* renunciará a encontrar no Kansas o rancho pelo qual fizera todo o caminho. Mas esta exploração também constitui a força dessas personagens diante do inesgotável exército de quem trafica com as ruínas do lar perdido, daqueles que crêem «pertencer» (*to belong*, duas sílabas obsessivas) e querem possuir: mercadores e prospectores – ingénuos ou crapulosos – cuja febre do ouro ilumina brutalmente os rostos e adensa os gestos no instante decisivo. São bandidos de profissão que, de golpe em golpe, se aproximam inexoravelmente do nome mais fascinante e do mais fabuloso dos bancos, pertencentes à cidade abandonada, onde só a morte os espera: aventureiros entregues ao capricho de uma estrela ou proprietários possuídos pela iluminação da sua posse que os torna loucos ou cegos. Efémeros donos do jogo, todos eles deverão, à medida que a acção se aproxima do seu termo, ceder perante aquele que não encarna nem lei, nem terra, nem imagem paterna alguma; aquele cujo segredo consiste em ser o único a saber que a porta da casa está para sempre encerrada e que se limita a passar, vindo de outro lugar, indo para qualquer outro, enlouquecendo-lhes o sonho com o tilintar surdo do sininho do expropriado.

E é este o verdadeiro ponto em que a moral da fábula conflui com a lógica da narração: todos cedem, no momento final, diante daquele que por diversas vezes reduziram à impotência, mas que continua a ser o único capaz de pôr termo a *certas coisas* (*some things*) que um cineasta e o seu herói devem fazer juntos, o único que pode chegar ao fim ao mesmo tempo que o espectador e converter-se num seu correlato, ao receber, montado no seu cavalo ou na sua carroça, essa mulher de que não necessita para fundar família alguma e que, simplesmente, ao estilo dos quatro versos rituais de Eurípides, pode anunciar que, depois da troca de papéis entre o esperado e o inesperado, os artistas cumpriram o seu contrato, e os espectadores podem voltar a casa[1]. Triunfa, em suma, aquele que pode pôr a palavra FIM, aquele que

---

1 «*Bastas formas adoptam as coisas divinas,*
E bastas acções lavram os deuses contra a vontade:
Acaba por não se cumprir o esperado,
E ao inesperado o deus abre caminho».

sabe, como o sábio estóico ou o poeta aristotélico, que a acção, a tragédia e a vida só se dominam, graças à medida do tempo que lhes confere grandeza, bem como um determinado número de episódios. Os outros, os insensatos, os maus poetas, os «maus» e os papéis sacrificados, ignoram isto. Não têm razões para acabar com as suas histórias e os seus romances familiares, com a lei e o pai, o ouro e as espingardas. O sábio pode abandoná-los à sua loucura, e o herói manniano julga por vezes poder fazer de sábio, partindo para outro lugar. Mas o poeta é menos tolerante do que o sábio. É preciso, diz Aristóteles, que a tragédia tenha um princípio, um meio e um fim. Porém, é mais necessário que algumas balas venham perfurar os corpos dos detidos, senão o *western* tal como a tragédia, sem fim, não existiriam. Afinal de contas, para estes, a providência inventou a televisão e a novela, que podem durar todo o tempo do mundo: basta que nada neles se passe além do anúncio de que no dia seguinte nada se irá passar. O tempo do cinema é outro. É, por exemplo, o do movimento de grua que, em *Esporas de Aço*, descobre, a partir do sobrevoo do matador, o corpo do velho prospector pacificamente estendido ao sol enquanto um burro lhe vem lamber a cara. Imagem terna e bucólica da crueldade comum à fábula e à obra, comentada pela implacável verborreia do assassino Ben, encarnado pelo Anti-Stewart, Robert Ryan: «Já parou de sonhar com o impossível». Mas aquele que se maravilha com a sua própria habilidade para tecer ditos maliciosos e alvejar as botas do morto assim passará, por sua vez, para o outro lado. Será ele quem, a partir do cume onde julga dominar a acção, se exporá à improvisada arma de uma espora nua de que James Stewart apenas se desfizera para abrir uma brecha no rochedo.

Em suma, *fazer e dever fazer* são actos um pouco mais complexos do que parecia no início, desunidos como estão pela lógica das *some things*. O herói manniano tanto pode ser justiceiro de ocasião como criminoso arrependido. Mas não é daí que recebe a sua qualidade. Não pertence a lugar algum. Ele não tem função social nem qualquer papel *westerniano* tipificado: nem xerife, nem bandido, nem proprietário de rancho, nem *cowboy*, nem oficial; não defende nem ataca a ordem, não conquista nem defende o território. Ele age, simplesmente, faz algumas coisas. Com excepção de *Sangue no Deserto*, a sua acção não se identifica com o dever de uma colectividade nem com o percurso que lhe descobre as virtudes. E se é a mesma fórmula que retorna – *to have to* –, não há nada de comum entre os caminhos do justiceiro, do aventureiro ou do arrependido Stewart e o *River with no Return* por onde descem, com uma Marylin evadida do seu *saloon*, o antigo condenado Mitchum e o seu filho: triângulo familiar, romance de aprendizagem, onde o filho aprende, imitando-lhe o gesto, a razão pela qual o seu pai pôde, de pleno direito, alvejar um homem pelas costas; viagem rumo ao lar que começa pelas árvores abatidas para a construção de uma casa e termina com a palavra *home*. Neste filme, Preminger resume e estiliza com mestria a rábula ou o romance familiar do *western*. Passa-

-se aqui o mesmo que com Macpherson, quando este plagiário genial ressuscita um momento passado da arte e da consciência. Mann, pelo seu lado, não faz *westerns* póstumos. E é certo que os seus filmes pertencem ao tempo do fim do *western*, no momento em que as suas imagens e as suas crenças se dissociam para se prestarem a novas combinações. É o tempo dos moralistas e dos arqueólogos que invertem os valores e que se questionam sobre os elementos e as condições de possibilidade do *epos* americano; tempo dos psicólogos e dos sádicos que acusam a ambivalência dos sentimentos e das relações, que perseguem o fantasma e desnudam a violência; tempo ainda dos plagiários que retiram do dicionário das fábulas e das imagens os elementos de *westerns* póstumos povoados de imagens mais belas que ao natural; enfim, tempo dos fabricantes que pretendem aliar o choque das imagens aos encantos da desmitificação.

Com Mann é totalmente diferente. Seguramente, abriu, com Daves, a via para a reabilitação dos Índios, servindo-se com alegria do homem dos bosques, Victor Mature, para minar a moral dos Uniformes Azuis e para lançar a confusão na caserna e nos aposentos de todos os aprendizes de Custer. Ele sabe também compor cenas de violência e de crueldade, rituais de humilhação cujo paroxismo, em *Winchester '73*, *Esporas de Aço*, *O Homem Que Veio de Longe* ou *O Homem do Oeste*, excede sempre o que a simples lógica narrativa do duelo requer. E soma-lhe ainda uma cena de *strip-tease* cuja violência, por se furtar às malhas da censura, se revela ainda mais apurada.

Ao acompanhar, em *Jornada de Heróis* ou *Terra Distante*, o caminho dos pioneiros ou dos caçadores de ouro, confere ao romance das origens as imagens mais líricas como as mais picarescas ou paródicas. Das farsas do velho capitão e do seu acólito negro, directamente saídos, com barco a vapor e tudo, de Mark Twain e da lenda do Mississippi, passa imperceptivelmente para esse plano irreal onde o *ballet* das imigrantes em contraluz e em plano contrapicado sobre a ponte do navio se despede dos curiosos amontoados no cais, enquanto, num mesmo gesto, saúda o Novo Mundo. Ele sabe tipificar a população dos colonos de Klondyke e compor a mais louca cena de género, com a rábula pastosa e florida dessas três senhoras de idade e de castas maneiras a ser brutalmente interrompida pela descarga de um cadáver, ou então condensar, em poucas imagens – um enforcamento interrompido ou um tribunal improvisado numa mesa de póquer –, a equivalência da lei e da não-lei na cidade do juiz Gannon. Sabe, ao invés do carácter pitoresco das origens, povoar os seus últimos *westerns* de personagens crepusculares – o rancheiro cego e o seu filho meio louco, o coronel ébrio de vingança, o velho bandido no meio do seu bando de degenerados –, cada uma delas conduzindo ao túmulo um pedaço da lenda do Oeste. Mas nem o regresso às origens do mito nem as formas da sua defecção lhe interessam em si mesmos: nem a psicologização nem a estetização. Não se retire daqui a conclusão, como outrora se fez, de que ele não passa de um artesão, ou até mesmo um tarefeiro insensível às ideias. Antes de ser moralista ou artesão,

Mann é desde logo um artista, isto é, como diria Proust, um homem educado que não deixa o preço nos presentes que oferece. É um artista clássico que se interessa pelos géneros e pelas suas potencialidades mais do que pelas lendas e pelas suas ressonâncias. O artista clássico não se interessa, em primeira instância, pelo mito nem pela desmitificação; interessa-se por uma operação muito precisa, aquela que faz do mito uma fábula, um *muthos*, na acepção aristotélica – uma representação de homens que agem, um agenciamento de acções detentoras, diz Aristóteles, de uma certa grandeza, de uma medida própria, um *tempo* que a subtrai ao tempo sem começo, sem meio, sem fim, do mundo.

Umas quantas coisas, pois, por agenciar, num tempo próprio, nesse sistema autónomo de acções que não abre nenhum simulacro de cortina sobre um qualquer episódio supostamente colhido no decurso de uma história, que não se identifica com nenhum tempo perdido ou reencontrado, com a perda de nenhuma infância, com a aprendizagem de nenhum valor, com a encarnação de nenhum sonho, mas que atravessa, com o seu ritmo e segundo a sua lógica própria, todos esses fragmentos de mitos e de histórias e os seus arranjos aleatórios. Por muito diferentes que sejam os argumentistas, habitualmente personalidades fortes, com os quais Mann trabalhou, a acção dos seus filmes obedece a certas regras constantes de individualização e de construção. A primeira regra é a da singularização da personagem principal. Raro é o caso em que esse ser, que vem de outro lugar e que só se representa a si mesmo, não surge, logo desde os primeiros planos, como o centro da acção em torno da qual todos giram dali em diante. Sem distintivo de função, sem uma estatura que o imponha, basta-lhe entrar em campo para colocar a acção e as personagens às suas ordens, ou seja, desde logo, sob o jugo do seu olhar. É nesse ponto assinalado pelo seu olhar que a acção deverá ser atada. «*Camp here*», declara o acompanhante de *Jornada de Heróis* ou o abastecedor de *O Homem Que Veio de Longe*. Ao velho prospector só resta aquiescer: «*You are the boss*». Porém, nem ele nem nós sabemos ainda o que é esse *aqui*, se é por acaso que o herói veio aqui parar ou se foi intencionalmente trazido até estas tábuas calcinadas e estes restos de uniformes. Com um chapéu de soldado entre as mãos, James Stewart olha já para o alto da parede rochosa, perscrutando a causa de um efeito que ainda desconhecemos. Coloca de novo o chapéu no chão, e a câmara, deslizando até ao solo onde jaz um casaco azul, parece acompanhar o que sentimos ser um rito funerário, sem sabermos, ainda, que, de facto, o é. Sobretudo através do olhar, o herói organiza a acção, os lugares e as personagens dessa acção. Determina-lhes a direcção. E introduz-nos nela na qualidade de espectador privilegiado. Esse herói tão pouco heróico na sua postura tem desde logo a constância de quem tem a seu cargo a acção do filme. E se fala com parcimónia é porque faz do seu corpo inteiro o equivalente de uma voz narrativa que dá ao relato a sua carne.

Sozinho, pois, apartado desde as primeiras imagens. A modalidade da sua relação com os outros será a do encontro. E é a segunda grande regra. A comunidade manniana não assenta nos lugares, na família, nas instituições. É essencialmente da ordem do encontro. O que a funda é uma situação para julgar com um olhar, uma decisão para tomar num instante. Uma vez acampado, Stewart/ /Mac Lyntock saiu em reconhecimento. O seu olhar fixa-se então em Kennedy/Cole, que uns homens amarraram com uma corda ao pescoço. Um tiro de espingarda, uma relação que se estreita. «Eu não roubei aquele cavalo», diz Cole ao seu salvador, «se é que isso faz alguma diferença para si». Por muito que o antigo bandido se tenha reconvertido na moral, não faz qualquer diferença. As únicas diferenças que importam são as que se percebem no instante da situação e da decisão. «*Strictly a gamble*», enunciará mais tarde o dependurado. A aposta de comunidade é renovada a cada instante. Várias vezes será saldada com um triunfo. Tantas quanto o tempo em que estiver em jogo a lógica do olhar que julga e do gesto que responde: uma silenciosa caça aos índios em forma de sonho feérico de uma noite de Verão; uma saída de *saloon* digna de antologia; uma cavalgada louca no meio das tendas em chamas; um fuzilamento metódico contra perseguidores aos quais foi armada uma cilada com fogo de campo simulado. Aposta unicamente perdida no momento derradeiro em que a febre do ouro avaria a máquina de ver e de julgar e em que Cole, com uma brusca conversão do corpo, se declara chefe de quem acaba de golpear Mac Lyntock, fazendo pender a seu favor a parada, mas, no mesmo gesto, fazendo-a cair no onirismo. A câmara enquadra-o agora, enquanto acaricia grosseiramente o queixo com a pistola quando o seu interesse consistiria antes em expedir algumas balas para o corpo daquele que o traiu. A continuação revelá-lo-á chefe de uma trupe fantasma dizimada por um espectro. Entre a decisão inicial e a usurpação final, o tempo do filme terá sido o dos episódios em que a aposta se renova, em que outros encontros – o mercador, o jogador, o capitão, os caçadores de ouro – vêm engrossar e complexificar a comunidade heteróclita daqueles que vão, ou fingem que vão, na mesma direcção.

Do mesmo modo, em *Terra Distante*, uma mulher aparece no corredor do navio onde o herói está a ser perseguido. Eis agora Jeff (James Stewart) escondido na cama de Ronda (Ruth Roman): invisível ao olhar do perseguidor, aquilo que faz ecrã – proibição de ver – é a mímica ultrajada de uma mulher em combinação, ele, para nós, é actor de uma falsa cena erótica de *vaudeville*. Esta cena culminará muito mais tarde como um autêntico sacrifício de amor, depois de se terem entretanto junto ao grupo um corrupto representante da lei, atrapalhado nos seus enforcamentos, e uma enternecedora samaritana que deixará plantado o pai por cujos estudos ela se sacrificava fazendo a limpeza do *saloon*. A acção vai então construir-se – e esta é a terceira regra – num desalinhamento ínfimo e essencial entre a moral do guião e a lógica do encontro. Deste modo, o argumento de *Terra Distante* oferece-nos o apólogo de um céptico egoísta indiferente às predicações da noiva amorosa e ao espectáculo dos prospectores honestos oprimidos pelos bandidos e que, porém, acaba por pegar na sua arma para vingar o amigo e purgar a colónia do flagelo.

Mas por muito bem conseguida que esteja esta imagem do batalhão de gentes honestas a despontar em fileiras apertadas atrás de Jeff Webster, e por muito ternurento que seja o abraço final com a samaritana apaixonada, o fim do filme não conduz a nenhuma comunidade encontrada ou reencontrada, mas antes ao enquadramento derradeiro do sininho, num paralelo da espora ou da Winchester. Estas são metáforas da passagem, do acaso cruzado a cada instante e da afortunada arma encontrada para lhe fazer face; armas do impróprio vencedor daqueles que o deus do ouro e a indeterminação do desejo por este despertado tornam loucos; mas também derradeiras metonímias da lógica da acção, de uma cumplicidade singular que é a da acção em si mesma. A verdadeira comunidade do justiceiro não se urde com essas boas gentes alimentadas a bife de urso, que chilreiam cantigas floridas e sonham com os passeios, os candelabros e a igreja da sua cidade. Urde-se com aqueles que a lógica do acaso, de episódio em episódio, amarrou aos seus passos: aqueles que encontrou ao escapar de um enforcamento ou a impedir que enforcassem outros; aqueles que viajaram com ele e que as contingências próprias da viagem transformaram, a cada instante, em cúmplices meramente provisórios, em objectos de desconfiança e em sujeitos aos quais é preciso confiar. Urde-se com aqueles que lhe impõem a vigilância de um olhar que deve incessantemente observar os sinais do que pode ser atado (*strictly a gamble*) e ordenar o gesto que o desata. A comunidade desse solitário, que as primeiras imagens separam dos demais, não é a comunidade ética daqueles por quem se bate; é a comunidade de encontro com aqueles com quem age, comunidade que, em cada episódio, obriga a espiar sinais ambíguos, a confrontar sonhos e o que estes comportam de provável diversão, a olhar sem tréguas e a agir sempre, a fazer cada vez esse *algo* que encerra o episódio e leva a acção um pouco mais longe. Compreendemos agora por que razão a moral da fábula que o impele a identificar-se com a comunidade ética está condenada a realizar-se unicamente nas imagens convencionadas que assinalam o *happy end*, e que em si não constituem nem o fim nem qualquer felicidade. Ao herói manniano está vedado o esquecimento, em nome de quaisquer efusões comunitárias ou amorosas, da coisa que desde logo tem para fazer: conduzir a própria acção, ser, no seu olhar e nos seus gestos, a pura encarnação do próprio risco da acção; ou seja, risco da tarefa singular – de justiça ou de proveito – que os dados do guião lhe confiaram, mas também risco da própria lógica da acção fílmica, cuja essência e perigo consiste em desenrolar-se em cada episódio. Risco de estar, assim que se emancipa da protecção do mito ou do romance de aprendizagem, à mercê de cada momento e da sua diferença de intensidade, tal como o herói está à mercê de uma mão que se move até a um cinturão ou de um beijo que o distrai o da sua vigilância.

O ponto de conjunção deste duplo risco, próprio de toda a arte que «representa homens em acção», tem um nome bem antigo que define um não menos antigo mas também novo problema. Chama-se identificação. Os termos do problema foram postos por Platão ao questionar-se sobre o singular prazer dos espectadores, independentemente do berço, perante o sofrimento repugnante de personagens que não passam de fantasmas. Prazer do sofrimento, paixão enganadora da identificação que se apodera da alma e alimenta a sua divisão mais íntima. A resposta decisiva de Aristóteles à acusação platónica é sobejamente conhecida. A acção trágica não é uma pintura de caracteres que apela à identificação. É um agenciamento de acções que, pela sua própria grandeza, pela sua organização temporal e pelo ritmo dos seus episódios, regula o jogo das paixões identificativas. É comum dizer-se que o *western* não é a tragédia. Mas a sua arte, como a de toda a representação de homens em acção, define-se pela sua capacidade de manter separados, na sua própria conjunção, o tempo da emoção estética e o da inquietação perante o acaso que ameaça a personagem da fábula. E o ritmo temporal próprio do cinema centra esta questão na construção do episódio. É nesta construção que explode o génio de Anthony Mann. Mas tal construção adopta, com ele, duas formas: uma que joga com a diferença de intensidades, e outra, com a sua igualdade; uma que joga com o encadeamento de sequências, e outra, com as suas próprias qualidades. Ao primeiro tipo pertencem essas formas de construção dramática do acontecimento patético ilustradas, concretamente, por dois episódios de *Os Bravos não Voltam Costas* e *Sangue no Deserto*. Recordemos, no primeiro filme, a cena em que o velho caçador Gus é enviado para a morte pelo aprendiz Custer. Em alternância de planos de conjunto e de planos aproximados, o cavaleiro avança pela clareira, e eis que aparecem, escondidos atrás das árvores, os vultos que os perseguem. Mas bruscamente a câmara parte para outro lugar. Enquadra agora, num matagal aparentemente sem ligação com o local do drama, o seu companheiro Jed. Este trepa a uma árvore e é a partir do seu ponto de vista que se irá descobrir, às avessas e em plano picado sobre uma paisagem idílica, o imenso exército que, agachado, espera pelo cavaleiro que passa entre as árvores no terceiro plano. É a partir do ponto de vista de Jed que a câmara faz o caminho inverso até ao grupo de cavaleiros engalanados e ao índio que arma o seu arco no preciso momento em que o disparo da espingarda de Jed, acompanhado pela câmara, o atinge. O velho Gus morrerá, mas o espectador não terá confundido a emoção da acção fílmica, que muda a relação dos espaços e a qualidade do silêncio, com a identificação angustiada com essa vítima prometida. *Contre-suspense* poderia ser a designação adequada para este procedimento que purifica o *pathos* por via da criação de um *decrescendo* no próprio seio da progressão do inexorável. É isso que, de outro modo, opera o episódio do assassínio do médico em *Sangue no Deserto*. Não é apenas a elisão do acto que lhe confere singularidade, mas a maneira como toda a angústia é fixada pelo choque de um plano inicial. O médico acaba de abandonar a casa onde acorreu a um parto, e eis que, na sombra da floresta nocturna, a bota e a espora de um cavaleiro cintilam na direita da imagem, enquanto, no fundo, à esquerda, a viatura do médico segue no enfiamento do caminho cavado.

A morte aguarda-o, sabemo-lo, e é esse saber que apazigua o plano seguinte, onde o bandido vai educadamente pedir ao médico que trate do seu irmão ferido. É este apaziguamento que confere ao encadeamento das sequências seguintes esse interesse puramente dramático que culmina com a chegada da viatura à cidade em festa e quando a súbita alteração dos semblantes indicia que o ocupante, o herói da festa, está morto. Só podemos tirar prazer desta cena, porque já sabemos aquilo que Mann não nos mostrou, porque ele fixou, num só plano, a angústia empática, para poder libertar a emoção estética.

Por muito deslumbrantes que sejam tais demonstrações, talvez não seja ainda aqui que o seu génio mais singular se exerce. Será, antes, numa segunda forma, que joga com a igualdade de intensidade entre episódios, todos semelhantemente saturados de acontecimentos ínfimos, de gestos e propósitos tão claros quanto ambíguos, fechados em si mesmos e repletos de temporalidades parasitas. Mais do que em qualquer outra cena obrigatória, onde ele é exímio em fazer apenas o que deve ser feito, é aqui que se encontra o verdadeiro reino de Mann, nestes momentos de repouso que não o são, nestas nocturnais que pontuam a viagem da comunidade heteróclita. Em primeiro plano, duas personagens filmadas de perfil, meio voltadas para nós, meio surpreendidas na sua precária cumplicidade, discutem acerca do que deverá ser feito no dia seguinte ou do que os barulhos da noite anunciam. Atrás deles, uma fogueira de acampamento ilumina de modo confuso uns quantos corpos estendidos no chão ou numa carroça, sem que se saiba, ao certo, quem dorme e quem vigia, quem está a ouvir e quem não está; a mão de James Stewart ladeia um corpo de mulher cujo rosto se volta fora de tempo e sorri para aquele que já lá não está e cuja meticulosidade talvez tome por amor. A câmara desloca-se lateralmente e vai acompanhar uma distribuição de café, iluminando, com o reflexo vivo das chamas, uma caneca fumegante, em torno da qual se tece uma conversa, uma história inacabada, memórias ou sonhos que seduzem e, por vezes, um beijo surpreendido por um olhar ou aproveitado por um falso adormecido. Momento da noite: um sentido, um romance, um mito dão a entender que misturam as suas temporalidades difusas com o tempo do olhar e da decisão: logro de um passado, de um futuro ou de uma lenda; de uma relação também privilegiada na comunidade de ocasião. Com a sedução de um possível repouso no passado ou no futuro, a traição nunca anda longe.

Se há repousos e nocturnais exemplares serão os que tecem a trama de *Esporas de Aço*, filme de eleição sobre a comunidade heteróclita. Para conseguir o prémio de 5000 dólares e retomar o seu rancho perdido, Howard Kemp saiu em perseguição do bandido Ben Vandergroat. Pelo caminho, viu-se forçado a admitir, no seu grupo, um velho prospector, um militar desertor e a gatona, muito compostinha, que o acompanhava. Toda a história do filme gira em torno desta viagem comum de uma equipa necessariamente cúmplice nas dificuldades e incessantemente ameaçada de traição que a presa de ocasião, à falta de poder fazer uso das mãos atadas, potencia com intermináveis propósitos. Mais ainda, porém, do que a logorreia e o ricto constante de Ben (Robert Ryan), o enfiamento do drama são essas incessantes aproximações de corpos cujos gestos e palavras desenham, num mesmo traçado, a cumplicidade e a traição. Na noite, à beira do rio, Lina (Janet Leigh) limpa o rosto suado de um Kemp ferido que delira e fala a sonhar com a noiva evadida, em nome de quem ela responde, apaziguando-o. Vemo-la na manhã seguinte a barbear Ben, sentado, à esquerda da imagem, enquanto, à direita, e ao lado deles, está estendido o velho prospector Jesse (Millard Mitchell) a sonhar em voz alta com a sua vida perdida em prospecções sempre vãs, indicando desta maneira ao assassino, sem lhe falar, o ponto em que a cumplicidade deve ser rompida. A voz de Kemp, preocupado com a sua ferida por tratar, chama-a agora do outro lado: «*I'll do it*», intervém, enquanto pondera uma resposta para a eterna pergunta de James Stewart, «*Why?*» (por que razão o acalentara ela durante a noite? Por que motivo cuidara dele, que nunca cuida de ninguém?). Aqui, ela opta por uma das duas respostas femininas possíveis, resumidas pelas duas rivais de *Terra Distante*, não como a provocante Ronda – «*Should there be a reason?*», mas como a compassiva Renée – «*Somebody had to*». Era preciso – a lógica do presente e da comunidade assim o ditam – que alguém se dedicasse a cuidar do companheiro doente. A outra lógica, porém, a do passado e do futuro, do romance e da traição, segue o seu caminho, enquanto esta via do cuidado – de rosto voltado para nós – pelo ferido estendido de perfil revela-a a defender o assassino, aquele homem que não é o «seu» homem, mas aquele que, por obra do acaso, a adoptou e lhe alimentou o sonho de um rancho californiano. Enquanto o ferido se levanta, titubeante, Robert Ryan, com um gesto quase imperceptível, solta a cinta da sela do burro. Ei-los agora num caminho escarpado, caminhando ordenadamente rumo ao destino comum. Ao lado de Kemp, arrepiado de frio e que não o escuta, Ben desbobina a sua história de família enquanto vigia, com o canto do olho, a cinta a deslizar pelo flanco do burro. Mas eis que, subitamente, as palavras cessam. É um filme mudo que agora mostra James Stewart caído na berma do caminho. Todos observam. Uma única troca de olhares opõe Ben e Kemp, que volta à sua montada. A noite veio agora prolongar e modificar o silêncio do acontecimento. O fogo ilumina o rosto de Janet Leigh. James Stewart está deitado de costas, a cabecear, Robert Ryan rasteja na sombra, Millard Mitchell acorda sobressaltado e olha em volta antes de voltar a adormecer. Com o grito de um animal, Kemp levanta-se a cambalear. A câmara enquadra Lina deitada, o olhar de Kemp, Lina de novo em grande plano, a mão da Kemp à sua beira, o rosto sonhador de Lina a voltar-se, o semblante risonho, por fim, de Ben, que observava. Em suma, nada aconteceu além de uns reposicionamentos, umas aproximações de corpos que os tornam mais cúmplices e mais propensos a trair – essa traição que veremos dramatizada na cena seguinte: na gruta, onde o grupo solidário se abrigou da trovoada, um olhar de Ben atira Lina na direcção de Kemp, que, como sempre, está de vigia na entrada da gruta, na fronteira entre a escuridão exterior, onde a chuva ressoa, e a penumbra interior onde os corpos estão deitados. Ei-la agora ajoelhada diante do vigia agachado, a falar-lhe da música da chuva, dos violinos no baile de domingo, do que ela fará em Abilene, destino da presente viagem, e na Califórnia – destino do seu sonho –, de uma casa perdida, reencontrada, de um rancho, de uma família e dos respectivos vizinhos. Música indiferente às palavras do romance, apoiada pela outra música, imperiosa, dos campos-contracampos, de que Mann nunca abusa, mas cujos poderes conhece na hora de levar, com o seu ritmo, dois homens ao paroxismo da ira ou um homem e uma mulher ao abandono do sentimento que culmina num beijo. Durante este tempo, claro está, Ben escapou, mas só até ser denunciado pelo barulho de uma pedra para cair novamente nas mãos livres do seu guardião. Mas quem pode dizer que a cena de cumplicidade não passava de um logro? «*It just happened that way*», comentará, sarcástico, Kemp, dirigindo-se a Lina. Mas, num certo sentido, a ironia é de mais. Na verdade, é desta maneira que as coisas «se passam» no cinema: por um plano que se fecha sobre uns corpos para deixar sair outros, por um plano comum que aproxima corpos ou por planos alternados que entrecruzam sonhos, pelo embalar da palavra e da imagem, do campo e contracampo, da imagem única real e dos imaginários que a fazem cair no logro de uma totalidade ausente, por esse ritmo que adormece os vigilantes, antes que o barulho do fora de campo os desperte. É assim mesmo que a sedução opera, e James Stewart estaria a incorrer num grande erro se se queixasse. É que, ao fim e ao cabo, são sempre os malvados, aqueles que estultamente identificam o efeito de uma voz ou de uma imagem com os seus pobres cálculos, que acabam por cair nas teias da sedução. São sempre aqueles que julgam tudo saber a respeito do logro e da sedução e nunca aquele que nada mais sabe do que o momento presente e a direcção a seguir.

Desta feita, o triunfo do herói e o do filme são uma única e mesma coisa. Só ele se sincroniza com o tempo da acção, com a linearidade da sua direcção e a descontinuidade dos seus episódios. Os outros seguem sempre a linha recta dos seus sonhos ou espreitam o momento certo para os seus golpes. Dito de outro modo: a sua fraqueza consiste em serem personagens de *western*, figuras da sua mitologia, sonhadores do impossível ou nervosos do gatilho. Mas o herói manniano, esse, não é já uma figura de *western*. É o representante dessa acção que atravessa o seu território, que se cruza com os seus percursos e os seus sonhos. A estranheza da sua diligência reside nisto: herói de corpo inteiro, carrega já, todavia, a distância do transeunte, aquele que partilha os gestos e os códigos, mas já não pode partilhar os sonhos e os logros. Antes mesmo de ser uma personagem de quem se gosta e pela qual se teme, ele é uma linha recta estendida entre o ponto de vista do cineasta e o do espectador. E é, em suma, isto mesmo que se encontra metaforizado na escalada de Victor Mature em *Os Bravos não Voltam Costas*. Mais ainda, é o que o jogo de James Stewart actualiza, essa constante ocupação do tempo de que ele é garante. Essa mão sempre atarefada que se contenta por agora em ajustar uma manta e que saberá, no momento decisivo, arrancar a espora ou lançar as pedrinhas tem uma função muito precisa: ela mantém essa continuidade da acção que recusa a indolência dos tempos mortos, esses tempos que narrativizam por si próprios e criam uma empatia barata. Não há tempo para se temer por James Stewart. Está demasiadamente ocupado e mantém-nos demasiadamente ocupados para isso. E afirma, em tal ocupação, essa parca distância que separa o representante da acção das personagens do *western*, subtraindo da eficácia fordiana – o modelo assumido de Mann – a integração e a empatia morais. A moral da obra leva assim a melhor sobre a moral da fábula, o fazer sobre o dever fazer. Stewart parece predestinado a encarnar tal distância com o seu olhar, a sua mímica e os seus gestos de homem deslocado: deslocado no *western* das cumplicidades da comédia e das encarnações do ideal americano. São sobretudo três os filmes que o atestam: *Jornada de Heróis*, *Esporas de Aço* e *Terra Distante*, trilogia paradigmática da acção manniana. Já *O Homem Que Veio de Longe* obedece a outra lógica. Sem dúvida, aqui, Stewart encarna mais do que nunca o homem que vem de outro lugar, o herói ferido e humilhado que todavia acaba por levar a melhor. Mas a solidão do forasteiro, que a câmara de Mann e o desempenho de Stewart costumavam construir com paciência no seio das cumplicidades da viagem comunitária, é aqui um dado inicial do guião que modifica as relações dos corpos e a lógica da acção. Aquele que estava de passagem transformou-se em investigador, e a sua investigação transformou-o em *voyeur* que mete o nariz em assuntos que não lhe dizem respeito: a decomposição de uma família e o naufrágio de um universo. Desde logo, o fim do *western* impõe-se na ordem do dia e determina uma ficção que não é já *westerniana*: a ficção policial-melodramática do investigador cuja pista conduz ao cerne de um segredo mais denso do que aquele que procurava – os sintomas da decadência de uma tribo e de um mundo, os pesadelos do mestre que se afunda na noite, a manietada gesticulação do herdeiro de cabeça de vento, as intrigas surdas do bastardo que precipitam o sentido da história que lhe promete a herança. Neste mundo governado por um instinto de autodestruição, a frágil invencibilidade de Stewart ganha uma figura de poder extraterrestre. É como um espectro que este homem de braço ao peito ordena a Vic (Arthur Kennedy) que empregue, para o gesto suicida de lançar para o vazio o seu carregamento de armas, dez vezes mais força do que precisaria para desarmar o seu adversário. O triunfo do justiceiro encerra uma acção que deixou de ser sua. Esta é a passagem definitiva para o outro lado, fantasma que só pode abandonar ao seu destino fantasmático o cada vez mais provinciano mundo do *western*. James Stewart já não regressará desse lugar que lhe envia uma última imagem; não voltará a imiscuir-se nos seus jogos.

Com a sua partida, é uma certa maneira de constituir a forma da acção e a subjectividade do herói que se torna impossível. É uma dramaturgia singular que deverá ser inventada para cada um dos actores – Victor Mature, Henry Fonda, Gary Cooper – que darão corpo às ficções da intrusão selvagem ou do último regresso à terra do *western* sob as três figuras do rústico, do professor e do liquidador. É uma encenação singular, que seguirá ou contradirá estas ficções, entre a figura coerente de uma paródia que encaminha o género para o túmulo e a figura contraditória de um recomeço que organiza o seu próprio fim. A paródia parece triunfar em *O Homem do Oeste*, onde o Oeste significa agora o mundo laborioso, respeitável e conjugal. O prémio de 5000 dólares e a recuperação do rancho de *Esporas de Aço* convertem-se aqui numa bolsa de 200 dólares destinada a providenciar aos filhos dos cidadãos honrados de Good Hope os cuidados de uma professora qualificada. No lugar desses ajudantes decididos que Arthur Kennedy ou Rock Hudson encarnavam, Gary Cooper não encontra mais do que um obeso jogador sem cartas e de chapéu de coco. É, pois, para uma visita ao reino das sombras que esta ficção de decadência extrema nos convida, um lugar onde o velho pistoleiro se encontra enclausurado, com o seu bando de degenerados, no sonho infantil («*We shall be rich*») do ouro fabuloso de uma cidade que já não existe. Os seus urros são os do teatro ou de um pesadelo. E para que a história acabasse mesmo em pesadelo nada melhor do que acrescentar estes dois planos ao filme: o que nos mostra Gary Cooper a dormitar, embalado pelos solavancos do comboio e o encanto dos verdes campos; e o outro, mostrando-o a despertar sobressaltado: «Forth Worth, toda a gente desce aqui». Mann encontra uma forma distinta de organizar a relação dos mundos na passagem de um campo para um contracampo. Visivelmente, a casa silenciosa com um vidro partido, através do qual Gary Cooper espreita, está abandonada. Por trás do revólver que do outro lado da porta cintila na escuridão não pode haver mais do que fantasmas. São o amontoado dos sobreviventes dos *westerns*: um velho louco e uns papéis secundários aos quais é dado demasiadamente tarde um papel para o qual a voz, a cabeça ou a fé lhes faltam; um velho louco que só conseguiu estes papéis secundários para proporcionar o espectáculo dos *westerns* de outrora. «Nunca vi tal coisa em toda a minha vida», é o júbilo que manifesta diante da pancadaria insensata onde o enfurecido Coaley é desnudado. E, de facto, as duas cenas de desnudamento que pontuam o filme possuem a violência alucinada de uma gestualidade doravante subtraída de qualquer racionalidade dramática, perante a qual a satisfação moral do castigo merecido pesa muito pouco. É, em suma, o próprio cinema que se põe a sonhar em voz alta com a dissociação dos elementos de um género na estranha meditação do primo com as rédeas da carroça na mão, junto de Gary Cooper. Garantidamente, é uma empresa absurda estar sempre a recomeçar a roubar, a matar e a fugir. Garantidamente, o velho – o velho actor que dá ares de realizador e de produtor – é um pouco *soft-headed*. Mas não há outro lugar nem outra família para o papel secundário do *western*, que não soube reconverter-se a tempo na moral urbana e no melodrama psicanalítico. Nada resta a fazer senão ir até ao fim, até à cidade abandonada onde se acertarão contas com os fantasmas e os papéis secundários, onde o representante da moral e da realidade esvaziará, qual bom contabilista, os bolsos do primo que lhe roubara a bolsa, antes de lhe cruzar os braços à maneira de um serviço funerário. Assim cai a lógica da cumplicidade conflitual que unia o representante da acção com as personagens do *western*. A cumplicidade converteu-se em simples astúcia; a viagem comum, na última visita que sepulta um mundo caduco.

Mas talvez mais ainda do que nesta ficção crepuscular, mais do que em *Os Bravos não Voltam Costas*, onde o irrespeitoso Victor Mature liquida a lenda de Custer antes que o respeitável Gary Cooper liquide a lenda dos Doc Hollidays, o *suspense* da acção manniana manifesta-se em *Sangue no Deserto*, filme consagrado à terceira grande personagem do universo *westerniano*: o xerife. Às ficções de morte anunciada parece opor-se, ponto por ponto, esta ficção do retorno. *Sangue no Deserto* tem todas as características de um *western* póstumo. Nada mais exemplar do que a história do xerife obrigado a impor a ordem da lei face à ira da multidão e à cobardia dos notáveis. Nenhum personagem, nenhum actor, estaria mais apto a psicologizar e dramatizar essa história do que Henry Fonda ao encarnar esse homem desencantado que recupera as razões que a sua estrela simboliza. James Stewart teria seguramente feito uma pálida figura nesta radicalização ética e psicológica de um episódio de *Terra Distante*. É difícil imaginá-lo a dar a Anthony Perkins essas lições de formação sobre o ofício de xerife que objectivam em itens pedagógicos as características do seu jogo. Também não o vemos a deixar imprimirem-se no seu rosto, com a mobilidade própria de um Henry Fonda, as marcas do passado, os dilemas do presente ou a chama de um futuro reencontrado. Porque este romance de aprendizagem, que combina a educação do aprendiz de xerife, o itinerário moral do desencantado e uma complexa trama de histórias de família move-se em direcção oposta às regras mannianas da aventura, do encontro e da decisão. E, ainda que Henry Fonda ensine ao seu aluno o meio segundo necessário para ganhar o controlo antes de disparar, parece, ele próprio, deter-se mais do que uma vez meio segundo a mais na contemplação da mãe e da criança desaparecidas. Mas, ao contrário de *O Homem do Oeste*, onde a encenação ora segue, ora excede a lógica da fábula, a própria tensão entre a lógica do argumento e a da acção manniana acaba aqui por dar à encenação uma energia nova. Do âmago desta história exemplar de lição de tiro e de lição de moral surge uma nova lição de encenação. Não é um visitante quem vem liquidar os fantasmas do *western*. É a encenação que vem desdobrar o argumento e organizar o confronto entre dois *westerns*.

Olhemos, pois, para a louca cavalgada do grupo que o fanático Bogard conduz na perseguição dos assassinos. Olhemo-la, ao seu comando, cercar a casa e incendiar tudo em volta. A carroça de feno em chamas precipita-se sobre a casa, o gado sai do estábulo e junta-se, entre labaredas e fumaça, aos cavalos do bando em delírio. Esta encenação

espectacular oferece a demonstração visual da sua inefi-
cácia: os dois bandidos, claro está, desapareceram. Mas eis
que agora, no vazio que se abriu, há um outro filme a começar: uma criança a cavalo chega diante das ruínas fume-
gantes, avista um cão e assobia para atrair o animal em
fuga. E, a partir daqui, é uma outra encenação que se organiza. A chegada da criança confere-lhe, mais do que um
rosto próprio a comover os corações sensíveis, um ritmo
adequado para estruturar a acção. O tempo da acção vai,
com efeito, ser regido por um ritmo infantil muito específico: o das histórias, que se encaixam umas nas outras,
das cantilenas infantis. Assim, como banda estridente e
tonitruante, teremos este ritmo de cantilena: o xerife a
querer apanhar os bandidos, a criança a tentar apanhar o
cão, o cão em busca dos seus donos, e Henry Fonda a tentar apanhar a criança. Uma outra espécie de comunidade
heteróclita forma-se então. E o despreocupado trajecto
da criança, que deveria suscitar angústia e identificação,
confere, pelo contrário, à acção uma estranha serenidade,
a serenidade que Fonda manifesta quando prepara metodicamente – ao encontro das grandes labaredas da má
encenação – o pequeno fogacho que desaloja os bandidos
do seu esconderijo. O destino dos personagens não está
predestinado pelo guião; vai-se construindo à medida que
a acção avança. É esta a lição do último episódio: a derrota
de Bogard é mais uma despedida feita à personagem do
western, ao mau actor e ao mau realizador, provavelmente
mais subtil, apesar do que possa parecer, do que o apólogo
de *O Homem do Oeste*, porque nasce da própria tensão entre

o argumento e a encenação, da lógica da relação entre o fazer e o dever fazer.

Ou talvez seja melhor dizer que há, no destino do vencedor e no do vencido, dois desfechos que não coincidem. Porque Anthony Mann não se furta ao plano que faz brilhar «de novo» a estrela de estanho no peito do seu herói. E é a primeira vez que a imagem final nos deixa crer que o herói voltará à sua terra e construirá uma família. A um artista clássico, não lhe passa pela cabeça mostrar desprezo pelas convenções; nem tão-pouco identificar o fim de uma história, o cumprimento de um contrato narrativo, com o argumento metanarrativo do fim de um tempo, de um mito ou de um género. A decadência torna-nos muito facilmente filósofos. O único final válido é aquele que contém a acção dentro dos seus próprios limites. Aquele que pode ter continuação e a partir do qual se pode recomeçar. A isto se chama o risco da arte. Anthony Mann assumiu sempre esse risco. Antes do *remake* de *Cimarron*, nunca vinculara o efeito de nenhum dos seus filmes ao transbordo da acção para a lenda, à identificação com determinado lugar, momento ou figura da epopeia westerniana. Construiu *westerns* singulares, que assentam em si mesmos, e não em qualquer forma de reconhecimento. Dotou o «fim do *western*» de várias figuras singulares: uma imagem congelada (*Sangue no Deserto*), uma eternização (*Os Bravos não Voltam Costas*), uma condenação à morte (*O Homem do Oeste*). O cemitério guarda os seus despojos, a caixa dos tesouros continua aberta, a imagem poderia mover-se de novo. Se o vai fazer ou não depende, é verdade, de condições que ultrapassam os poderes do artista clássico. Este é o homem do tratamento dos géneros e da invenção dos contratos narrativos. Uma coisa escapar-lhe-á sempre: o regime da visão que confere aos géneros a sua visibilidade, os contratos perceptivos que o poder da mercadoria estabelece com o olhar público. Trata-se de um assunto para outras duas categorias: por vezes, os artistas românticos, mais frequentemente, os não-artistas. Anthony Mann não é nem uma coisa nem outra. Daí, sem dúvida, a sensação de os seus filmes nos parecerem tão distantes[2].

—

2 Agradeço a Jean-Claude Biette, Bernard Eisenschitz, Alain Faure, Dominique Païni, Sylvie Pierre e Georges Ulmann, que me forneceram os meios para rever estes filmes num momento em que já nenhuma sala os programava.

O plano ausente:
poética de Nicholas Ray

Durante muito tempo fui perseguido por um plano: no início de *Os Filhos da Noite*, de Nicholas Ray, o fugitivo Bowie entra numa estação de serviço e vê erguer--se diante dele um corpo como nunca antes fora visto – enfiado num fato de mecânico, um ser que não é nem adulto nem criança, nem masculino nem feminino, inteiramente adaptado ao espaço onde evolui, inteiramente estranho para os ocupantes desse espaço, dotado de uma beleza singular, nascida da impossibilidade de ser assimilada a qualquer outro género de beleza repertoriada nos usos cinematográficos. É como se, de repente, um ser subtraído à semelhança, um ser real, pois, se pusesse a existir no cinema, causa evidente de um amor sem exemplo. O amor fulminante de Bowie por Keechie seria então exactamente semelhante ao nosso amor pelo poder que o cinema tem de inventar um corpo. E, mais ainda do que o peito ou o olhar provocantes de Harriet Andersson em *Mónica e o Desejo*, os olhos baixos e o corpo andrógino de Cathy O'Donnell poderiam ser o emblema dessa independência tenaz, característica do cinema de autor celebrado pela Nouvelle Vague. Passei muito tempo, pois, a desejar escrever algo acerca deste plano fulgurante, que, em suma, estará para o cinema tal como o aparecimento das raparigas em flor na praia de Balbec está para a literatura: a construção de uma individuação inédita, de um tamanho objecto de amor cuja desmedida lhe vem de estar despojado das propriedades sexuais identificáveis no objecto desejável.

Contudo, um dia tive de render-me à evidência: tal plano não existe. Bowie e o espectador travaram conhecimento com Keechie muito antes da sequência da oficina. Que o tenha visto durante tanto tempo implica, porém, algo mais do que o mero embelezamento da memória. E foi sem grande surpresa que encontrei num outro comentador o mesmo erro. Este plano inencontrável era necessário para acolher a impressão deixada por tal corpo. Porque a aparição deste corpo singular, desta beleza inédita, ocorreu, sem dúvida, cinematograficamente. Só que uma aparição não é esse surgimento milagroso cuja imagem se impôs por via de uma certa fenomenologia. Uma aparição é feita de muitas aparições e desaparições, de adições e subtracções. E o cinema não é a arte da evidência visual celebrada pelos estetas dos anos 60 do século XX. Tal como a rapariga de face rosada na praia do livro nasceu de um tecido de metáforas, foi necessário mais de um tropo cinematográfico para dar consistência ao corpo sem semelhança de Keechie que surgiu diante de nós.

Desde logo, uma sinédoque. No começo, há apenas o barulho de um motor e dois faróis acesos na noite. No romance de Edward Anderson, que o filme adapta, o carro de Keechie passa à distância sem encontrar o ferido que procurava, Bowie, ele próprio perdido no seu monólogo interior. No filme, Bowie retira-se lentamente de trás do painel publicitário que lhe serve de esconderijo. Na companhia de um cão, saído sabe-se lá de onde, caminha no escuro em direcção à luz. A luz que ilumina violentamente o pára-brisas e o retrovisor, entrecortada por um chapéu, deixa aparecer um rosto coberto de sombra até aos olhos, com duas bochechas desigualmente alumiadas. Aparentemente, o ponto de certeza desse corpo está nas mãos seguramente firmadas no volante. «*Any trouble?*», pergunta o rapaz que vemos de costas, à esquerda do ecrã. «*Could be*», responde uma voz neutra, onde a indiferença codificada das palavras-passe com duplo sentido se mescla com outra coisa: uma ligeira insolência, algo como um encolher de ombros secreto: «Até pode ser. Isso, ou outra coisa. Tanto faz».

Num conjunto de campos e contracampos nocturnos, são trocadas informações sobre diversas coisas no entendimento de um «até pode ser». O rapaz passou para o outro lado do carro para entrar pela porta do pendura. Só então aparece – para nós, ainda não para ele – , inteiramente banhado de luz, o rosto da rapariga. A sombra reinstala-se em torno dos dois corpos sentados lado a lado. Pouco tempo depois de sair, já o carro chegava ao seu destino. De costas, na sombra, a condutora, atarefada, envia o rapaz para o abarracamento, onde irá encontrar-se com os seus cúmplices.

Paradoxalmente, para que a aparição fulgurante tenha consistência, é preciso que os seus traços sejam desenhados apenas um de cada vez e que, desde logo, como o sorriso do gato ou os trinta véus de Rodrigo, uma voz, umas bochechas, umas mãos flutuem na noite, desgarradas de qualquer corpo. É preciso que o cinema desfaça o realismo natural da reprodução mecânica. E uma singular relação de subtracção opõe, então, o cinema ao romance por ele transposto. Eis de que modo, no romance, Keechie aparece aos olhos de Bowie, finalmente chegado a bom porto: «Ele avistou a rapariga que estava de pé, atrás da cortina transparente da loja. Era morena e baixa, os seus pequenos seios, altos e pontiagudos, arrebitavam o algodão da sua camisa azul»[1]. Trata-se de uma visão como muitas outras, uma visão verosímil do objeto de desejo. Não temos de atribuí-la a uma falta de gosto por parte do romancista. Edward Anderson tinha, decerto, as suas razões para fixar o olhar do jovem e tosco evadido nessa imagem estandardizada de um corpo feminino em processo de afirmação. E, provavelmente, Nicholas Ray não tinha nada contra a imagem transmitida pelo romancista a respeito dos sonhos banais desta América profunda do tempo da Depressão – por ele próprio trilhada no tempo das grandes iniciativas culturais ligadas à cultura agrícola do *New Deal*. Mas a invenção cinematográfica precisa de um outro corpo do desejo. O cineasta anunciou-o nas imagens do pré-genérico que nos mostram duas cabeças, uma contra a outra: «Estes dois nunca foram verdadeiramente apresentados ao mundo em que vivemos». Isto

---

1 Edward Anderson, *Tous des voleurs*, trad. E. de Lesseps, Paris, UGE, col. «10/18», 1985, p. 30.

significa também que eles não podem ser apresentados (*introduced*) – nem a nós, nem um ao outro – na qualidade de sujeitos ou de objectos de desejo da América profunda. Nenhuma transparência, pois, à entrada da loja. O cineasta separou as imagens logo à partida. O objecto banal de desejo, uma silhueta de perfil com os seios arrebitados para a frente, permaneceu na retaguarda, pendurado, ao alto, no cartaz publicitário que servia de esconderijo a Bowie. O rapaz, por sua vez, avançou para terrenos desconhecidos, na direcção desse corpo fragmentado que ainda só existe por via de um reflexo de luz sobre umas bochechas, umas mãos, um volante e uma voz neutra.

Passa-se, assim, algo de essencial no intervalo entre dois tipos de planos: os planos de conjunto, de helicóptero, revelando a fuga dos três bandidos, e os planos próximos do encontro entre Bowie e Keechie. O que sucumbiu neste intervalo foi a forma de intimidade que o romance realista constrói entre os estereótipos sociais e as ínfimas percepções e sensações dos indivíduos. Entre o objectivismo da fuga e o subjectivismo do olhar na noite, entre a silhueta do painel publicitário e o meio rosto no carro, o cineasta desfez a forma literária pela qual Bowie era «apresentado» ao seu mundo e podendo o próprio Keechie insinuar-se nele sem problemas. Trata-se daquilo que poderíamos designar por cinematografismo literário. O romance de Edward Anderson apostava na zona de indecisão entre a narração objectiva e o monólogo interior que lhe absorve os dados: o *stream of consciousness* que se apropria, numa mesma espessura, dos acontecimentos do mundo e das percepções do herói, dos estereótipos do eu e dos da socie-dade. Esta forma de intimidade do dentro e do fora, do monólogo e do estereótipo convém à literatura. Faz parte dos meios pelos quais compensa o fraco poder sensível do seu meio e confere às palavras do relato inventado a carne da experiência comum. Instaura, assim, entre a lin-guagem das emoções íntimas e a dos anúncios luminosos da via pública, uma continuidade que permite inscrever a história dos destinos individuais no tecido comum da descrição de uma sociedade. Mas a invenção cinemato-gráfica tem de construir-se contra este cinematografismo literário. O cinema deve introduzir estranheza nos corpos que apresenta e distância entre aqueles que aproxima. É preciso que o corpo encontrado na noite seja totalmente estranho para a «consciência» de Bowie, inassimilável para a corrente das suas percepções. E, ao mesmo tempo, é preciso que se subtraia aos nossos poderes de identifi-cação, é preciso que, primeiro, haja apenas esses reflexos de luz e essa voz indiferente, para que, a pouco e pouco, se construa a intimidade sem familiaridade de uma pura relação amorosa.

Tal abstracção primeira, que separa o corpo de Keechie da corrente de consciência de Bowie – a figura cinemato-gráfica do cinematografismo literário –, é necessária para que se opere um segundo processo de subtracção que isole, no esconderijo dos bandidos, os dois parceiros da relação amorosa. No barracão onde o pai de Keechie negoceia com os três fugitivos um elevado preço pelos seus serviços, abre-se uma porta. Finalmente, aparece Keechie, voltada de frente, de pé, com o seu ar de maria-rapaz, de cabelo puxado para trás, as suas jardineiras unissexo de gola em bico, e os seus embrulhos ao colo que fazem desvanecer quaisquer seios hirtos que arrebitem o tecido de uma qualquer camisa. Mas o contracampo brutal sobre o olhar de Bowie não é suficiente para constituir a intimidade dos dois jovens. A troca de olhares é um meio demasiadamente fruste para significar o amor que nasce. Keechie e Bowie não passam, pois, demasiado tempo a olhar um para o outro. Sobretudo Keechie, que tem sempre algo para fazer. É, com efeito, a sua maneira de ser, inteiramente presente e inteiramente estranha ao mundo do seu pai e do seu tio. E a sua presença ausente baralha desde logo a bela oposição deleuziana entre a funcionalidade da imagem-acção e a potência expressiva da imagem-afecção. As diferenças de intensidade da sensação serão sempre levadas no movimento de pequenas acções – manter um fogareiro, colocar um macaco, desmontar uma roda, recolher um ferido: acções que se fazem em conjunto ou que são vistas a ser feitas por outros, acções cujos gestos e tempos próprios se prestam, mais do que a troca extasiada dos olhares ou a aproximação convencionada dos corpos, a marcar o acontecimento do amor que nasce em dois seres que não sabem, nem um nem outro, o que é o amor.

Mas, para constituir o drama, é preciso isolar os dois jovens no meio daqueles que, precisamente, não lhes permitem essa intimidade. E para tal é necessária uma nova operação que construa dois espaços, imbricados e incompatíveis, no *sensorium* homogéneo desenvolvido pela prosa «cinematográfica» do romance. A chave para o caso anda sempre à volta do tratamento de uma pequena acção, um problema de fogareiro que fumega. Segundo a lógica realista, o romance construía este episódio como uma modificação naturalmente orientada das sensações do jovem: «A voz da jovem Keechie formigava ao longo da coluna vertebral de Bowie. Agachada junto do fogareiro de querosene, com a saia de flanela castanha esticada em torno das ancas, ela mostrava a T. Dubb como impedir que a mecha fumegasse»[2]. Do calor da sala, passando pelo formigueiro da voz, o trajecto da sensação dirigia-se uma vez mais para a figuração banal do objecto do desejo: um tecido repuxado pelas proeminências de um corpo. A relação dos dois jovens inscrevia-se assim na mesma lógica sensível presente na cumplicidade dos três fugitivos. Ao mudar o trajecto das percepções, é esta continuidade que o trabalho do cineasta quebra. Enquanto atura as piadas do seu tio, o seu olhar é atraído por um ligeiro desarranjo na ordem das coisas: ao seguir-lhe o olhar, é Bowie quem descobrimos, inutilmente atarefado diante do fogareiro. Fazer funcionar o fogareiro é assunto para essa Gata Borralheira autoritária de bochechas marcadas de fuligem. No plano seguinte, é ela, pois, quem se encontra ajoelhada diante do fogareiro sob o olhar dos três bandidos e de uma câmara que mergulha na sua direcção a partir da esquerda. Mas não temos tempo para reparar nas piadas de Chicamaw, que recaem agora na incapacidade de

---

2 *Idem*, p. 38.

Bowie. É que, no plano seguinte, já não há Chicamaw nem T. Dubb. Melhor ainda, é como se nunca tivessem estado ali, como se nunca tivesse havido lugar para eles se alojarem neste espaço. Diante da câmara rasante ao solo, à direita, só resta Bowie e Keechie. E nem sequer tanto, já que de Bowie vemos apenas o alto do corpo, um esboço de dorso e o braço estendido com uma toalha. «*Here*», diz ele apenas. «*Thanks*», responde Keechie, ajoelhada a olhar de cima para ele, sem que lhe cruzemos o olhar. Este instante em que se encontram os dois a sós não chega a durar cinco segundos. No plano seguinte, uma câmara novamente distanciada, mostra-no-los perfeitamente enquadrados pelos dois cúmplices, antes de a câmara voltar a centrar-se em Keechie, que responde às piadas dos bandidos acerca da «cabeça» do charmoso Bowie: «*His head is all right to me*».

Desta feita, a encenação operou uma quebra no *continuum* narrativo e linguístico do relato realista. No singelo espaço deste quarto atulhado, acomodou dois espaços e duas relações incompatíveis. E a estrutura narrativa do filme não será mais do que o desenvolvimento dessa coexistência dos incompatíveis, construída no sentido inverso do livro fielmente adaptado em seis planos, cuja duração total não ultrapassa os trinta segundos. Segundo a mesma lógica das pequenas acções, o gesto de evitar uma patrulha policial e a substituição de uma roda aumentarão a separação inicial e construirão a intimidade dos dois jovens. Eis agora chegado o momento da sequência da garagem. Num fundido encadeado expeditivo, a virgem vestida de mecânico despachou para a cama o seu pai embriagado e accionou o macaco, para que o antigo aprendiz de mecânico, Bowie, demonstrasse as suas habilidades. Sentada no guarda-lamas dianteiro do carro, vigia simultaneamente a reparação e esse ser, de uma espécie desconhecida nestas paragens, que conta a sua sinistra história de família enquanto desaperta as porcas da roda. Ela levanta-se então e põe-se a brincar com o volante com um ar de irmã mais velha para dar uma reprimenda ao jovem sonhador que pensa conseguir reabilitar-se e montar a sua pequena oficina permanecendo na órbita dos seus dois cúmplices, julgando ser possível querer ao mesmo tempo a vida intensa e a quietude de um pequeno negócio. Domina-o do alto da sua sabedoria, essa sabedoria de criança que nada viu do mundo e que em tudo o adivinha, passando dos cuidados do fogareiro fumegante para os do pai embriagado, comparando a rectidão das pequenas atitudes impostas pelo quotidiano do local com a embrulhada dos operações sinuosas que nele fazem escala. Neste momento, essa sabedoria reina sem partilha. Mas reina apenas na exacta medida de a sua proveniência ser a das certezas de uma infância irredutível que só conhece o mundo à custa de se subtrair dele, de lhe negar a presença no encadeamento das pequenas acções bem feitas e das palavras avisadas. E, mesmo que Keechie esteja disposta a partilhar a esperança de reintegração social de Bowie, a sabedoria que por ora se encarna na autoridade do seu corpo pensativo autoriza-nos o presságio de algo mais: já nada há a esperar para além desse quadradinho nocturno onde duas crianças fiéis brincam aos mecânicos. Este plano conclusivo é um puro momento de utopia, no qual, uma vez concluída a reparação e o sentimento percorrido, Keechie regressa, como num sonho, do fundo da oficina para empurrar com um braço esse macaco que Bowie segura com o outro. Este puro momento de felicidade em torno de um macaco hidráulico ultrapassa qualquer idílio à sombra dos coqueiros. Mas, antes mesmo que os outros reocupem o espaço, antes que as mãos dos dois jovens se juntem para se separarem, a voz trocista de Keechie denunciou já o mal que corrompe o sonho partilhado, o invencível inimigo que, de antemão, arruína sempre a felicidade das crianças que sabem: o pueril desejo de ser grande – «*You think you are quite a man now, don't you?*».

É este o drama secreto que Nicholas Ray encena, mais profundo do que o confinamento das duas crianças pela lei do mundo sem piedade: o conflito das duas infâncias, a batalha sempre perdida da maturidade infantil contra a puerilidade adulta. Só a criança que pensa verdadeiramente ser um homem poderá juntar-se à criança que aceita verdadeiramente ser uma mulher e renunciar às jardineiras do pequeno trabalhador andrógino e à sabedoria da criança que sabe. E é esta renúncia que faz a simples e espantosa beleza destas cenas em que Keechie reencontra, para nunca mais o abandonar, Bowie ferido. Ao entregar ao seu pai, sem uma única palavra, o dinheiro – que ele irá beber – deixado por Chicamow para os cuidados do ferido, Keechie tomou a sua decisão. De costas, diante de um espelho que não nos devolve o seu rosto, a rapariga soltou o cabelo, que agora escova, caindo-lhe sobre os ombros. Quando tornarmos a vê-la, surgindo de trás da cama do ferido, terá trocado o uniforme de mecânico pelo camiseiro, o colete de lã e a saia da rapariga. E poderá sempre, claro está, retomar as palavras indomáveis do livro, responder a Bowie que, pela sua parte, ignora o que as «raparigas» desejam em geral, ou dar-lhe a saber, massajando-lhe escrupulosamente as costas, que «faria o mesmo por um cão». Tais insolências são inoperantes perante a confissão do seu cabelo solto, que não só diz o sentimento partilhado como afirma o preço a pagar. O amor conquista-se à custa do que o causou: a certeza tranquila e a beleza inclassificável desse corpo de criança sem sexo, dono das pequenas acções bem executadas que negam a loucura do mundo. Ao aceitar o relógio que ele lhe coloca no pulso, ela aceita doravante querer o que ele quer, ele que nada quer além de querer. Ela aceita a lei daqueles que querem, a lei do mundo que irão enfrentar, mas que, nesse preciso momento, já venceu. A pequena divindade protectora do lugar vai de ora em diante ser lançada para a grande estrada, para ele, uma criatura a ser protegida, para nós, uma vulgar apaixonada.

É isto que torna o filme tão dilacerante. Não é simplesmente o vão esforço dos dois jovens amantes para escaparem ao trio dos bandidos e ao absurdo trágico desta obstinação das forças da ordem em perseguirem «Bowie the Kid», esse assassino louco saída da imaginação deles. A derrota, com efeito, aconteceu de antemão, quando aquela que era a única a poder resistir à lei do mundo abdicou dos seus poderes. É que ela é tão-só o outro nome deste amor. Já que não há sequer lugar para acusar, como em *Só Vivemos Uma Vez*, as injustiças da lei social e as crueldades do acaso. A decisão da fuga amorosa é em si mesma idêntica à fuga para a morte. Os dois heróis do filme de Lang eram vítimas de um implacável encadeamento de circunstâncias que poderiam ter sido distintas: os preconceitos de um patrão ou de um dono de hotel que não querem ter junto deles um antigo detido, uma troca de chapéus, um carro destruído, um absurdo reflexo de defesa no momento da salvação... A perseguição dos filhos da noite não releva dessa bela maquinaria lógica, que combina os efeitos da lei social com os do acaso, onde Fritz Lang triunfava. É que falta a Ray a crueldade do seu antecessor, o prazer que ele sentia em fazer coincidir a objectiva da câmara e a mira da espingarda, e o seu sólido desprezo machista por essas mulheres de boa vontade que se empenham, em nome do amor, a resgatar os rejeitados da sociedade. A beleza de *Só Vivemos Uma Vez* releva da mestria clássica da arte, aquela que transforma em felicidade própria o azar dos outros, a perfeição da organização dos males das suas criaturas. A encenação romântica de Ray é de outra ordem. Mas o termo romantismo não significa aqui a simples comoção a respeito dos que sofrem. Garantidamente, Keechie, a filha do bêbedo, está demasiadamente próxima do adolescente que seguira noite fora em busca do seu pai embriagado nos bares do Wisconsin, demasiadamente próxima, também, da jovem esposa dos dias de miséria e de entusiasmo nova-iorquinos, para que Raymond Nicholas Kienzle, *aliás* Nicholas Ray, possa retirar prazer de olhar para ela com a mira da espingarda. E ele nutre pelas duas crianças perdidas a ternura de quem viveu as fendas íntimas do sonho americano como a sua única Guerra de 1914, a sua República de Weimar, o seu exílio. Mas o romantismo contra o classicismo não é apenas a colisão do sentimento contra o frio rigor, é antes uma beleza contra outra beleza: contra o belo agenciamento aristotélico que transforma a felicidade em infelicidade e a ignorância em sabedoria, a perda baudelairiana daquilo que nada serve saber, a perda primeira «daquilo que nunca, nunca, se reencontrará».

Não são, pois, apenas o seu bom coração ou a sua própria fragilidade que impedem Ray de construir, numa sábia gradação, as etapas e peripécias da fuga, os cálculos dos perseguidores e o deambular dos perseguidos. Porque a perda é inicial. Daí a existência de um relativo desprendimento a respeito dos episódios da fuga. O realizador renunciou sem grande dificuldade aos assaltos de bancos recusados pela censura. Essas elisões impostas servem, afinal, a lógica do filme. E ele não tem nenhum motivo para se demorar com a construção, em montagem alternada, da perseguição e da fuga. Nenhum motivo para refinamentos em torno da armadilha que se fecha. Para capturar Bowie, a delatora Mattie precisa apenas de jogar com o seu ponto fraco confesso: a sua ignorância a respeito daquilo que «as mulheres» desejam. De qualquer modo, há muito tempo que os dados estão lançados: desde o momento em que tiveram de abandonar o reino da noite, assim que se lançaram nesse mundo, ao qual não foram apresentados. Mais do que ao grande enfrentamento da ordem social e dos fugitivos, a encenação interessar-se-á pela ligeira torpeza daqueles que não sabem desenvencilhar-se em tal mundo. O primeiro plano da fuga mostra-nos Bowie, no autocarro, incomodado por um bebé cuja mãe, que sabe como fazê-lo parar, o deixa alegremente chorar de fome para preservar o seu próprio sono. Um pouco depois, um plano picado mostrar-los-á de costas como que esmagados de antemão pela largura da rua a atravessar até chegarem à casa do notário. E ao longo de todo o seu percurso, com a ternura do seu idílio e com a dor partilhada do destino que o espera mistura-se o mal-estar que sentimos perante aqueles que estão fora do seu lugar: ao olharmos para tais amantes malditos, é com o sentimento de incómodo provocado pelos provincianos que desembarcam com os seus trajes domingueiros num mundo cujos costumes ignoram. Mas até mesmo onde se ajustavam, os seus gestos de apaixonados felizes tornaram-se falsos. Com a sua permanente e o seu saia-casaco, Keechie é, doravante, uma mulher como outra qualquer. E foram os seus próprios sentimentos que perderam o seu mistério. O seu ronronar de gata feliz ou as suas revoltas de mulher ciumenta pertencem ao repertório comum. Ela flutua no seu corpo de recém-casada em lua-de-mel como nas suas roupas novas, doravante tão simulada quanto ele no seu fato cruzado. Mas é, precisamente, esta torpeza, esta perda, que faz a força paradoxal do filme. O saber do inelutável confere a beleza do luto às torpezas dos provincianos e às tontices dos recém-casados. Mas tal beleza é também o luto de uma outra. Fora já preciso queimar uma Keechie, a criança invulnerável da oficina, para produzir o corpo frágil e um pouco desastrado desta apaixonada devotada à morte. E este ícone queimado assombra-lhe o rosto quando, no derradeiro plano, se volta para nós e lê as últimas palavras, íntimas e triviais (*amo-te*), da carta de Bowie, caída por terra.

Esta seria a dupla lei romântica da beleza, exemplarmente ilustrada por este filme: uma lei de composição (uma imagem é feita de várias imagens) e uma lei de subtracção (uma imagem é feita do luto de outra imagem). A confirmação chegará no *remake* de *Os Filhos da Noite*, intitulado *O Acossado*. Sabemos que o último olhar de Jean Seberg carrega aqui o famoso «olhar câmara» com o qual terminava *Mónica e o Desejo*. Mas esta composição que densifica a imagem duplica-se com outra que efectua o trabalho inverso da subtracção. Ao rosto composto de Patricia/Mónica sobrepõe-se o rosto doloroso de Keechie. Esta Keechie acrescentou aqui ao seu papel o de Mattie, a delatora, mas deixa sobretudo transparecer, por baixo de toda a transacção ficcional, o rosto daquilo que, desde logo, sempre esteve perdido.

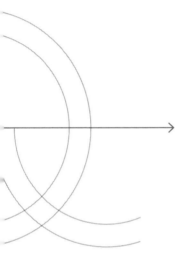

HAVENDO UMA
MODERNIDADE
CINEMATOGRÁFICA

De uma imagem à outra?
Deleuze e as idades do cinema

Existiria uma modernidade cinematográfica. Esta oporia ao cinema clássico do enlace entre imagens, narrativo ou significante, uma autonomia da imagem, duplamente marcada pela sua temporalidade autónoma e pelo vazio que a separa das demais. Esta ruptura entre duas eras teria tido duas testemunhas exemplares: Roberto Rossellini, o inventor de um cinema do imprevisto, que opõe ao relato clássico a descontinuidade e a ambiguidade essenciais do real; e Orson Welles, o inventor da profundidade de campo, oposta à tradição da montagem narrativa. E teria tido dois pensadores: André Bazin, que nos anos 50 do século XX teorizou, com as armas emprestadas pela fenomenologia e os pensamentos de fundo da religião, o advir artístico de uma essência do cinema, identificado com a sua capacidade «realista» para «revelar o sentido escondido dos seres e das coisas, sem lhes quebrar a unidade natural»[1]; e Gilles Deleuze, que fundamentou, nos anos 80, o corte das duas eras numa rigorosa ontologia da imagem cinematográfica. Às intuições justas e às aproximações teóricas do filósofo de ocasião que era André

---

1 André Bazin, «L'évolution du langage cinématographique», in *Qu'est-ce que le cinéma?*, Paris, Éditions du Cerf, 1997, p. 78. [Trad. port.: *O Que é o Cinema?*, Livros Horizonte, Lisboa, 1992.]

Bazin, Deleuze teria dado uma base sólida: a teorização da diferença entre dois tipos de imagens, a imagem-movimento e a imagem-tempo. A imagem-movimento seria a imagem organizada de acordo com a lógica do esquema sensoriomotor, uma imagem concebida como elemento de um encadeamento natural com outras imagens numa lógica de conjunto análoga à do encadeamento finalizado das percepções e das acções. A imagem-tempo seria caracterizada por uma ruptura desta lógica, pela aparição – exemplar em Rossellini – de situações ópticas e sonoras puras que não se transformam já em acções. A partir daqui constituir-se-ia – exemplarmente em Welles – a lógica da imagem-cristal, na qual a imagem actual não se encadeia já com uma outra imagem actual, mas sim com a sua própria imagem virtual. Cada imagem separa-se então das demais para se abrir à sua própria infinidade. E aquilo que, doravante, estabelece um elo é, precisamente, a ausência de elo; é o interstício entre as imagens que ordena, em vez do encadeamento sensorimotor, um reencadeamento a partir do vazio. Desta feita, a imagem-tempo fundaria um cinema moderno, em oposição à imagem-movimento, que era o cerne do cinema clássico. Entre os dois situar-se-ia uma ruptura, uma crise da imagem-acção ou uma quebra do «elo sensoriomotor» que Deleuze liga à ruptura histórica da Segunda Guerra Mundial, engendrando situações que já não encontram saída em nenhuma resposta ajustada.

Clara no seu enunciado, a divisão obscurece-se, assim que examinamos as duas questões por ela levantadas.

Como pensar, antes de mais nada, a relação entre um corte no interior da arte das imagens e as rupturas que afectam a história geral? Como, depois, reconhecer na concretude das obras as marcas desse corte entre duas eras da imagem e dois tipos de imagens? A primeira pergunta remete para o equívoco fundamental do pensamento modernista. Este pensamento, na sua figura mais geral, identifica as revoluções modernas da arte com a manifestação da essência própria de cada uma das artes. A novidade própria do «moderno» consiste então em que a especificidade da arte, a sua essência já activa nas suas anteriores manifestações, conquiste a sua figura autónoma, rompendo os limites da mimese que a encerrava. A novidade assim pensada encontra-se sempre desde logo prefigurada no antigo. Afinal, a «ruptura» não é mais do que a peripécia obrigada do relato edificante pelo qual cada arte prova a sua artisticidade própria ao adequar-se ao cenário exemplar de uma revolução modernista da arte que atesta a sua essência de sempre. Assim, para Bazin, a revolução wellesiana e rosselliniana nada mais faz que cumprir uma vocação realista autónoma do cinema, já atestada em Murnau, Flaherty ou Stronheim, embatendo na tradição heterónoma de um cinema da montagem, ilustrado pelo classicismo griffithiano, a dialéctica eisensteiniana ou o espectacularismo expressionista.

A partição deleuziana da imagem-movimento e da imagem-tempo não escapa a este círculo geral da teoria modernista. Mas a relação entre a classificação das imagens e a historicidade da ruptura ganhe nela uma figura bem mais complexa e levanta um problema ainda mais radical. De facto, com Deleuze, já não se trata simplesmente de fazer concordar uma história da arte e uma história geral; já que nas suas teorias não existe, propriamente dito, nem história da arte nem história geral. Para ele, toda a história é «história natural». A «passagem» de um tipo de imagem para outro está suspensa num episódio, a «ruptura do elo sensoriomotor», definido no interior de uma história natural das imagens de cariz ontológico e cosmológico. Como pensar, então, a coincidência entre a lógica dessa história natural, o desenvolvimento das formas de uma arte e o corte «histórico» marcado por uma guerra?

O próprio Deleuze alerta-nos neste sentido: apesar de o seu livro falar de cineastas e de filmes, apesar de começar pelo lado de Griffith, Vertov e Eisenstein para terminar do lado de Godard, Straub ou Syberberg, não é uma história do cinema. É um «ensaio de classificação dos signos» à maneira da história natural. Mas o que é um signo para Deleuze? Ele define-o assim: os signos são «os traços de expressão que compõem as imagens e não param de as recriar, transportados ou carregados pela matéria em movimento»[2]. Logo, os signos são componentes das imagens, os seus elementos genéticos. O que é então uma imagem? Uma imagem não é nem aquilo que vemos nem um duplo das coisas formadas pelo nosso espírito. Deleuze inscreve a sua reflexão no prolongamento da

—

2 *L'Image-temps*, Paris, Éditions de Minuit, 1983, p. 49. [Trad port.: Gilles Deleuze, *A Imagem-Tempo: Cinema 2*, intr. e trad. Rafael Godinho, Assírio & Alvim, Lisboa, 2006.]

revolução filosófica que o pensamento de Bergson representada para ele. Ora, em que consiste o princípio dessa revolução? Consiste em abolir a oposição entre o mundo físico do movimento e o mundo psicológico da imagem. As imagens não são os duplos das coisas, são as coisas em si mesmas, o «conjunto do que aparece», ou seja, o conjunto do que é. Deleuze, depois de Bergson, definirá então a imagem como se segue: «o caminho pelo qual passam em todos os sentidos as modificações que se propagam na imensidão do universo»[3].

As imagens são, pois, propriamente, as coisas do mundo. Deve retirar-se daqui uma consequência lógica: o cinema não é o nome de uma arte. É o nome do mundo. A «classificação dos signos» é uma teoria dos elementos, uma história natural das combinações dos entes. Esta «filosofia do cinema» ganha assim uma forma paradoxal. O cinema é geralmente considerado como uma arte que inventa imagens e encadeamentos visuais. Ora, este livro afirma uma tese radical. Não é o olhar, nem a imaginação, nem a arte quem constitui as imagens. A imagem não tem de ser constituída, pois existe em si mesma. Não é uma representação do espírito, é matéria-luz em movimento. O rosto que olha e o cérebro que concebe formas são, ao invés, um ecrã negro que interrompe o movimento, em todas as direcções, das imagens. A matéria é olho, a imagem é luz, a luz é consciência.

—

3 *L' Image-mouvement*, Paris, Éditions de Minuit, 1983, p. 86. [Trad. port.: Gilles Deleuze, *A Imagem-Movimento: Cinema 1*, intr. e trad. Rafael Godinho, Assírio & Alvim, Lisboa, 2004.]

Poderíamos concluir que Deleuze não fala minimamente da arte cinematográfica e que os seus dois volumes acerca das imagens são uma espécie de filosofia da natureza. As imagens do cinema são neles tratadas como acontecimentos e agenciamentos da matéria luminosa. Um tipo de enquadramento, um jogo de sombras e luz, um modo de encadeamento dos planos seriam então outras tantas metamorfoses dos elementos ou «sonhos da matéria», no sentido de Gaston Bachelard. Ora, não é nada disto. Esta história natural das imagens em movimento apresenta-se-nos como a história de um certo número de operações e de combinações individualizadas atribuíveis a cineastas, escolas, épocas. Olhemos, por exemplo, para o capítulo que Deleuze dedica à primeira grande forma da imagem-movimento, a imagem-percepção, e, nesse capítulo, para a análise feita da teoria do cinema-olho de Dziga Vertov. Deleuze diz-nos isto a seu respeito: «O que a montagem faz, segundo Vertov, é transportar a percepção para dentro das coisas, é pôr a percepção dentro da matéria de um modo tal que qualquer ponto no espaço possa perceber por si mesmo todos os pontos sobre os quais age ou que agem sobre si, tão longe quanto estas acções e reacções possam estender-se»[4]. Esta frase coloca dois problemas. Podemos, desde logo, perguntar se foi mesmo isto que Vertov quis fazer. Objectaremos de bom grado que a sua câmara se coíbe de pôr a percepção dentro das coisas, que, pelo contrário, pretende conservá-la em seu proveito

—

4 Idem., p. 117.

e juntar todos os pontos do espaço no centro por si constituído. E sublinharemos a maneira como toda a imagem, em *O Homem da Câmara de Filmar*, é reenviada para a representação insistente do operador omnipresente com o seu olho-máquina e da montadora cujas meras operações dão vida às imagens inertes em si mesmas. Mas, se aceitarmos a tese de Deleuze, o paradoxo torna-se ainda mais radical: Vertov, diz-nos ele, «transporta a percepção para dentro das coisas». Mas por que motivo será preciso fazê--lo? O ponto de partida de Deleuze não era, precisamente, que ela sempre esteve ali, que são as coisas que percebem e que estas estão em infinita relação umas com as outras? A definição de montagem parece então paradoxal: esta dá às imagens, aos acontecimentos da matéria-luz, propriedades que já lhes pertenciam.

A resposta a esta questão parece-me ser dupla. E tal dualidade corresponde a uma tensão constante do pensamento de Deleuze. Por um lado, as propriedades perceptivas das imagens são meras potencialidades. A percepção, que se encontra no estado de virtualidade «dentro das coisas», deve ser extraída delas. Tem de ser arrancada das relações de causa e efeito segundo as quais as coisas remetem umas para as outras. Para lá da ordem dos estados dos corpos e das relações de causa e efeito, de acção e reacção, que marcam as suas relações, o artista institui um plano de imanência onde os acontecimentos, que são efeitos incorporais, se separam dos corpos e se compõem num espaço próprio. Acima do tempo cronológico das causas que agem nos corpos, ele institui um outro tempo, ao qual Deleuze dá o nome grego de *aion*: o tempo dos acontecimentos puros. O que a arte faz, em geral, e a montagem cinematográfica, em particular, é arrancar aos estados dos corpos as suas qualidades intensivas, as suas potencialidades que descrevem apenas os acontecimentos. É, designadamente, o que se encontra desenvolvido no capítulo da «imagem-afecção» com a teoria dos «espaços quaisquer». O cineasta arranca aos relatos e às personagens uma ordem de acontecimentos puros, de qualidades puras separadas dos estados dos corpos: por exemplo, no homicídio de Lulu, em Pabst, o brilho da luz na faca, a lâmina da faca, o terror de Jack, o «enternecimento» de Lulu. Ele isola-os e constitui-lhes um espaço próprio, subtraído das orientações e das conexões da história e, em geral, fazendo-o da maneira como construímos o espaço comum das nossas percepções orientadas e das nossas deslocações finalizadas.

Aqui surge a segunda razão do paradoxo. Num sentido, é apenas uma outra maneira de dizer a mesma coisa. Mas esta outra maneira induz uma lógica bem diferente. Se é preciso dar às coisas uma potência perceptiva que elas já «tinham», é porque a perderam. E se a perderam foi por uma razão bem precisa: foi porque a fosforescência das imagens do mundo e os seus movimentos em todas as direcções foram interrompidos por esta imagem opaca, chamada cérebro humano. Ele confiscou em favor próprio o intervalo entre acção e reacção. A partir de tal intervalo instituiu-se como centro do mundo. Constituiu um mundo de imagens para uso próprio: um universo de informações à sua disposição, de onde constrói os seus esquemas motores, orienta os seus movimentos e faz do mundo físico uma imensa maquinaria de causas e efeitos que deverão tornar-se meios para os seus próprios fins. Se a montagem tem de colocar a percepção dentro das coisas, é porque ela é uma operação de restituição. O trabalho voluntário da arte devolve aos acontecimentos da matéria sensível as potencialidades que o cérebro humano lhes retirou, para constituir um universo sensoriomotor adaptado às suas necessidades e submisso à sua vontade. Há, então, algo emblemático para que Dziga Vertov, o representante da grande vontade soviética e construtivista de reagenciamento total do universo material ao serviço dos fins do homem, seja simbolicamente afectado por Deleuze à tarefa inversa: recolocar a percepção dentro das coisas, constituir uma «ordem» da arte que devolva o mundo à sua desordem essencial. É desta maneira que a história natural das imagens pode ganhar a figura de uma história da arte que abstrai, por via do seu trabalho, as potencialidades puras da matéria sensível. Mas tal história da arte cinematográfica é também uma história de redenção. O trabalho da arte em geral desfaz o trabalho comum do cérebro humano, desta imagem particular que se instituiu no centro do universo das imagens. A pretensa «classificação» das imagens do cinema é na realidade a história de uma restituição das imagens-mundo a si mesmas. É uma história de redenção.

Daí a complexidade da noção de imagem em Deleuze e desta história do cinema que não o é. Tal complexidade revela-se assim que nos debruçamos sobre as análises que

sustentam a tese e os exemplos que a ilustram. A imagem-
-tempo situa-se para lá da ruptura do «esquema sensoriomotor». Porém, não estarão as suas propriedades já
presentes na constituição da imagem-movimento, muito
particularmente no trabalho da imagem-afecção que constitui uma ordem de acontecimentos puros ao separar as
qualidades intensivas dos estados dos corpos? A imagem-
-tempo arruína a narração tradicional ao expulsar todas
as formas convencionadas da relação entre situação narrativa e expressão emocional, para libertar puras potencialidades carregadas pelos rostos e pelos gestos. Mas esta
potência do virtual, própria da imagem-tempo, encontra-
-se, à partida, dada no trabalho da imagem-afecção, que
liberta qualidades puras e que as compõe naquilo que
Deleuze designa por «espaços quaisquer», espaços que
perderam os caracteres do espaço orientado pelas nossas
vontades. De idêntica maneira, os mesmos exemplos servem para ilustrar a constituição dos espaços quaisquer da
imagem-afecção e a das situações ópticas e sonoras puras
do espaço-tempo. Olhemos para o caso de um representante exemplar da «modernidade» cinematográfica, que
é também um teórico notável da autonomia da arte cinematográfica, Robert Bresson. Este aparece em dois lugares
significativos na análise de Deleuze. No capítulo da imagem-afecção, a sua maneira de constituir os espaços quaisquer é oposta à de Dreyer. Enquanto Dryer precisava dos
grandes planos de Joana d'Arc e dos seus juízes para libertar
as potencialidades intensivas da imagem, Bresson colo-
cava essas potencialidades no próprio espaço, nas manei-

ras de o alinhar, de reposicionar as relações do óptico e do táctil. A análise do cinema de Bresson operava, em suma, uma demonstração análoga à que foi feita a propósito de Vertov: o trabalho de restituição à imagem das suas potencialidades é já operativo em todas as componentes da imagem-movimento. Ora, a análise dedicada a Bresson, em *A Imagem-Tempo*, com o título «O pensamento e o cinema», retoma, no essencial, os termos da passagem dedicada a Bresson com referência à imagem-afecção. São, de facto, as mesmas imagens que estão em análise, no livro I, enquanto componentes da imagem-movimento e, no livro II, como princípios constitutivos da imagem-tempo. Parece, assim, ser impossível separar, no cineasta exemplar da «imagem-tempo», as «imagens-tempo» dotadas de propriedades opostas às das «imagens-movimento».

Facilmente concluiríamos que a imagem-movimento e a imagem-tempo não são de modo algum dois tipos de imagens opostas, correspondentes a duas idades do cinema, mas antes dois pontos de vista acerca da imagem. Ainda que se trate aqui de cineastas e de filmes, *A Imagem-Movimento* analisa as formas da arte cinematográfica enquanto acontecimentos da matéria-imagem. Ainda que recupere as análises de *A Imagem-Movimento*, *A Imagem-Tempo* analisa essas formas enquanto formas do pensamento-imagem. A passagem de um livro para o outro não definiria a passagem de um tipo e de uma idade da imagem cinematográfica para outra, mas sim da passagem para um outro ponto de vista acerca das mesmas imagens. Entre a imagem-afecção, forma da imagem-movimento, e o «opsigno», forma originária da imagem-tempo, não passamos de uma família de imagens a outra, mas antes de uma margem a outra das mesmas imagens, da imagem como matéria à imagem como forma. Passaríamos, em suma, das imagens enquanto elementos de uma filosofia da natureza às imagens enquanto elementos de uma filosofia do espírito. Filosofia da natureza, *A Imagem-Movimento* insere-nos, por via da especificidade das imagens cinematográficas, no infinito caótico das metamorfoses da matéria-luz. Filosofia do espírito, *A Imagem-Tempo* mostra-nos, através das operações da arte cinematográfica, a maneira como o pensamento desdobra uma potência inerente à medida desse caos. De facto, o destino do cinema – e do pensamento – não consiste em perder-se, de acordo com um qualquer «dionisismo» simplificador, na infinita entreexpressividade das imagens-matéria--luz. Consiste em juntar-se a ela na ordem da sua própria infinidade. Tal infinidade é a do infinitamente pequeno que se equipara ao infinitamente grande. Este encontra a sua expressão exemplar em a «imagem-cristal», no cristal do pensamento-imagem que conecta a imagem actual com a imagem virtual, que as diferencia na sua indiscernibilidade própria, que é também a indiscernibilidade do real e do imaginário. O trabalho do pensamento consiste em devolver ao todo a potência do intervalo confiscada pelo cérebro/ecrã. E devolver o intervalo ao todo é criar um outro todo a partir de uma outra potência do intervalo. Ao intervalo-ecrã, que detém a entreexpressividade das imagens impondo a sua lei ao livre movimento destas, opõe-se o cristal-intervalo, germe que «insemina o oceano» – entendamos, mais sobriamente, que cria uma nova totalidade, um todo dos intervalos, dos cristais solitariamente expressivos que nascem do vazio e nele tornam a cair. Segundo Deleuze, as categorias próprias da imagem-tempo – falso encadeamento, falso movimento, corte irracional–, mais do que designarem operações identificáveis separando duas famílias de imagens, marcariam a maneira como o pensamento se iguala ao caos que o provoca. E a «ruptura do elo sensoriomotor», processo inencontrável numa história natural das imagens, exprimiria, com efeito, esta relação de correspondência entre o infinito – o caos – da matéria-imagem e o infinito – o caos – inerente ao pensamento-imagem. A distinção das duas imagens seria propriamente transcendental e não corresponderia a nenhuma ruptura identificável na história natural das imagens ou na história dos acontecimentos humanos e das formas da arte. As mesmas imagens – de Dryer ou de Bresson, de Eisenstein ou de Godard – são analisáveis em termos de imagem-afecção ou de opsigno, de descrição orgânica ou de descrição cristalina.

Este ponto de vista seria amplamente justificado. Porém, Deleuze proíbe-o. É certo, diz-nos, que a imagem--movimento constituía já um todo aberto da imagem. Mas esse todo era ainda regido por uma lógica de associação e de atracção entre as imagens, cuja concepção tem por base o modelo da acção e da reacção. Em contrapartida, na imagem-tempo e no cinema moderno, cada imagem sai efectivamente do vazio e torna a cair nele, de tal maneira que é agora o interstício, a separação entre as imagens, quem tem o papel decisivo. Não existem apenas dois pontos de vista acerca das mesmas imagens. Existem, de facto, duas lógicas da imagem que correspondem a duas idades do cinema. Entre as duas, há uma crise identificável da imagem-acção, uma ruptura do elo sensoriomotor. E esta crise está ligada à Segunda Guerra Mundial e ao aparecimento concreto, entre as ruínas da guerra e o desespero dos vencidos, de espaços desconectados e de personagens sujeitas a situações para as quais não têm reacção.

Esta historicização declarada relança, como é evidente, o paradoxo inicial: como pode uma classificação entre tipos de signos ser cortada ao meio por um acontecimento histórico exterior? Pode a «história», tomada como um dado inicial no começo de *A Imagem-Tempo*, fazer outra coisa que não seja sancionar uma crise interna da imagem-movimento: uma ruptura interna no movimento das imagens, em si indiferente às perturbações do tempo e aos horrores da guerra? É, de facto, este tipo de crise que Deleuze encena no último capítulo de *A Imagem--Movimento*. O ponto forte de tal dramaturgia situa-se na análise do cinema de Hitchcock. Se Hitchcock fornece um exemplo privilegiado é porque o seu cinema resume, de certo modo, toda a génese da imagem-movimento. Ele integra todas as suas componentes: os jogos de sombra e de luz, formados na escola da imagem-percepção, aprimorada pelo expressionismo alemão; a constituição de espaços quaisquer onde as qualidades puras (por exemplo, o branco de um copo de leite, em *Suspeita*, ou de um campo nevado, em *A Casa Encantada*), constituem um plano dos acontecimentos; a imersão desses espaços quaisquer em situações determinadas; a constituição de um grande esquema de acção fundada no enlaçamento acção/situação/acção. A integração de todos estes elementos define aquilo que Deleuze chama «imagens mentais»: Hitchcock, diz-nos o filósofo, filma relações. O objecto do seu cinema são os grandes jogos de equilíbrio e desequilíbrio que se constroem em torno de algumas relações paradigmáticas, como a relação inocente/culpado ou a dramaturgia da troca dos crimes. Este cinema assinala, pois, um termo da constituição da imagem-movimento: uma integração de todos os seus elementos. Mas, segundo a lógica do trabalho da arte, tal cumprimento deveria também significar o termo desse movimento de restituição das potencialidades intensivas à imagem-matéria, que se opera através de cada um destes tipos de imagens cinematográficas. Ora, este cumprimento é-nos apresentado por Deleuze como um esgotamento. O coroamento da imagem-movimento é também o momento da sua entrada em crise, em que o esquema que ligava situação e reacção se quebra, reenviando-nos para um mundo de sensações ópticas e sonoras puras. Mas como se manifesta tal ruptura? Na análise de Deleuze, é feita através de situações de paralisia, de inibição motriz: em *Janela Indiscreta*, Jeff, o caçador de imagens encarnado por James Stewart, encontra-se atingido por uma paralisia motora: com a perna engessada, só lhe resta ser *voyeur* daquilo que se passa do outro lado do pátio. Em *A Mulher Que Viveu Duas Vezes*, o detective Scottie, encarnado pelo mesmo James Stewart, vê-se paralisado pela vertigem, incapaz de seguir o bandido que persegue sobre os telhados ou de subir ao alto da torre onde se perpetua um crime disfarçado de suicídio. Em *O Falso Culpado*, a mulher do falso culpado, encarnada por Vera Miles, ensombra-se numa psicose. A bela mecânica da imagem-acção desemboca, assim, nestas situações de ruptura sensoriomotora que põem em crise a lógica da imagem-movimento[5].

À primeira vista, esta análise é estranha. A «paralisia» dessas personagens define, com efeito, um dado ficcional, uma situação narrativa. E não se vê em que medida as suas dificuldades motoras ou psicomotoras podem impedir as imagens de se encadearem, e a acção, de avançar. O facto de Scottie ter vertigens em nada afecta a câmara que, ao invés de estagnar, encontra aqui a ocasião para realizar um efeito espectacular ao mostrar-nos James Stewart pendurado num algeroz acima de um abismo vertiginoso. A imagem, diz-nos Deleuze, perdeu o seu «prolongamento motor». Mas o prolongamento motor da imagem de Scottie suspenso no vazio não é uma imagem de Scottie a efectuar um restabelecimento para se içar de novo até ao telhado. É uma imagem que encadeia esse acontecimento com a sua sequência ficcional, no plano seguinte, que nos mostra um Scottie resgatado, mas sobretudo com a grande maquinação – narrativa e visual

---

5 Cf. *L'Image-mouvement*, op. cit., pp. 270-277.

– engendrada pela sua incapacidade revelada: Scottie vai ser manipulado na preparação de um falso suicídio que é um verdadeiro crime. A vertigem de Scottie em nada atrapalha, antes favorece o jogo das relações mentais e das situações «sensoriomotoras» que irão desenvolver--se em torno de questões como esta: quem é a mulher que Scottie está encarregue de vigiar? Qual é a mulher que cai do campanário? E como cai ela: suicídio ou assassínio? A lógica da imagem-movimento não está minimamente paralisada pelos dados ficcionais. É então preciso considerar que tal paralisia é simbólica, que as situações ficcionais de paralisia são tratadas por Deleuze como simples alegorias que servem de emblema à ruptura da imagem--acção e ao seu princípio: a ruptura do elo sensoriomotor. Mas se é preciso alegorizar esta ruptura sob a forma de emblemas ficcionais, não será por ela ser inencontrável enquanto diferença efectiva entre tipos de imagem? Não será porque o teórico do cinema precisa de encontrar uma encarnação visível para uma ruptura puramente ideal? A imagem-movimento está «em crise», porque o pensador precisa que ela esteja em crise.

E porquê esta necessidade? Porque a passagem do infinito da matéria-imagem ao infinito do pensamento-imagem é também uma história de redenção. E essa redenção é sempre contrariada. O cineasta devolve a percepção às imagens ao arrancá-las dos estados dos corpos e ao colocá--las no plano puro dos acontecimentos. Confere-lhes assim um encadeamento-em-pensamento. Mas este encadeamento-em-pensamento é sempre, simultaneamente, uma reimposição da lógica do ecrã opaco, da imagem central que detém o movimento das demais em todas as direcções e que as reordena a partir de si mesma. O trabalho de restituição é sempre um movimento de nova captura. Deleuze quer, então, «paralisar» esta lógica do encadeamento mental das imagens, nem que para isso tenha de dar uma existência autónoma às propriedades fictícias dos seres de ficção. É por isso que Deleuze aplica tal tratamento ao cineasta manipulador por excelência, ao criador que concebe um filme como uma estrita composição de imagens dadas para orientar – e desorientar – os afectos do espectador. Ele vira contra Hitchcock a paralisia ficcional que o pensamento manipulador do cineasta impõe às suas personagens para os seus próprios fins expressivos. Virar significa transformá-la conceptualmente numa paralisia real. Significativamente, é a mesma operação que Godard pratica sobre as imagens do mesmo Hitchcock quando, em *História(s) do Cinema*, ele retira dos encadeamentos dramáticos ficcionais do cineasta uns planos de objectos – o copo de leite de *Suspeita*, as garrafas de vinho de *O Desconhecido do Norte-Expresso*, que transforma em naturezas-mortas, em ícones auto-suficientes. Por vias diferentes, Deleuze e Godard empenham-se na mesma tarefa: paralisar o cinema de Hitchcock, isolar-lhe as imagens, transformar-lhe os agenciamentos dramáticos em momentos de passividade. E por via de Hitchcock, ambos se dedicam, de maneira mais global, a «passivizar» de certo o cinema, a arrancá-lo ao despotismo do realizador para devolvê-lo, em Deleuze, ao caos da matéria-imagem ou, em Godard, à impressão das coisas num ecrã transformado em véu de Verónica.

Aqui, não só se alcança o âmago da relação singular de Deleuze com o cinema como, mais profundamente ainda, o cerne do problema que o cinema coloca ao pensamento, em razão do lugar muito particular que este ocupa naquilo a que se chama modernidade artística – e que eu prefiro chamar regime estético da arte. O que este último opõe ao regime representativo clássico é, com efeito, uma ideia diferente do pensamento que intervém na arte. No regime representativo, o trabalho da arte é pensado no modelo da forma activa que se impõe à matéria inerte para a submeter aos fins da representação. No regime estético, esta ideia da imposição voluntária de uma forma a uma matéria é recusada. A potência da obra identificar-se-á doravante com uma identidade dos contrários: identidade do activo e do passivo, do pensamento e do não-pensamento, do intencional e do inintencional. Um pouco atrás, evoquei o projecto flaubertiano que resume de modo mais abrupto esta ideia. O romancista propõe-se fazer uma obra que não assente em nada, além de si mesma, isto é, o estilo do escritor, liberto de qualquer tema, de qualquer matéria, afirmando o seu poder único e absolutizado. Mas o que deve produzir esse estilo soberano? Uma obra liberta de qualquer marca da intervenção do escritor, que possua a indiferença, a passividade absoluta das coisas sem vontade nem significação. Não é simplesmente uma ideologia de artista que aqui se exprime. É um regime de pensamento da arte que exprime também uma ideia do pensamento. Esta já não é a faculdade de imprimir a própria vontade nos seus objectos, mas antes de se igualar ao seu contrário. Tal igualdade dos contrários era, no tempo de Hegel, a potência apolínea da ideia que sai de si mesma para se tornar na luz do quadro ou no sorriso do deus de pedra. Pelo contrário, de Nietzsche a Deleuze, esta faculdade tornou-se na potência dionisíaca pela qual o pensamento abdica dos atributos da vontade, se perde na pedra, na cor ou na língua e iguala a sua manifestação activa ao caos das coisas.

Já vimos o paradoxo do cinema a respeito desta ideia da arte e do pensamento. O cinema é, pelo seu dispositivo material, a incarnação literal dessa unidade dos contrários, a união do olho passivo e automático da câmara com o olho consciente do cineasta. Os teóricos dos anos 20 do século XX apoiaram-se nesta tese para fazer dela a nova arte, idêntica a uma língua própria, ao mesmo tempo natural e construída, das imagens. Mas não se aperceberam de que a própria automaticidade da passividade cinematográfica perturbava a equação estética. Ao contrário do romancista ou do pintor, que é ele próprio agente do seu devir-passivo, a câmara não pode não ser passiva. A identidade dos passivos é dada de antemão, logo, está perdida de antemão. O olho do realizador que dirige o olho mecânico destina desde logo o seu «trabalho» ao estado desses trechos inertes de celulóide, aos quais só o trabalho da montagem dará vida. Este duplo domínio é, de resto, o que Deleuze teoriza na ideia do esquema sensoriomotor: graças ao dispositivo mecânico, a identidade do activo e do passivo torna-se omnipotência de um espírito que coordena o trabalho de um olho soberano e de uma mão soberana. Reinstaura-se de novo, pois, a velha lógica da forma que modela a matéria. Em última instância, o olho do cineasta não precisa de olhar através da objectiva da câmara. Ora, tal limite foi precedentemente atingido por um cineasta. Hitchcock gaba-se de nunca olhar pela câmara. O filme está «dentro da sua cabeça»: os afectos puros extraídos dos estados das coisas são de antemão determinados como afectos funcionais destinados a produzir o espanto ou a angústia do espectador. Hitchcock encarna uma certa lógica do cinema que modifica por completo a identidade estética do passivo e do activo para fazer dela a soberania de um cérebro central. É por isso que Deleuze o põe em cena, no final de *A Imagem-Movimento*, na posição do demiurgo vencido pelo autómata por ele criado e, por sua vez, afectado pela paralisia que lhe havia conferido.

A ruptura do «esquema sensoriomotor» não se produz em nenhum lugar como processo designável por caracteres precisos na constituição de um plano ou na relação de dois planos. O gesto que liberta as potencialidades, de facto, encadeia-as sempre de novo. A ruptura está ainda por vir, como um suplemento de intervenção que é ao mesmo tempo um suplemento de desapropriação. Um dos primeiros exemplos da imagem-cristal é significativo a este respeito. Deleuze retira-o do filme de Tod Browning, *The Unknown*[6]. Ora, é muito difícil designar,

---

6 *L'Image-temps*, op. cit., p. 97.

nos planos ou *raccords* deste filme, traços que assinalem a ruptura do encadeamento sensoriomotor, a infinitização do intervalo e a cristalização do virtual e do actual. Toda a análise de Deleuze assenta no conteúdo alegórico da fábula. Com efeito, o herói do filme é um homem sem braços que executa um número de circo: lança punhais com os pés. Tal enfermidade permite-lhe, ao mesmo tempo, gozar da intimidade da artista equestre do circo, que não suporta as mãos dos homens. Mas não tardamos muito a descobrir qual é o problema: a enfermidade é simulada. Foi para se esconder da polícia que o herói adoptou esta identidade. Temendo que a cavaleira se aperceba e que o abandone, ele acaba por tomar uma decisão radical: faz amputar os braços. A história irá acabar muito mal para ele, uma vez que os preconceitos da mulher irão desaparecer entre os braços do fortalhaço do circo. Mas o importante, para nós, não reside na infelicidade do herói. Reside na alegoria constituída por esta forma radical de «ruptura do elo sensoriomotor». Se *The Unknown* emblematiza a imagem-cristal, figura exemplar da imagem-tempo, não é por via de alguma propriedade dos seus planos e dos seus *raccords*. É porque alegoriza uma ideia do trabalho da arte como cirurgia do pensamento: o pensamento criador deve automutilar-se sempre, arrancar os braços, para contrariar a lógica segundo a qual arrebate incessantemente às imagens do mundo a liberdade que lhes restitui. Retirar braços significa desfazer a coordenação do olho, que mantém o visível à sua disposição, e da mão, que coordena as visibilidades, sob o poder de um cérebro que impõe a sua lógica centralizadora. Deleuze subverte a velha fábula do cego e do paralítico: o olhar do cineasta deve tornar-se táctil, deve identificar-se com um olhar de cego que tacteia para coordenar os elementos do mundo visível. E, inversamente, a mão que coordena deverá ser uma mão de paralítico. Deve ser afectada pela paralisia do olhar que só pode tocar as coisas à distância sem nunca as agarrar.

A oposição da imagem-movimento e da imagem-tempo é, assim, uma ruptura fictícia. A sua relação é, antes, a de uma espiral infinita. A actividade da arte deve sempre tornar-se passividade para, uma vez alcançada essa passividade, ser novamente contrariada. Se Bresson se encontra ao mesmo tempo na análise da imagem-afecção e entre os heróis da imagem-tempo é porque o seu cinema encarna mais do que tudo esta dialéctica que está no âmago dos livros de Deleuze, porque encarna, mais profundamente, uma forma radical do paradoxo cinematográfico. De facto, o cinema bressoniano é constituído por um duplo encontro entre o activo e o passivo, o voluntário e o involuntário. O primeiro liga a vontade soberana do cineasta a estes corpos filmados, que ele chama modelos, para os opor à tradição do actor. O modelo aparece, primeiro, como um corpo inteiramente submetido à vontade do autor. Este pede-lhe que reproduza as palavras e os gestos que lhe indica, sem nunca desempenhar, sem nunca encarnar o «personagem», como faz o actor tradicional. O modelo deve comportar-se como um autómato e reproduzir, num tom uniforme, as palavras que lhes são ensinadas. Mas a lógica do autómato inverte-se então: é na reprodução mecânica, sem consciência, das palavras e dos gestos ditados pelo cineasta que o modelo irá habitá-los com a sua própria verdade interior, que lhes dará uma verdade que ele próprio ignorava. Mas tal verdade era ainda mais desconhecida do cineasta, e os gestos e as palavras por ele tiranicamente impostos ao modelo produzirão então um filme que ele não podia prever e que poderá ir contra aquilo que havia programado. O autómato, diz Deleuze, manifesta o impensável no pensamento: no pensamento em geral, mas, antes de mais, no seu próprio e, sobretudo, no do cineasta. É este o primeiro encontro entre a vontade e o acaso. Mas há o segundo encontro: essa verdade que o modelo manifesta, sem saber e sem que o cineasta saiba, vai escapar-lhe de novo. E não se encontra na imagem que ofereceu à câmara. Está no agenciamento das imagens que a montagem irá realizar. Aquilo que o modelo forneceu é tão-só a «substância» do filme, uma matéria primeira análoga ao espectáculo do visível perante o pintor: «pedaços de natureza», diz Bresson. O trabalho da arte consiste em coordenar esses pedaços de natureza para exprimir a sua verdade, para lhes dar vida à maneira das flores japonesas[7].

Desta feita, o intervalo entre aquilo que o olho mecânico devia captar e aquilo que efectivamente captou encontra-se conjurado e parece perder-se na igualdade indiferente dos «pedaços de natureza» que o artista deve juntar. Não

---

7   Robert Bresson, *Notes sur le cinématographe*, Paris, Gallimard, col. «Folio», 1988.

será isto então, mais uma vez, a repetição da velha tirania da forma intencional sobre a matéria passiva? Esta questão subtende as análises que Deleuze dedica a Bresson. Ele coloca no seio de tais análises a questão da «mão» que emblematiza o trabalho da montagem, isto é, a relação da vontade artística com o movimento autónomo das imagens. Bresson, diz-nos ele, constrói um espaço «háptico», um espaço do toque, subtraído ao imperialismo óptico, um espaço fragmentado cujas partes se ajustam «à mão» por tacteamento. A montagem é a obra de uma mão que toca, não de uma mão que agarra. E dá um exemplo, alegórico, mais uma vez, ao falar de uma cena de *O Carteirista*, onde o espaço é construído pelas mãos dos carteiristas passando o dinheiro roubado entre si. Mas essas mãos, diz-nos, não agarram, apenas tocam, afloram o objecto do roubo[8]. Tais carteiristas que não agarram o que roubam, contentando--se em tocar para encadear um espaço não orientado, são, evidentemente, familiares desse falso amputado que se transformava num verdadeiro enfermo. Mas é, decerto, *Peregrinação Exemplar* que melhor ilustra esta dialéctica. Porque o filme não é mais do que uma longa história de mãos. Isto começa no primeiro plano, com as mãos da menina que tocam no burrico para logo se transformarem em mãos que agarram e conduzem esse burrico que as duas crianças querem transformar num brinquedo seu. Depois, continua com as mãos da criança que baptizam o burro de Balthazar e com aquelas que carregam o burro, que lhe batem ou o

—

8 *L'Image-temps*, op. cit., p. 22.

chicoteiam. E o burro é, antes de mais nada, o símbolo da passividade. É o animal quem recebe os golpes. E é isso que fará Balthazar até àquele disparo que irá matá-lo no final do filme, num caso de contrabando que dá para o torto. Entretanto, um outro jogo de mãos terá sido instaurado: o jogo do desejo do rufia Gérard que quer a jovem Marie, da mesma maneira que as duas crianças quiseram o burro, e que prossegue a sua caçada numa perfeita coordenação do olho e da mão. A sua mão aproveita-se da noite para se apoderar da mão de Marie pousada no banco do jardim. Mais tarde, desligará a ignição do carro da rapariga para o imobilizar e fazer-lhe sentir o poder do olhar que a subjuga de antemão, antes mesmo que essa mesma mão avance até ao seu peito e em torno do pescoço. Mais tarde, haverá a mão esbofeteadora que obrigará Marie, revoltada, a reconhecer o seu amo, e então a mão do moleiro que virá colocar-se sobre a de Marie para lhe mostrar novamente a sua dependência.

Assim, o filme é todo ele uma história de duas presas, o burro e a rapariga, à mercê daqueles que afirmam o seu poder na coordenação do olhar e da mão. Como, então, não ver nele uma alegoria à maneira de Deleuze? Gérard, o rufia, é, em suma, o perfeito realizador hitchcockiano. Tal como ele, passa o seu tempo a instalar armadilhas, quer para provocar acidentes, ao derramar óleo no asfalto, quer para deter o carro de Marie, servindo-se de Balthazar como isco, ou para transformar o vagabundo Arsène em assassino, levando-o a crer que os guardas vieram prendê--lo, passando-lhe uma pistola para a mão. Incessantemente, dispõe, com as suas mãos e as suas palavras, de uma certa visibilidade que deverá produzir os movimentos desejados e permitir novos gestos de captura. Gérard é, assim, a alegoria do «mau» cineasta, aquele que impõe ao visível a lei da sua vontade. Mas o paradoxo é, evidentemente, que este mau cineasta se parece estranhamente com o bom. À mãe de Gérard, que lhe pergunta o que ela consegue ver nele, Marie responde: «Alguém sabe porque se ama? Ele diz-me, *vem*. Eu vou. *Faz isto!* Eu faço». Mas a igualdade do tom com que o «modelo», Anne Wiazemsky, pronuncia tais palavras acusa o parentesco entre o poder do caçador Gérard e o do realizador Bresson. Também este diz aos seus modelos: *Digam isto*, e eles dizem. *Façam isto*, e eles fazem. A diferença, dir-se-á, é que Anne Wiazemsky, ao fazer o que Bresson quer, faz também algo de diferente daquilo que ele quer – produz uma verdade inesperada que o contraria. E a encenação das armadilhas do realizador Gérard feita por Bresson deve fazer a diferença entre as duas «encenações». Mas tal diferença ocorre sempre no limite do indiscernível. E esta indiscernibilidade é um caso de mãos. Bresson, diz-nos Deleuze, constrói espaços «hápticos», ajustados à mão. Designa assim a fragmentação dos planos característicos do cinema de Bresson. Deseja ver neles a potência do interstício que separa os planos e lhes insere vazio no meio, contra o poder dos encadeamentos «sensoriomotores». Mas esta oposição entre duas lógicas contrárias é quase indiscernível na prática. Bresson serve-se de planos visualmente fragmentados e de *raccords* que constituem elipses. Mostra-nos, voluntariamente, partes de corpos: mãos que tocam o ventre de um burrico, braços que fazem o gesto do seu baptismo, uma mão que entorna um barril de óleo, a mesma mão que avança na sombra em direcção a uma mão pousada na luz. Mas a fragmentação dos corpos e dos planos é, em si mesma, um procedimento ambivalente. Deleuze vê nele a infinitização do intervalo que desorienta os espaços e separa as imagens. Mas pode-se ver nele o exacto contrário. A fragmentação é um meio de intensificar a coordenação visual e dramática: é com as mãos que se agarra, por isso, não há necessidade de representar o corpo inteiro. É com os pés que se caminha, por isso, é inútil representar as cabeças. O plano fragmentado é também um procedimento económico para centrar a acção no essencial, aquilo que, nas teorias clássicas da pintura, se designava por momento pregnante da história. A mão de Gérard pode ser reduzida a uma minúscula sombra negra que toca apenas a forma branca à qual se encontra reduzida a mão de Marie. Mas esta fragmentação vem apenas acentuar a «coordenação» implacável da sua caçada e do filme que a encena. Todo o filme funciona, assim, de acordo com uma diferença quase indiscernível entre a encenação do caçador voluntário e a do cineasta do involuntário. Do ponto de vista deleuziano, isto significa também uma quase-indiscernibilidade entre uma lógica da imagem-movimento e uma lógica da imagem-tempo, entre a montagem que orienta os espaços de acordo com o esquema «sensoriomotor» e aquela que os desorienta para que o produto do pensamento consciente se torne idêntico, em potência, ao livre desdobramento das potencialidades das imagens-mundo. A cinematografia de Bresson e a teoria deleuziana evidenciam a dialéctica constitutiva do cinema. É a arte que cumpre esta identidade primeira do pensamento e do não-pensamento que, por sua vez, define a imagem moderna da arte e do pensamento. Mas é também a arte que inverte o sentido de tal identidade para reinstaurar o cérebro humano na sua pretensão em tornar-se o centro do mundo e em colocar as coisas à sua disposição. Esta dialéctica fragiliza de antemão toda a vontade de distinguir, por via de traços discriminantes, dois tipos de imagem e de fixar assim a fronteira que separa um cinema clássico de um cinema moderno.

A queda dos corpos:
física de Rossellini

Manhã romana. Pina. «O começo», diz Aristóteles, «é a metade de tudo». Para Rossellini, esse começo, essa metade de tudo, é dado pelo nome de *Roma, Cidade Aberta*. É certo que não é o seu primeiro filme, e houve críticos que não se coibiram de relembrar a sua filmografia anterior, dedicada ao esforço de guerra da Itália fascista. Em contrapartida, *Roma* é o filme no qual se edifica o precário consenso entre o olhar marxista – sobretudo italiano –, atento à validade da representação do combate antifascista, e o olhar fenomenológico – principalmente francês –, atento ao enraizamento dos grandes temas políticos na restituição da verdade íntima dos corpos comuns. *Roma, Cidade Aberta* é, simultaneamente, o grande filme sobre a Resistência e o manifesto do neo-realismo, a epopeia dos que morreram sem falar, ancorada na representação da vida quotidiana, dos gestos e das entoações do povo autêntico. Pôde, assim, celebrar-se nele a exacta adequação entre um conteúdo político e uma forma artística, entre o combate histórico de um povo e o combate por uma representação verdadeira do povo. Porém, os nostálgicos que mais tarde oporiam a perfeição desta adequação às histórias mal cosidas, a despreocupação dos encadeamentos e os sermões católicos de *Stromboli* ou de *Viagem* *em Itália*, não parecem ter compreendido quanta inverosimilhança este manifesto realista continha e quanta ligeireza, também, era demonstrada por esses resistentes exemplares. Eis um chefe clandestino que mantém uma relação com uma dessas artistas de cabaré que vivem da liberalidade dos oficiais ocupantes. Quando lhe descobrem a morada, vai refugiar-se em casa de um dos seus companheiros de armas, num prédio onde um bando de garotos se exercita na preparação e manuseamento de explosivos, e assinala a sua mudança de domicílio a uma outra «artista» do mesmo gabarito. Eis um padre que lhe providencia documentos falsos enquanto acolhe um desertor da Wehrmacht. Nunca antes fora representado tão singular exército da sombra. Porém, se os protagonistas parecem tão inaptos para a vida clandestina, não é pelo seu carácter desprendido nem sequer por impaciência política. É antes o cineasta quem parece ser radicalmente impróprio ou indiferente para a representação da sombra. Mas a impaciência com que tais personagens, eminentemente razoáveis nos seus pensamentos e ponderados nos seus actos, se atiram para a boca do lobo não se limita a contradizer a imagem do filme político exemplar. Mas também não responde à imagem do cinema rosselliniano fixada por André Bazin – a da busca paciente, empenhada em captar o silêncio secreto dos seres e das coisas – nem à análise deleuziana de um cinema dos espaços desconectados e das situações ópticas e sonoras puras. Tão distante da consciência política marxista quanto da paciência fenomenológica de Bazin ou da sensorialidade pura de Deleuze, a precipitação com que as personagens se atiram para a armadilha traduz a vontade do cineasta em atirá-las o mais rapidamente possível para aquilo que lhe importa: o encontro dos elementos antagónicos, o puro choque dos extremos.

Não será, todavia, no martírio heróico do comunista ou do padre que encontraremos a ilustração exemplar desta pureza do encontro, desta queda que é um cumprimento. Sabemos que Rossellini gostava de dizer que construía os seus filmes para uma sequência, um plano, às vezes um gesto: a errância de Edmund nas ruas de Berlim, as caixas de estanho a caírem escada abaixo em *O Milagre*, os dois «pernilongos» anglo-saxónicos presos entre a multidão de minorcas napolitanos no final de *Viagem em Itália*. Claramente, a sequência para a qual o filme está construído é a da morte de Pina. Mas esta sequência é também assaz improvável: para se lançar loucamente em perseguição do camião que leva o seu namorado Francesco, Pina teve de forçar barreiras, soltar-se de braços que *visivelmente* deveriam tê-la retido. Nada a ver com a incapacidade deleuziana para responder a uma situação. Nada a ver, também, com a energia do desespero ou o são vigor convencionalmente acordado às mulheres do povo. Estamos antes perante uma criatura que rompe as suas correntes para se lançar para o lado onde o desejo do seu criador a chama. Separada agora da multidão buliçosa dos soldados alemães e dos habitantes do prédio, ocupa, sozinha, o centro da calçada, silhueta negra sobre uma grande mancha branca, inclinada na nossa direcção, na direcção da câmara, na direcção das espingardas, quase cómica com os seus gestos largos que parecem querer chamar a atenção de um condutor que arrancou, sem esperar pela sua passageira. E pensamos também nesses noivos em atraso, dos filmes cómicos, que se precipitam, meio despidos, para a igreja. E, de facto, nessa manhã, ela ia encontrar-se com Francesco no altar. Poucos cineastas resistiriam à tentação de reter – de perder – este maravilhoso *suspense* da imagem e do sentido por via de uma câmara lenta ou de uma imagem parada. Mas a arte de Rossellini não conhece essas cobardias. Tanto para a sua câmara como para as balas, já é tempo de parar com o *suspense*. Pina abate-se agora no branco da calçada como um grande pássaro, sobre o qual, como outros dois pássaros recortados pela mão de um pintor, vêem abater-se sucessivamente, sem que os guardas possam fazer nada, a criança que chora e o padre que quer aligeirar-lhe a dor. Nunca o peso dos corpos que caem e a absoluta ligeireza da graça se uniram melhor do que nesta curva muito suave onde toda a dor e toda a desordem são abolidas de antemão: linha que se fecha – Jacques Rivette falava outrora de arabescos ao evocar Matisse, o pintor dos pássaros recortados –, felicidade da imagem que condensa as relações e tensões do filme sem as simbolizar, sem as identificar com nada além do preto e do branco, cujas relações definem as imagens fílmicas. Não se entenda com isto que o pintor da Resistência trabalha pelo simples prazer «estético» do belo plano, que enlaça num gracioso arabesco a morte trágica da mãe e da mulher do povo. Para Rossellini, não há plano belo que não seja um momento de graça no sentido mais literal, no sentido paulino do termo, que não passe pelo absoluto consentimento ao encontro daquilo ou daquele que não se procurava. O que ele pretende marcar aqui é a concordância exacta entre um surgimento ético e um traçado estético. É, aquém de qualquer determinação política, o puro impulso original, a gratuidade ou generosidade absoluta dessa liberdade, pela qual o padre católico e o engenheiro comunista morrerão sem falar. Pina, aquela que nada sabe de discursos acerca do futuro radiante, avançou para a frente das espingardas, para a frente da câmara, para desenhar a curva exacta dessa liberdade. E será algo como a doçura recolhida da sua queda que se expressará no gesto infinitamente doce com o qual Don Pietro, segurando entre as mãos a cabeça de Manfredi morto, fechará com o polegar as pálpebras que os carrascos ainda não terão fechado. Numa longa sequência de outro filme, *O Santo dos Pobrezinhos*, o mesmo actor, Aldo Fabrizi, encarregar-se-á de desenrolar de novo – agora de maneira distinta – o sentido desse gesto, quando encarnar o tirano Nicolaio, que sustém entre as mãos a figura também assassinada do irmão Ginepro, torturado pelos seus soldados, até declarar-se vencido, desarmado pelo enigma absoluto desse rosto sem medo, por essa potência incompreensível que é a força dos fracos, a força invencível de quem consentiu o abandono radical, a fraqueza absoluta.

Mas não nos antecipemos: ainda que reserve para os gestos de Pina e de Don Pietro o poder de representar a causa pela qual Manfredi morre, o cineasta de *Roma,*

Cidade Aberta estaria de acordo com este – e com os seus críticos – no que respeita à necessidade de outras armas, além da doçura franciscana, para vencer os carrascos nazis. Em contrapartida, aquilo que ele já sabe, essa razão pela qual irá colocar os seus protagonistas na sede da Gestapo, é que o lugar do face a face entre os combatentes da liberdade e os seus carrascos é também o lugar do conflito entre dois tipos de encenação. Com efeito, nesse escritório da Gestapo estão mesmo dois realizadores: um, numa sala de tortura onde os resistente gritam demasiado e não falam o suficiente; o outro, no salão de espelhos, quadros e piano, como um cenário de estúdio para um filme hollywoodiano sobre uma Berlim de Lili Marlene. O chefe da Gestapo, Bergmann, e a sua associada, Ingrid, repartiram entre si cenários e papéis. Bergmann traça o mapa das localizações, ordena as sequências e dá ordens aos técnicos de som – isto é, os torturadores – no quarto da esquerda. A Ingrid cabe a direcção de actrizes e a organização das imagens que deverão produzir, do outro lado, as palavras desejadas da confissão. A sua arte consiste em capturar, com a armadilha das suas próprias imagens, com a droga do espelho, essas «actrizes» que identificam a sua arte com a arte de maquilhar o próprio reflexo no espelho do camarim, esse espelho onde vimos o olhar reflectido de Ingrid a contemplar a sua presa: o instantâneo de Marina e Manfredi, plano fixo dentro da sua encenação, pequena armadilha dentro da grande armadilha. Apercebemo-nos, então, que Rossellini não procura subtilizar o momento da denúncia nem as motivações de Marina. A droga que recebe como pagamento não é mais do que o troco do seu pobre desejo, do seu pânico do Desconhecido. No momento em que pega no telefone para denunciar o amante, a sua amiga Lauretta, a idiota, numa lucidez ensonada, diz-lhe: «Talvez tenham razão, talvez sejamos mesmo umas idiotas». É este «talvez» que a actriz do mau cinema persegue: a vertigem de ter de actuar de outro modo, de ter de deixar o camarim e o espelho e sair para a rua, para o vazio, para a liberdade. A traição de Marina é a sua recusa de mudar de encenação. Mas, ao contrário do que a imagem de Ingrid dava a entender à sua imagem no espelho da sala da direita, a encenação falhou na sala da esquerda. A captação hollywoodiana de imagens é incapaz de fazer falar os homens da liberdade. E Marina, perante o seu amante morto, abater-se-á como uma massa sem alma, manequim do qual Ingrid retirará a roupa usada – o casaco de peles –, para que seja utilizada pela próxima figurante.

«Não é difícil morrer bem», diz Don Pietro ao padre que o assiste com falsos conselhos de coragem, «difícil é viver bem». A esta antítese tão bem cunhada responderá a voz de outra cristã e resistente, inspiração do cineasta em *Europa 1951*, Simone Weil: «*A morte* é o que de mais precioso foi dado ao homem. Por isso, a impiedade suprema é empregá-la mal. Morrer mal. Matar mal»[1]. Na exacta identidade entre o espiritual e o material, entre o político e o artístico, pressupostos pela realização de Rosse-

1 Simone Weil, *La Pesanteur et la Grâce*, Paris, Plon, 1948, p. 100.

llini, o problema consiste mais concretamente em cair bem ou mal. E no capítulo do encontro entre o cineasta e a filosofia, poderíamos acrescentar a definição que esta dá da física espiritual da arte: «Duplo movimento descendente: refazer, por amor, o que faz a gravidade. Não será o duplo movimento descendente a chave de toda a arte?»[2]. Existem duas maneiras de cair, separadas por quase nada, esse nada, que, em arte, apenas pode merecer o nome de alma: não é uma parte da representação mas uma diferença imperceptível na luz que a circunda. O traçado certo do gesto onde se resume o trajecto da liberdade, tal é a exacta medida do «realismo» de Rossellini, a identidade determinada do espiritualismo do crente e do materialismo do artista: a alma de que se diz ganhar voo na exacta circunscrição da curva do corpo que cai. Em tempos, numas páginas célebres, Rohmer e Rivette falaram do «Génio do Cristianismo». Talvez seja preciso lembrar que esse génio, desde muito cedo, se dividiu em dois: morte em Cristo e vida nele, crucificação da carne seguindo-lhe o exemplo e glorificação do corpo pela luz do verbo encarnado. Séculos de polémica cristã, desde os tempos dos Padres do Deserto até aos da Reforma e da Contra-Reforma, estenderam esta dualidade entre dois pólos: por um lado, uma ideia de encarnação, de corpos transfigurados pela presença do Salvador, roçando a idolatria; por outro, uma ideia de renúncia, de carne mortificada e de denúncia da imagem, até ao limite de outro

---

2 *Ibid.*, pp. 172-173.

paganismo – o paganismo dos filósofos, o platonismo da alma que geme pela sua queda e aspira separar-se do corpo. Ascetismo e idolatria, tais são os pólos entre os quais viajam os heróis – as heroínas, sobretudo – de Rossellini: por um lado, a renúncia às imagens no espelho, aos valores fariseus e à segurança do lugar próprio que culmina na absoluta despossessão da Irene de *Europa 51*; por outro, a crítica das «puras imagens ascéticas» de Katherine quando entra em contacto com as proliferantes madonas, com o culto dos mortos, com os milagres programados e com a desmesura quase pagã do cristianismo napolitano (*Viagem em Itália*). O escândalo, que dá a sua matéria ao filme rosselliniano, mantém-se sempre num ponto de ambiguidade, no cruzamento entre o trajecto da renúncia e o da encarnação. Mas o génio do cineasta também consiste em reunificar a divisão dos trajectos na conciliação da imagem, em fixar a presença indiscernível do incorpóreo no corpóreo: no movimento de um corpo que sobe, desce ou se abate, de um olhar que se fixa, se perde ou desvia; na inclinação de uma cabeça para outra cabeça, no gesto de um braço rumo a outro braço ou de umas mãos que recolhem uma fronte pensativa; no murmúrio de uma invocação que é ao mesmo tempo oração e blasfémia.

Manhã berlinense: Edmund. O arabesco da queda do corpo de Pina precisará de um outro filme para se desenvolver, para constituir o seu argumento: *Alemanha, Ano Zero*, o filme das ruínas onde uma criança se diverte, se perde e se atira para o vazio; o filme construído para essas cenas finais onde Edmund, que acaba de matar o próprio pai, entra nesses jogos ancestrais, por via dos quais as crianças se apropriam das ruas de qualquer cidade: caminhar em equilíbrio na extrema beira do passeio ou de uma fonte pública, saltar ao pé-coxinho de risca em risca, chutar, de passagem, numa bola ou num simulacro de bola, apanhar uma arma de fantasia para disparar sobre uns quadrados de luz, deslizar nas rampas destinadas aos materiais das obras, andar, depois correr, parar para pensar naquilo que nunca viremos a saber e tornar a caminhar, num passo decidido, rumo a um destino ignorado... Bela ou monstruosa despreocupação da infância? Mas por que motivo se deveria supor que Edmund, a criança sossegada, o sustento da sua família, é mais despreocupado do que o filho de Pina, o pequeno Marcello, que explica a Don Pietro, entre duas experiências de química de explosivos, a necessidade do bloco histórico? Ou então, bastar-nos-á ver aqui, como o texto inscrito no genérico inicial nos convida a fazer, as forças das ideologias a perverterem a inocência infantil: Edmund levado ao gesto parricida pelas palavras do seu antigo professor nazi acerca da necessária eliminação dos fracos? Porém, o que o filme nos mostra é o exacto desmentido dessa lei de causalidade. A perturbação que sentimos ao ver Edmund em acção transcende qualquer temor ou precaução perante os efeitos morais da conturbação dos tempos e da inculcação ideológica. E nem é preciso verificar que o professor nazi mal pronuncia as suas palavras, distraído com o que se passa nas suas costas – o caseiro levando-lhe o rapaz que acabava de trazer. Nem sequer sublinhar que o próprio pai sente a aflição de ser uma boca inútil e deplora a sua falta de coragem face à única saída desejável. Basta ver Edmund, no hospital, apoderar-se do frasco enquanto o pai deplora a sua fraqueza. Há que vê-lo, então, em casa, quando o pai lamenta a cobardia da véspera e estigmatiza a cobardia presente do seu primogénito, levantar-se suavemente, passar com resolução por trás da mesa onde o primogénito está de cabeça baixa, e, no quarto contíguo, preparar sem tremer o chá mortal enquanto a voz *off* continua o seu discurso. Há que ver a bola de chá cintilar no seu círculo de luz antes de o pai pegar na chávena. Edmund não é apenas aquele que faz o que se lhe diz para fazer. O seu acto é, em si mesmo, uma contestação silenciosa da desordem dessas vozes e desses gestos que nunca coincidem. Tudo nos é dado na relação do gesto meticuloso com a voz *off*. Edmund é aquele que age enquanto os outros falam, que não vacila com a ideia de passar das palavras aos actos. E é aqui que reside a perturbação profunda suscitada pelo seu gesto, onde a crueldade fria se identifica com a ternura suprema. Edmund aplica à execução do parricídio a mesma coragem que os companheiros de São Francisco de Assis quando aplicaram literalmente a palavra do *Evangelho*; dedica à tarefa dita de «eliminação dos fracos» essa atenção humilde, que é, precisamente, a força dos fracos. Não há nenhum gesto de amor mais transtornante do que essa mão poisada no braço do pai para o dissuadir de partilhar com qualquer outro uma bebida preparada unicamente para si. Coincidência dos opostos, perfeição do gesto tranquilo de amor e de morte: diante deles, toda a ideologia e toda a explicação dos males da ideologia ficam desarmadas. Eis o que lhes permanecerá para sempre incompreensível: o facto de, sob a silenciosa fronte de Edmund, não haver mais nada do que nos seus gestos minuciosos; e esse «mais nada», que se manifesta ora numa resolução sem falhas da decisão homicida, ora numa ternura transtornante da execução, ser nada mais, nada menos, do que a liberdade. O que faz agir Edmund é a descoberta vertiginosa do puro poder de fazer ou não fazer o que dizem as palavras dos outros, de ser o responsável único pelo acto, o único executante do seu advir no mundo. O filme seria infinitamente consolador se nos convidasse apenas a fugir dos discursos perigosos e a proteger uma infância sobre a qual pesa um mundo em ruínas. Só que em Edmund nada mais gravita além do peso esmagador dessa liberdade do ano zero. E do mesmo modo que o catecismo nazi não pode produzir o acto, o remorso não pode produzir o suicídio. Em ambos os casos só existe, no lugar da causa, a vertigem, o vazio absorvente do possível ilimitado: a janela aberta do prédio em ruínas – essa janela que é também fonte de luz e recorta, nos muros, esses quadrados brancos sobre os quais o rapaz se diverte a disparar com o seu simulacro de revólver.

Como não sentir o parentesco profundo que enlaça essa apaixonada improvisação a preto e branco – o jogo de criança que não investe mais nem menos nos saltos a pé-coxinho de uma mancha negra para outra do que a matar o pai – com a outra vertigem, a página em branco, o salto para o vazio da obra: essa página antes preenchida com a queda de Pina e que, agora, Edmund compõe aqui como genial improvisador até se atirar ele próprio para o vazio diante do seu verdadeiro pai, diante do seu criador, esse realizador revolucionário que se nega a dialogar e a planificar de antemão e vai improvisando cada dia segundo a capacidade dos actores, segundo a sua própria capacidade de fazê-los retornar à origem de todo o acto e de toda a representação? Não podemos, é certo, separar esta cumplicidade da câmara com os jogos de Edmund daquilo que sabemos de outra fonte: o filme é dedicado a uma outra criança, o pequeno Romano Rossellini, que ontem tinha, e nunca mais terá, as mesmas brincadeiras que ele. Mas a insustentável leveza da queda sem gravidade de Edmund não poderia ser o que é meramente pela cumplicidade da biografia e da ficção. É preciso que essa queda que cumpre as improvisações da criança, que essa crueldade ou ternura igual com a qual o artista reconduz a sua criança até à morte – reconstrói a sua morte como um jogo –, conheça o seu parentesco profundo com a generosidade ou a violência absoluta do criador que livremente retoma aquilo que livremente deu. É preciso que o chamamento do vazio, ao qual a criança parricida se entrega, revele a sua proximidade com esse outro chamamento encenado por São Francisco de Assis, o malabarista de Deus, quando, para designar aos seus irmãos o lugar onde cada um deveria ir pregar, lhes ordenou que rodopiassem sobre si próprios, como fazem as crianças, até que a vertigem, atirando-os por terra, os colocasse na direcção do seu respectivo apelo.

Talvez tenha sido isto mesmo que o velho Claudel sentiu quando quis opor-se a que Rossellini pusesse em cena uma Joana d'Arc que ele só queria ver representada em oratório, porque a concebera exclusivamente a partir do ruído das correntes de Joana a romperem-se. Reza a história que, na conclusão do seu próprio texto «Deus é o mais forte», o velho mestre blasfemou, num tom entendido, lançando a seguinte réplica: «Ingrid é a mais forte». Não devemos interpretá-la como a celebração de uma divindade nova do artista, mas sim como o sentimento de uma cumplicidade mais profunda entre a liberdade divina e o poder desse improvisador que rompe as correntes das suas personagens, atirando-as para o vazio, transformando assim a encenação em algo que vai muito além da mera ilustração de uma história: é o traçado de uma queda, um arabesco que faz vibrar de modo distinto o ruído gerador da obra. Sem dúvida, o realizador já se tinha preparado com esse *Milagre*, construído pelo prazer de um plano de caixas de estanho a caírem pelas escadarias de uma aldeia, mas também construindo o mais improvisado dos seus filmes, *Viagem em Itália*, em torno de um ruído ausente: o som dessas pedrinhas de que fala Katherine Joyce ao seu marido no terraço da soalheira vivenda do tio Homero. Uns tempos antes, essas pedrinhas foram atiradas contra a sua janela cega de chuva por um rapaz, quase uma criança, encontrado meio morto de frio no jardim: Charles, o poeta tísico, e cedo desaparecido, das «puras imagens ascéticas», que viera despedir-se pela última vez. Essas pedrinhas de Polegarzinho que Ingrid Bergman espera ouvir atrás de tantas janelas, por cujo rumor sobe e desce tantas escadas, não as ouviremos nunca, porque nem ele nem ninguém jamais as ouviu. São pedrinhas de papel que o improvisador Rossellini, ladrão ocasional, foi roubar num livro do homónimo de Katherine, James Joyce. Arrancou-as das lembranças de um amor impossível – imaterial – que a esposa-modelo de *Os Mortos* desgrana enquanto sobre Dublin cai a neve que abafa todos os ruídos[3]. É este chamamento do ausente que a obra faz ecoar na analogia dos seus arabescos.

Os dois caminhos. Michele e Irène. Teríamos de falar aqui da queda de uma outra criança: Michele, a criança rica e sem problemas de consciência, de *Europa 51*, que também ela sucumbe ao chamamento do vazio. Não apenas porque a sua mãe esbanja em mundaneidades o tempo que ela gostaria de ver exclusivamente dedicado a si. Não por causa das mentalidades e dos tempos conturbados, como diz o herdeiro do silencioso Manfred, o tagarela Andrea. Ele próprio o disse à sua mãe, quando esta lhe perguntou, por causa do seu mau humor e do seu irrequieto vaivém infantil pelo apartamento: ele não tem nada, *niente*. Atirou-se para o vazio do vão de escada por nada, ou antes,

—

3 James Joyce, «Les morts», in *Gens de Dublin*, Paris, Flammarion, 1994, pp. 264-265. [Trad. port.: *Dublinenses*, trad. Margarida Periquito, Lisboa, Relógio d'Água, 2012.]

para que a sua mãe se lançasse para a rua, para que trocasse todos os seus bens e comodidades pela satisfação de uma única busca: saber o que ele disse, o que terá dito ao médico do hospital e ao jornalista comunista para justificar o seu acto. A busca é vã, claro: simplesmente, como Pina, como Edmund, o menino precipitou-se, diante do seu criador, para o vazio no qual se abismam todas as causas ou boas causas, a começar pela do realismo. Atirou-se para o vazio por nada, a não ser para balizar o caminho que a sua mãe deverá percorrer de novo mas em sentido inverso. Se o acto de Michele se encontra aqui inteiramente elidido, se não lhe vemos a queda que perturbaria a bela aparência destas escadas burguesas, é porque o fio do acontecimento está puxado às avessas. A queda só se dá na voz ausente que ordena a Irène que retroceda pelo caminho do acto. Doravante, compete-lhe a ela ser a nódoa caída nesse pano da vida burguesa, ao desenrolar ao contrário o traçado da queda. É o que ela irá fazer quando espairecer. Irá, primeiro, para esses blocos nos subúrbios, aonde Andrea, o rebelde primo comunista, a enviará, julgando assim distraí-la da sua vã interrogação e instalá-la no universo sólido das causas. Com ele irá ver, no país do povo, os sofrimentos profundos: o de uma criança cuja vida se encontra apenas suspensa pelo dinheiro em falta para o pagamento de um tratamento, o do povo cuja condição miserável se explica por causas bem identificadas. Mas irá perder-se no decurso da visita. Um olhar desviado guiará os seus passos do bairro operário para os terrenos baldios à beira do rio e as barracas dos subproletários, num universo onde as referências do sofrimento, das causas e dos remédios se perderam. Poderíamos sentir a tentação de reconhecer nele o universo deleuziano das «situações ópticas e sonoras» que quebram a continuidade do «esquema sensoriomotor». Mas a «desorientação» de Irène, tal como a fuga de Pina, não é uma impossibilidade de reacção devida aos tempos conturbados. É, como aquela, uma deslocação regida pela voz imperiosa do cineasta. A encenação organiza-se, precisamente, como a refutação em acto do guião de um mundo em ruínas e da respectiva perturbação das consciências, que o jornalista comunista se esforça por diagnosticar. Irène irá cada vez mais longe, num desvio aumentado: das barracas onde Passerotto vive com as suas crianças sem pai, partirá rumo a uma fábrica de cimento onde lhe ocupará o lugar – operária por um dia –, para seguir em direcção à prostituta tísica, da qual se tornará enfermeira, na sua caminhada errante para responder ao apelo inaudito, à voz ausente. Cedendo, como Edmund ou como os companheiros de François, ao apelo do acaso, ela prosseguirá o seu caminho, por um trajecto imprevisível mas ao mesmo tempo numa progressão perfeitamente rigorosa, cada vez mais alheia ao sistema de explicações e motivações pelas quais se conservam juntas as regras da boa conduta, a higiene dos espíritos e a ciência das coisas sociais. Assim irá ter, no fim da espiral, ao ponto onde a criança caiu, irá lá ter do alto da janela com grades atrás da qual se encarcera aquela que não pode servir causa alguma, por já não acreditar em nenhuma. Ali, num gesto furtivo que condensa todo o trajecto do filme, todo o caminho arrepiado até onde era chamada pelo ponto de queda, a louca – a santa – dará a sua bênção à multidão daqueles que vieram dizer-lhe um último adeus. Aquele que sobe e aquele desce são apenas um e o mesmo caminho[4].

No encosta da montanha. Nannina. Em cima e em baixo, a identidade dos dois caminhos (*su* e *giù*, como se diz sucintamente em italiano), tal é a topografia de *O Milagre*, esse filme suspenso, na encosta da montanha, entre os quatros planos constituídos pelo mar, apenas avistado em baixo, pela aldeia pendurada no declive, pelo planalto onde pastam as cabras e pelo mosteiro, no alto da montanha, também suspenso na indiscernibilidade da verdade e da impostura, do milagre e da blasfémia. Aqui teremos, novamente, de assinalar a distância que existe entre o que o filme nos pode contar e aquilo que vemos. Uma pobre louca violada por um vagabundo, que tomou por São José, imagina estar grávida do Salvador... As coisas seriam simples se as víssemos como tal. Ora, no ecrã, em pé diante de Nannina e, depois, ao seu lado, nada mais há do que essa pura aparição que nada responde àquela que pretende ter ouvido a sua voz anteriormente. Sentado ao seu lado, no lugar que ela lhe indicou («*La! su!*»), ele dá-lhe de beber e ela sucumbe a uma feliz sonolência. Uma vez saída do seu torpor, a aparição terá desaparecido, e nada mais terá

—

4 Analisei esta viagem de Irène na terceira parte («Un enfant se tue») dos meus *Courts voyages au pays du peuple*, Paris, Éditions du Seuil, 1990.

ocorrido além do seu maravilhamento. E estas são, por certo, cenas entre as quais é comum assinalar transições discretas: as reticências dos romancistas de outrora, as chamas de uma lareira nas chaminés hollywoodianas. Mas o cinema de Rossellini não se presta a tais parênteses. E não é por uma simples questão de pudor. Quem conhece o poder de um mero olhar, quem sabe inserir num plano a ínfima deslocação de um corpo rumo a outro corpo, pode desdenhar as armas da sugestão, bem como as da exibição. Qual destes corpos enlaçados, incansavelmente expostos nos nossos ecrãs, saberá alcançar o impudor tranquilo, a força de provocação, do rosto de Ingrid Bergman a aproximar-se, sem sequer lhe tocar, do rosto do padre de Stromboli? Para além de todo o pudor, a câmara de Rossellini retira-se perante a representação daquilo que se passa ou deveria passar-se na sombra: conluio político, relação sexual ou, simplesmente, expressão de um sentimento que não poderia dar-se na relação perceptiva de um olhar com aquilo que o atrai ou perturba. Um filme de Rossellini é uma superfície de inscrição que não admite qualquer vestígio de dissimulação, presença de coisa alguma a precisar de ser mantida latente, verdade escondida por trás da aparência, escândalo dissimulado por trás da superfície lisa das coisas. O escândalo reside aqui num outro tipo de força: precisamente, o facto de nada ser dissimulado ou dissimulável. Por muito intenso que seja o seu escrutínio dos rostos, o microscópio de Rossellini proíbe-se de descobrir tudo o que esteja para além do alcance perceptivo de um simples olhar atento.

Voltaremos à dificuldade, por ele encontrada na encenação de uma ideia, em *O Medo*, da qual, enquanto moralista, nada tem a dizer: o valor libertador da confissão. Mas o que poderia confessar aqui Nannina? A sua loucura ou a sua blasfémia são totalmente solidárias com esse espaço orientado pela topografia única do caminho que sobe ou que desce, dessa imagem que, em cada momento, diz tudo o que vale a pena ser conhecido, tudo o que pertence ao acontecimento, derrubando essas sólidas estruturas que permitem distinguir a aparência das coisas da sua razão oculta, a impostura da verdade, um delito cometido por um vagabundo da intervenção de uma potência transcendente: as estruturas que separam o espaço da percepção do das relações sociais, segundo as superfícies de cima e de baixo, da frente e de trás. O insuportável desse ventre arredondado e dessa fronte obtusa reside no facto de nada permitir discernir o que encerram. O segredo que detêm é a ausência de segredo, a defecção dos códigos da visibilidade e da interpretação que urdem os vínculos sociais habituais. Na realidade, o puro deslumbramento deste encontro com o desconhecido não deixa nenhum vestígio além desta criança, da qual nada nos permite saber se é um dom da graça divina ou o produto de um mau encontro.

Não julguemos, porém, que o cineasta conspira com a sua personagem num fideísmo beato onde o desaparecimento da causa autorizaria qualquer leitura da imagem e justificaria qualquer crença. Que a causa se tenha esfumado lá em cima, na direcção da outra igreja, aquela que suplanta a aldeia dos exegetas e dos beatos amontoados à volta da igreja paroquial, não implica nenhum abandono ao fideísmo puro, mas antes uma concepção distinta, uma ideia mais exigente da interpretação, a coragem daquele ou daquela a quem se confia o sentido ou a criança que está por nascer. É a coragem do intérprete e a atenção do espectador que decidem o sentido do encontro. Já Platão dizia: é no olhar de Íon que se pode descobrir se o seu canto é uma fabricação artificial ou divina. Há que olhar, pois, com maior atenção para Anna Magnani (Nannina), cuja arte é objecto da dedicação do filme. À mãe, à actriz, cabe dar à luz a criança sem pai, dar-lhe o rosto da sua própria busca. Eis por que motivo Nannina, a mendiga, a filha da terra, deverá percorrer o mesmo caminho de renúncia que Irène, a mãe respeitável, a burguesa vinda do Norte, remetida à radicalidade do seu estatuto de estrangeira pela procura do que o seu filho lhe disse e pela obstinação em não conhecer nada da sociedade, além daquilo que vê. Também ela terá de abandonar a sua «casa», esse lugar irrisório dado e agora retomado pelo deus grotesco da praça da igreja, Cosinello, o idiota da aldeia. Terá de sofrer as ofensas das jovens modernas, ouvir o ruído das caixas de estanho lançadas da praça para as escadarias, apanhar os seus farrapos e, seguida pela matilha feita de velhos beatos e jovens cépticos, subir a correr pelo longo caminho acima, em direcção à igreja. Correndo o risco de encontrá-la fechada, de não encontrar nenhum lugar para esse parto sacrílego onde a louca retardada, de braços presos aos aros espetados na parede como uma cruz de paixão ou uma cama de maternidade, recorre à invocação do nome de Deus como técnica respiratória para um parto sem dor. Correndo o risco de dar à luz apenas algo de humano, o mero fruto do seu trabalho, da sua improvisação: «*Creatura mia*», diz ela à criança, da qual unicamente ouvimos a voz. Em duas palavras, numa só imagem, resume-se toda a incerteza do filme e de dois séculos de discussões do tema da fabricação humana dos deuses. Contra toda a suspeita de especular acerca do duplo fundo das coisas, temos aqui uma exposição da identidade dos contrários: a humilde confissão de nada haver ali que necessite da intervenção de uma qualquer força celestial e a afirmação tranquila do poder milagroso de criar. Destas últimas palavras pronunciadas por Anna Magnani talvez tenhamos de regressar às primeiras palavras escritas do filme, que o dedicavam à sua arte. Mais do que à suspeita lançada sobre os seus mistérios e milagres, talvez a hierarquia católica reagisse ao sereno orgulho dessa humanidade, ao excesso dessa inversão última que transforma a força paulina dos fracos em atentado ao monopólio da criação.

Casa de pescador. Karin. Em cima e em baixo, interior e exterior, obediência e apelo à captação do espelho, estas são também as categorias que organizam o grande conflito rosselliniano do Norte e do Sul. É preciso regressar a esse escritório da Gestapo romana, onde a dupla Bergman-Ingrid organiza as suas encenações entre a sala dos espelhos e a sala das confissões. Temos de entender que a guerra não terminou com a derrota dos oficiais da «raça dos senhores». Prossegue sob outras formas. Sobre Ingrid Bergman, a sueca vinda de Hollywood que reúne o nome e o apelido dos realizadores diabólicos, recai o peso vertiginoso de um duplo combate, de uma dupla condenação à morte, na qual se devem consumir conjuntamente o orgulho da raça dos senhores do Norte e a encenação – a arte dos reflexos e das drogas, dos guiões e dos enquadramentos – elaborada por uma Hollywood conquistadora para proteger os seus estúdios e camarins de todo o apelo do desconhecido, de toda a vertigem da liberdade. Karin (*Stromboli*), Irène (*Europa 51*), Katherine (*Viagem em Itália*), sob esses diversos nomes e rostos, Ingrid Bergman desempenha um único papel: a consumpção do poder na fogueira da liberdade. Mas tal consumpção não se reduz àquilo que o apressado espectador de *Viagem em Itália* pode ver: o romance iniciático dos orgulhosos vindos do Norte com o seu guião fechado e derrotados pela desmedida do cristianismo pagão incutidos na figuração e no cenário napolitanos: o gigantismo impudico das estátuas antigas e a proliferação obscena de ventres arredondados diante de altares das *madonas*; a veneração cristã de amontoados de crânios empilhados e os corpos pagãos apaixonados a ressurgirem da lava do vulcão; o fumo das Sulfataras e o delírio das procissões, esse «sentido pânico da natureza» que arrasta no seu turbilhão, para os trazer de volta um ao outro, Alex e Katherine. Não se trata simplesmente de arrancar aos orgulhosos a confissão da sua fraqueza, de lhes dar a conhecer o coração bárbaro e as maneiras simples da civilização. Não se trata apenas de lhes ensinar a sentir-se confortáveis do outro lado do espelho. Tal capacidade de sentirem-se no país do outro como no seu próprio é, todavia, um velho orgulho do conquistador, um velho artifício de realizador. Tal tentação está ilustrada, no ilhéu negro de *Stromboli*, por Karin, a mulher deslocada, a rapariga do Norte que se entregara a um oficial da raça dos senhores e que crê poder escapar ao seguir o pescador cuja voz anunciava o idílio e o sol das ilhas do Sul. Terá sido por ignorância ou por desejo de fazê-la ir ao fundo da sua provação que o pároco local lhe aconselhou, para enganar o seu desejo de fuga, que mobilasse o seu lar conjugal? Karin não tardará muito a levar a cabo esse trabalho de encenação, onde, com a cumplicidade de uns pedreiros vindos de Brooklyn, e sem dúvida habituados a pôr de pé restaurantes *Napoli* ou *Vesuvio*, perverterá conscienciosamente as relações entre interior e exterior, entre aqui e algures, guardando *madonas* e fotografias de família para pendurar redes e molduras, colocar objectos de cerâmica em mesinhas, fazer entrar em casa uma figueira-da-índia e pintar um cenário de flores do Norte nos muros caiados de branco.

Deste modo, Karen construirá para si um lugar, transformando a casa do pescador numa dessas «casas de pescador» como as que em breve comprarão e decorarão por lazer mediterrânico as distintas damas dos países do Norte à conquista das ilhas do Sul. Sabemos que a família do pescador recusar-se-á a pôr os pés nessa casa de pescadores, devido à sua imodéstia. Quanto ao realizador, não deixará que essa irmãzinha de Ingrid encerre o seu desejo de fuga neste cenário de jovem cineasta. Expulsá-la-á para o exterior, enviá-la-á com a criança e com a sua pergunta por esse caminho acima que nenhuma igreja coroa a não ser a cratera que cospe fogo. Depois de a ter despojado da sua pobre bagagem, conduzi-la-á à presença dessa divindade que remete para a sua comum vanidade o desejo de fuga e a ilusão de um lugar de pertença. A modéstia que Karin – como a burguesa Irène, mas também como a simplória Nanni – deve aprender na sua confrontação com o Deus-Vulcão não é a força da resignação aos seus deveres domésticos, é antes a coragem de abandonar qualquer tecto para responder ao apelo da criança morta ou à pergunta da criança por nascer. Àquela que veio do país dos conquistadores não é pedido que se familiarize com os costumes da terra, mas que vá até ao extremo da sua condição de estrangeira, que carregue em nome de todos o testemunho dessa condição que a todos pertence.

Mas sem dúvida que Rossellini pressente já uma outra saída: ainda que Karin abandone a sua habitação para ir ao encontro do deus de lava e de fogo, ainda que Ingrid consuma na chama dessa paixão toda a sua profissão, toda a sua carreira de estrela de Hollywood, a guerra está perdida. Em breve, a relação entre esses dois mundos, que dá forma à dramaturgia rosselliniana, vai pender, até à última ilha, a favor das gentes do Norte, os realizadores, os arquitectos que abrem as casas ao exterior, que permitem que as árvores entrem em casa e que acomodam a barbárie do paganismo cristão entre as paredes caiadas da sua civilização.

Ao contrário das conversas finais de *Viagem em Itália* ou de *Stromboli*, será o ateísmo protestante do Norte quem triunfará sobre o paganismo cristão do Sul, sobre os seus espaços tabicados e as suas divisões entre o honroso e o vergonhoso, a sua submissão ao deus de fogo, o seu culto dos mortos e a sua obstinação em reconstruir e cultivar sem descanso aquilo que a lava irá novamente sepultar. Sem dúvida, não será a mesquinha moral da aldeia – nem o olhar por cima do ombro, com que as negras mulheres de Stromboli contemplam as distracções da estrangeira, nem as canções que os homens entoam ao ouvido do *cornuto* – que suscitará remorsos, mas sim a parte que nela subiste de violência do escândalo e de graça da liberdade. Em breve, o arquitecto de interiores e o operador turístico terão reestruturado as relações entre interior e exterior, entre liberdade e necessidade; terão traçado os caminhos aplanados e as audácias sem escândalo de uma liberdade asseptizada de cores amarelo-sol, branco-cal e azul-mediterrâneo. E quem irá, em primeiro lugar, sofrer as consequências serão esses jovens franceses entusiastas que desejarão ver o cinema francês respirar o novo ar da liberdade rosselliniana e fazê-lo caminhar ao ritmo imprevisível dos passos de Edmund. À liberdade que se esforçarão por fazer vibrar na imagem faltará, doravante, esse ponto de gravidade do escândalo que confere ao jogo do improvisador o peso imaterial da coragem. A força secreta dos saltos a pé-coxinho de Edmund estava na respiração ofegante de Karin ou de Nanni trepando a sua montanha, na caminhada dolorosa de Irène. Atrás das grades de Irène encerram-se agora o sentido do escândalo e do milagre e, com esse encerramento, a leveza de Edmund acabou por perder-se. As paredes caiadas dos herdeiros de Karin acabaram por apagar os seus arabescos. Em vão, os jovens rossellinianos engenhar-se-ão para os ressuscitar à força de deslizamentos na neve, de arranques repentinos em marcha-atrás, de exercícios ciclistas em apartamento, de corridas loucas pelos campos e praias, à força de encontros desconcertantes, de falsos encadeamentos e desacertos entre imagem e som. De nada serve a subversão dos códigos, se o sentido da queda se perdeu, se tiver desaparecido o salto para o desconhecido e o enfrentamento do escândalo. Ferdinand-Pierrot sublinha-o no início de *Pedro, o Louco*: daqui em diante, a liberdade e o escândalo vão associar-se para elogiar o mero conforto e a simples invisibilidade de roupas interiores femininas. Mas esta liberdade, da qual ele foge, está já a caminho da sua própria fuga. Na sua companhia, desce, à velocidade dos carros roubados, até às margens de um Mediterrâneo sem vulcão por escalar, sem moral por violar, sem maledicências de aldeia por suportar. Por muito obstinada que seja a sua busca, esta liberdade nova recorre à subversão permanente dos códigos para impossibilitar o escândalo. Sem dúvida, a singular grandeza de Godard reside nisto: querer manter o desafio dessa impossibilidade, perseguir até às margens do silêncio ou do vazio a fuga das imagens e das palavras diante desta liberdade derisória que incessantemente as alcança de novo.

Home. Irène II. Há quem tenha visto, em *O Medo*, um argumento hitchcockiano erroneamente confiado a Rossellini. Outros sublinharam a continuidade desta história de confissões com *Roma, Cidade Aberta*. Talvez as duas visões tenham a sua parte de razão e de erro. A encenação da confissão em *Roma, Cidade Aberta* era a dos outros, o mau filme desfeito pela coragem dos resistentes e pela liberdade do cineasta. Era um filme dentro do filme. Ora, apesar de o argumento de *O Medo* assinalar o parentesco, ao deslocar uma história vienense dos anos 20 do século XX para a Alemanha do pós-1945 e ao converter em biólogo experimental o marido que faz cair na esparrela a mulher por intermédio de uma actriz que se faz passar por chantagista, falha aqui essa encenação que engloba e confunde a maquinação da confissão. Em última análise, será possível a reviravolta interna, por via da qual Irène acusa a sua acusadora, obrigando-a a confessar a sua identidade: a de uma pobre actriz de cabaré manipulada por um realizador da velha guarda. Mas esta reviravolta do mecanismo da confissão faz parte ainda destes guiões. Ele não é capaz de quebrar as suas correntes, de infligir esses golpes laterais que confrontam um ser com a sua verdade, fazendo-o confessar a única coisa que vale a pena ser confessada: a sua fraqueza. Isto, nenhuma destas estratégias de confissão o conseguirá – nenhuma destas máquinas que supostamente detêm em si ou no outro um saber dissimulado –, nem o conseguirá nenhuma experimentação organizadora da fraqueza do outro. Num lugar onde nenhuma liberdade se entrega ao acaso do encontro, onde os corpos nada têm por descobrir, nenhuma alma saberá aparecer.

Deveremos ver aqui uma impotência nova por parte do realizador? Ou então o termo, deliberadamente assinalado, de um percurso? *O Medo* poderia ser o último episódio de um ciclo que, iniciado na Roma ocupada pelos senhores do Norte, se fecha nesse *chalet* bávaro para loiras do tipo Gretchen e militares de calções de pele. Os conquistadores regressaram a casa. Seguindo argumento do próprio Stefan Zweig, o judeu exilado que se suicidou no outro lado do mundo, acertam contas de família: mentiras de criança e adultérios de esposa; punição da filha e angústia da mãe, confissão e perdão. A guerra acabou. A máquina de fazer falar recuperou o seu regime normal. Os italianos poderão trocar de título e alterar o final para fazer Irène regressar ao seu *chalet* de opereta, mas não terão feito mais do que reforçar o sentido do filme: um regresso a casa. Irène II regressa ao lar que Irène I abandonara e é como se criança alguma tivesse caído no vazio e nenhuma mãe se tivesse perdido. A dramaturgia rosselliniana aspirava fazer brotar da ferida da Europa a chama de uma liberdade nova. Em *O Medo*, tal ferida fecha-se de novo. O ciclo da estrangeira termina – essa ventura de pirataria, na qual o realizador lançou o assalto ao cinema hollywoodiano com a melhor das suas filhas. Oiçamos o ruído de uma última queda como um eco ensurdecedor do barulho das pedrinhas. No laboratório do marido, onde Irène foi tomar, para se envenenar, o líquido que ele injecta nas suas cobaias, o ruído de um frasco que se parte, amplificado pela música de Renzo

Rossellini, traz a mãe e a actriz de volta à realidade. Rossellini devolve aqui ao cinema dos demais aquela que lhe havia roubado. A louca empresa de consumpção termina: o realizador devolve a Ingrid o seu lugar, nos guiões e cenários que outrora foram e serão novamente amanhã os seus. Desfaz, por ela, a encenação montada para ela. A luz que brilha neste filme e que passa uma última vez no rosto de Ingrid Bergman aparece como o clarão desse gesto último de amor, a chama dessa consumpção inversa. Um pouco mais longe, em Bayreuth, arde de novo a fogueira de Brunnehilde. Sobre as cinzas de uma esperança, os deuses recomeçam o seu crepúsculo habitual.

O encarnado de *La Chinoise*: política de Godard

Como devemos entender a política implantada em *La Chinoise* pela prática cinematográfica de Godard? Os juízos a este respeito seguiram os fluxos e refluxos do esquerdismo. Aquando da estreia do filme, Godard foi acusado de ter operado uma caricatura e não uma representação séria de verdadeiros militantes maoístas. Com o tempo, ao invés, o filme foi primeiro reputado de genial antecipação do Maio de 68 e, logo de seguida, de olhar lúcido sobre a fugaz febre maoísta dos jovens burgueses, com os seus regressos à ordem ou as suas saídas terroristas. Contudo, pouco interesse tem querermos saber se o filme é plenamente marxista ou se as suas personagens o são. Tais relações de subordinação não nos levam longe. O que vale a pena ser pensado é, antes, a coordenação. Godard não filma «uns marxistas» ou umas coisas cujo sentido seria o marxismo. Godard faz cinema com o marxismo. «Um filme a fazer-se», diz-nos ele. A fórmula deve entender-se em vários sentidos. *La Chinoise* permite-nos assistir – dá-nos a sensação de estarmos a assistir – à sua própria rodagem. Mas o filme também nos mostra o marxismo, um certo marxismo, no momento da sua encenação, da criação do seu próprio cinema. E, ao mostrar-nos esse cinema, mostra-nos o que significa realizar uma encenação no cinema. Temos de olhar de mais perto para este entrelaçamento.

Para começar, poderíamos apresentar as coisas do seguinte modo: Godard coloca o cinema entre dois marxismos – o marxismo como matéria representada e o marxismo como princípio de representação. O marxismo representado é um marxismo particular: o maoísmo chinês tal como consta do imaginário ocidental do momento, mas também num ângulo muito específico: no lugar onde os estereótipos da sua retórica e da sua gestualidade se tornam cúmplices do método godardiano das lições sobre as coisas e sobre os trabalhos práticos. Aqui, o maoísmo é um catálogo de imagens, uma panóplia de objectos, um repertório de frases, um programa de acções: cursos, recitais, *slogans*, exercícios de ginástica. Por outro lado, a montagem de todos estes elementos desencadeia uma nova cumplicidade. O método da «lição sobre as coisas» entronca no marxismo específico aqui empregue como princípio de representação, ou seja, o althusserismo. Em 1967, é uma doutrina que essencialmente afirma que o marxismo está ainda por inventar, como sentido reaprendido das acções mais elementares. Godard trata o althusserismo, de acordo com o seu método habitual: por via de fragmentos escolhidos, preferencialmente retirados de prefácios e conclusões. Com eles elabora o discurso de Omar, o militante, ou a peroração de Guillaume, o actor. Mas terá certamente lido no prefácio de *Lire «Le Capital»* esta frase que poderá resumir todo o seu método cinematográfico: «Na história da cultura humana, o nosso tempo arrisca-se a aparecer um dia como estando marcado pela prova mais dramática e laboriosa que existe, a descoberta e a aprendizagem do sentido dos gestos mais "simples" da existência: ver, escutar, falar, ler, esses gestos que põem os homens em relação com as suas obras e com essas obras que lhes ficam atravessadas e que são as suas ausências de obra»[1].

Acerca do que significa «ver, escutar, falar, ler» é, sem dúvida, o programa althusseriano inscrito em *La Chinoise*. O centro do filme é ocupado por dois pequenos objectos encarnados: o *Livrinho Vermelho* e os *Cadernos Marxistas-Leninistas*; dois objectos solidários, unidos pela mesma cor. O *Livrinho Vermelho* é a compilação de máximas soltas que os manifestantes da Revolução Cultural aprendiam de cor ou que simplesmente esgrimiam como símbolo de união. Os *Cadernos Marxistas-Leninistas* são a revista dos normalistas marxistas, a sofisticada revista militante que confere aos fragmentos aprendidos pelos guardas vermelhos o seu fundamento teórico, mas também a sua aceitabilidade prática. É a revista que transforma o programa althusseriano da reaprendizagem do acto de ver, falar e ler em retórica e gestualidade maoístas. O método de Godard consiste então em afastar os termos desta operação, distanciando assim a sua evidência, e convertendo a pedagogia althusseriana num princípio de encenação da retórica e da gestualidade maoístas. No seu filme será então questão de aprender a ver, escutar, falar ou ler essas frases do *Livrinho Vermelho* ou de *Pékin Information*. Mas também

---

1 *Lire «Le Capital»*, Paris, François Maspero, 1967, p. 14.

se tratará de aprender a ler com elas, como um exemplo qualquer, semelhante às histórias e aos exemplos dos livros de leitura elementar. É, pois, um trabalho acerca do marxismo e com o marxismo, que é também um trabalho do cinema acerca do cinema.

«Pôr imagens claras sobre ideias turvas». Para bem compreender a fórmula, que é como que uma epígrafe do filme, é preciso sentir na relação entre palavra e imagem o peso de uma tensão estritamente paralela àquela que orquestrava, na China da época e no imaginário maoísta ocidental, a luta entre duas concepções da dialéctica: «Um divide-se em dois», fórmula reivindicada como sendo maoísta, contra «Dois unem-se em um», fórmula estigmatizada como sendo «revisionista». A força do filme está em unir cinema e marxismo ao fazer das duas fórmulas duas concepções da arte em geral e, consequentemente, do cinema marxista.

O que costumava fazer um filme «marxista», um filme que propunha o marxismo como sentido da ficção que encenava? O que fazem, por exemplo, essas ficções progressistas que floresceram uns anos depois de *La Chinoise*? Dispõem uma mistura de belas imagens e palavras de dor, de afectos ficcionais e referências realistas, constituindo uma sinfonia onde o marxismo vem impor-se como tema ou melodia pelos quais a massa orquestral clamava. Ficam assim tomadas no funcionamento corrente da comunicação. Praticam o dois em um, à imagem do típico entrelaçamento das palavras e das imagens. As palavras fazem imagem. Fazem ver. A frase institui um quase-visível que, porém, nunca contribui para clarificar a imagem. Inversamente, as imagens constituem um discurso. Dão a ouvir uma quase-linguagem que não está submetida às regras de examinação de um discurso. O problema é que, quando a palavra «faz ver», já não se deixa ouvir. E quando a imagem se faz ouvir, já não se deixa ver. É esta a dialéctica do «dois em um» que institui o princípio de realidade. Tal dialéctica é idêntica ao princípio retórico-poético da metáfora. A metáfora não é, simplesmente, a maneira de tornar concreta uma ideia abstracta, associando-lhe uma imagem. É, mais fundamentalmente, a contradança de palavras que se escondem, dando a ver, e de imagens que se tornam invisíveis, dando a ouvir. Um *quasi* leva a outro. Cada qual remete para o outro, cada um dura apenas o tempo necessário para fazer o trabalho do outro e encadear o seu poder de desaparição no do outro. Daí resulta esta linha melódica que é como uma música do mundo.

Tal efeito poderia ser designado, de acordo com um dos episódios do filme, o princípio da caneca e da torrada. Olhemos para Henri a tomar o seu café com leite e a barrar as suas torradas diante do fervedor, enquanto enuncia os seus motivos para regressar ao Partido Comunista. É inegável que o peso do realismo das suas palavras depende estritamente de tais acessórios. O mesmo discurso, pronunciado perante um quadro negro, atrás da mesa professoral, no salão dos seus antigos camaradas, perderia 80 por cento da força de convicção que lhe dá o *gestus* «popular» numa cozinha «popular», onde até a

boina muda de conotação, tornando-se a do filho do pro-
letário e já não do estudante que brinca aos proletários.
A entrevista de Yvonne, a criada, opera uma demonstração do mesmo género. A palavra da filha do povo a evocar
os rigores de uma infância camponesa produz imediatamente imagem. Vemos o campo através das suas palavras, sem que haja necessidade de o mostrar. Neste caso,
chegaria mesmo a ser desajeitado fazê-lo. Ou então seria
perverso. A perversão de Godard consiste aqui em inserir, no lugar do campo essencial que o discurso fazia ver,
um cenário camponês absurdo, resumido em duas imagens de galinhas à frente de um muro de quinta e vacas
num campo de macieiras. Tal é o trabalho comum da arte
e da política: interromper o desfile, essa incessante sucessão de palavras que fazem ver e de imagens que falam,
impondo a credulidade como música do mundo. É preciso
dividir em dois o Um do magma representativo: separar
palavras e imagens, dar a ouvir as palavras na sua estranheza, dar a ver as imagens no seu absurdo.

Existem, porém, duas maneiras de operar tal dissociação. Em primeiro lugar está aquele que Jean-Pierre Léaud
enuncia no filme. Teríamos de ser cegos, diz ele. Então
aí escutar-nos-íamos, ouvir-nos-íamos verdadeiramente.
Este sonho de experiência radical do ouvir e do ver devol-
vidos às suas origens remete-nos para essas experiências tão caras ao século XVIII. O Diderot da *Carta sobre os
Cegos* ou da *Carta sobre os Surdos-Mudos* nunca está muito
distante com Godard, tal como não está o Rousseau do
Discurso sobre a Origem das Línguas. O método da «lição das

coisas» tende sempre para um limite, que é o das grandes utopias da *tábua rasa* e das robinsonadas ficcionais. E será a Henri, o «revisionista», que Godard incumbirá a tarefa de ironizar sobre essas experiências fictícias, lembrando a história de Psamético, rei do Egipto: ele educara crianças na solidão para conhecer a língua originária dos humanos. E ouviu-as expressar-se na única «língua» que lhes era possível aprender: a das ovelhas nas proximidades do seu reduto. A robinsonada é o modo como as personagens exprimem a situação experimental em que Godard as coloca. Mas o princípio da encenação é diferente. Para dar verdadeiramente a ouvir as palavras – e o marxismo, como toda a teoria, é, em primeira instância, um conjunto de palavras – e fazer verdadeiramente ver a realidade que estas descrevem e projectam – e a realidade é, antes de mais nada, uma montagem de imagens –, não devem ser tratadas separadamente. Devem restruturar-se as suas ligações. Para dar a ouvir as palavras do marxismo não há que separá-las de toda a imagem. Há que dá-las a ver, verdadeiramente, colocar uma imagem bruta daquilo que dizem no lugar do seu obscuro «fazer-imagem». Há que colocá-las dentro de corpos que as tratem como enunciados elementares, que se atrevam a dizê-las de diferentes maneiras e a transformá-las em gestos.

Para isso, é preciso, desde logo, constituir um dispositivo de separação no qual possamos dar a ouvir tais palavras, fazendo-as ver. É aí que ganha sentido cinematográfico essa representação de «pequenos-burgueses incomunicados das massas, tagarelando no isolamento do seu apartamento burguês», que de início se criticou a Godard antes lhe ter sido saudada, posteriormente, a lucidez. Este método, que consiste em encerrar as personagens, num apartamento, entre quatro paredes brancas, onde se dedicam a dar corpo a uns quantos grandes discursos, é recorrente em Godard. O «althusserismo» de *La Chinoise* é, em suma, a actualização da sua prática diderotista. Mas o princípio de isolamento político torna-se aqui condição para uma inteligência artística do conteúdo de um discurso político. A tarefa da arte consiste em separar, em transformar o *continuum* da imagem-sentido numa série de fragmentos, de postais, de lições. Deste modo, o apartamento burguês será o quadro da representação onde estarão dispostos os elementos necessários e suficientes para encenar as perguntas: o que diz este marxismo? Como se transmite e encena? O quadro pictórico e teatral é o lugar onde palavras e imagens podem ser reordenadas para desfazer o jogo metafórico que produz um sentido de realidade ao transformar as imagens em quase-palavras, e as palavras, em quase-imagens.

Contra a metáfora existem dois grandes procedimentos representativos. Em primeiro lugar está o procedimento surrealista, que consiste em literalizar a metáfora. Os lógicos têm vindo, desde a Antiguidade, a explicar-nos que, ao pronunciar a palavra «carroça», nenhum veículo desse género nos passa entre os lábios. De um modo geral, mostraram-se menos atentos ao facto de que essa carroça que não nos passa entre os lábios nem por isso deixa de dançar aos olhos do ouvinte. O procedimento surrealista consistirá, precisamente, em representar a carroça a passar pela boca. É o procedimento pictórico ilustrado em particular por Magritte ou o procedimento literário subjacente no *nonsense* de Lewis Caroll, depois de ter servido a mestres como Rabelais ou Sterne. E Godard raras vezes se priva de o utilizar. Explicita-o quando Jean-Pierre Léaud dispara flechas de borracha sobre as imagens representativas da cultura burguesa, para ilustrar a ideia de que o marxismo é a flecha com a qual apontamos o alvo do inimigo de classe. Emprega-o directamente quando Juliette Berto ilustra a ideia de que o *Livrinho Vermelho* é a muralha protectora das massas contra o imperialismo, ao surgir de trás de uma muralha de livros vermelhos; e também visualiza o princípio segundo o qual o pensamento de Mao é a arma das massas quando transformam em metralhadora o posto de rádio que difundia o seu pensamento através da Rádio Pequim.

Mas esta modalidade surrealista subordina-se à modalidade que poderíamos designar por dialéctica, que consiste em substituir a figura da metáfora pela comparação. A comparação dissocia aquilo que a metáfora unia. Em vez de nos dizer, como os *slogans* da época, que o pensamento de Mao é o nosso sol vermelho, dá-nos a ver e a ouvir o pensamento ao lado do sol. A comparação quebra o poder de arrastamento da metáfora. Dá a ouvir as palavras e faz ver as imagens na sua dissociação. Não por via da sua separação utópica, mas conservando-as juntas, na sua relação problemática, no seio de um só mesmo quadro. Tudo consistirá, então, em mostrar isto: a luta revolucionária poderia assemelhar-se a uma determinada imagem; um grupo «armado com o pensamento de Mao Tsé-Tung» poderia assemelhar-se a essoutro encadeamento de sequências discursivas e gestuais. Para interpretar o discurso maoísta – para entender o que nos diz –, é preciso procurar interpretá-lo – representá-lo – dessa maneira. É preciso servir-se de uns corpos de actores, de um cenário e de todos os elementos da representação para saber como podem interpretar-se essas palavras, dá-las a entender, dando-as a ver.

Tudo isto passa, antes de mais, pelo trabalho, aqui exemplar, da cor. Num fundo branco de tela ou de ecrã, distribuem-se, com a excepção de qualquer mistura, três cores puras: o encarnado, o azul e o amarelo. Elas são, claro está, emblemáticas do objecto representado: o vermelho da bandeira e do pensamento maoísta; o azul uniforme dos trabalhadores chineses; o amarelo da raça. Mas estas três cores emblemáticas são também as três cores primárias: três cores francas que se opõem às matizes mescladas e à confusão da «realidade», isto é, da metáfora. As três cores primárias funcionam como essas tabelas de categorias próprias de Godard, das quais Deleuze fala. As «coisas simples» que devem ser aprendidas de novo são aqui determinadas e reflectidas na grelha categorial das cores puras. É certo que este uso da cor é uma constante em Godard. Mas adquire a sua máxima força quando é preciso tratar de um assunto de cores: o azul-branco-vermelho estruturava já a fábula política *Made in USA*. *La Chinoise*, por sua vez, é um filme acerca do vermelho enquanto cor de um pensamento. Por isso mesmo, o dispositivo das cores puras estrutura todo o filme: não só aquilo que se passa nas paredes brancas do apartamento fechado como também a relação entre o interior e o exterior. O exterior é o real, o referente dos discursos: são os verdes campos inseridos no discurso de Juliet Berto; são os descampados dos subúrbios, na extremidade dos quais se ergue a Universidade de Nanterre e que vão ilustrar, pela equivalência de uma panorâmica, o seu discurso sobre as três desigualdades e sobre a ligação trabalhador-estudante, e mostrar-nos com o que se pode parecer. São, por fim, os cenários alternados de paisagens campestres e moradias de subúrbios que desfilam por trás dos vidros do comboio onde Anne Wiazemsky discute com Francis Jeanson, e que ratificam, com a sua discreta evidência, os propósitos deste último, ao mostrarem essa França profunda, de pastos e casarios, tão avessa ao discurso do aprendiz de terrorista.

Godard foi censurado por ter dado ao discurso «realista» do antigo auxiliar da FLN a parte de leão perante o discurso extremista da estudante que entretém nervosamente a mão com a maçaneta da janela. Mas Godard não toma partido, instaura a tensão dos discursos na tensão dos cenários visuais. Corrige a evidência da França profunda, falando através da boca de Jeanson, acentuando até à caricatura o *habitus* do professor que goza com a aluna: «Sim, mas», «E depois», «E então?», «E que conclusão retiras?», «Pois, está bem!», «És tu que vais fazer isso?». Mas são sobretudo as cores e as formas puras do apartamento fechado que filtram o jogo da realidade, impedindo a figuração de um lado agradável. Formas e cores devolvem a esta realidade o seu carácter mesclado: mistura de cores e de metáforas que se dissimulam umas nas outras para fazer surgir, por trás do vidro, a miríade dessa realidade que se garante através do reenvio indefinido dos respectivos tons mesclados – que comprovam a complexidade infinita do real – para a sua tonalidade dominante: o verde, cor da vida na sua originalidade essencial, cor do campo e da autenticidade. O verde é a cor mesclada que se apresenta como cor primária. E também é, por convenção, o antivermelho: a cor que permite a passagem, oposta à cor que detém, a cor do mercado em oposição à do comunismo. «Os preços verdes, porque o vermelho está ultrapassado», diz um anúncio publicitário dos anos 90 do século XX, onde os heróis vermelhos desapossados nos convidavam a aproveitar os preços da FNAC. *La Chinoise* é garantidamente um filme dos tempos vermelhos. O tempo do vermelho é o das cores francas e das ideias simples. Mas as ideias simples não são meras ideias simplistas. É também a ideia de procurar saber com que é que se parecem as ideias simples. O tempo do verde é o tempo das cores mescladas da realidade – supostamente rebelde às ideias – que se reduzem em definitivo à monocromia verde da vida que, por sua vez, é simples e deve ser saboreada na sua simplicidade.

No quadro estruturado pelas cores primárias, o cineasta opera uma encenação dos diferentes modos de discurso, nos quais pode ser lido o texto maoísta. São três: a entrevista, a aula e o teatro. Entre os três discursos, o seu trabalho consiste em examinar e modificar os valores de verdade ou de ilusão que lhes são normalmente atribuídos. Regra geral, a aula configura a situação de autoridade reservada proveniente das grandes palavras separadas do real. E o dispositivo da mesa, do quadro negro e do orador de pé, a corrigir as perguntas dos assistentes sentados no chão, parece imputar a essa imagem a autoridade das grandes palavras. Perante isto, a entrevista soa normalmente como a voz do real, a das palavrinhas um pouco torpes com as quais um indivíduo qualquer – de preferência, uma mulher – diz as experiências vividas que o (a) levaram a entregar-se a essas grandes palavras. Eventualmente, a imagem fornece-lhe uma autenticidade suplementar: os olhos grandes e o lábio arqueado de Yvonne, a filha do povo, que parece surpreendida pela sua própria ousadia de falar: o café e a torrada de Henri, o realista que sabe do que está a falar; os terrenos baldios que autenticam o discurso de Véronique. Autenticidade aumentada quando a voz do entrevistador se torna pesada ou se anula para transformar a resposta solicitada num jorro de espontaneidade. A encenação questiona essa hierarquia do verdadeiro. Com a inserção de um plano estúpido, com a voz do entrevistador que ouvimos sem distinguir o que diz, com a mímica da ingénua ou do espertalhão, convida-nos a ver – e, consequentemente, a ouvir – que o regime da palavra «autêntica» é, tal como a aula, o regime do já dito, de um texto recitado. E, reciprocamente, convida-nos a questionar se a situação de autenticidade não será também a do quadro negro no qual nos arriscamos a escrever frases que são vistas e cujo sentido indagamos, a da posição de autoridade do professor amador que se arrisca a deixá-las passar pela sua boca e a receber delas o eco.

Mas, por trás do professor e do entrevistado, está a personagem que reduz as duas mímicas à sua origem comum: o actor e a sua arte. Diante da estudante Véronique, quem tem a última palavra no filme não é Francis, o professor e político, mas sim Guillaume, o actor, cujo nome é uma homenagem ao seu antepassado, o Wilhelm Meister, de Goethe. Se os diálogos de Jean-Pierre Léaud evocam a *Carta sobre os Cegos*, uma nova versão do *Paradoxo do Actor* é, em definitivo, o que ilustra a célebre demonstração recriada por ele: a do estudante chinês que, coberto de ligaduras, se dispõe a revelar as feridas infligidas pela polícia «revisionista» e que, depois de retirar a última ligadura, revela um rosto intacto. O militante político é como o actor: o seu trabalho não consiste em mostrar horrores visíveis, mas sim em fazer ver aquilo que não tem visibilidade.

O actor torna-se, desta feita, no professor primário que reduz aos seus elementos fundamentais as palavras e os gestos do entrevistado ingénuo, bem como os do professor sábio. É o actor quem ensina ao militante como se pode entender um texto, dando-lhe a própria voz e o próprio corpo. É ele quem ensina a soletrar números, a vocalizar e visualizar ideias. É isto que o trabalho de Jean-Pierre Léaud ilustra quando urra palavras como o «Porquê?», sempre falsamente interrogativo, do professor ou então remediando o sentido daquilo que diz mediante mudanças de entoação: «é preciso sinceridade... E VIOLÊNCIA». Soletrar as frases do *Livrinho Vermelho* ou escandi-las com movimentos ginás-

ticos equivale a elaborar os estereótipos através da estereotipia. Não é fazer passar a carroça entre os lábios, mas é,
pelo menos, fazer sentir o seu peso na língua.

«O que é uma análise?», pergunta ao professor amador a camponesa ingénua. Na verdade, quem responde
à pergunta é o actor, que mostra o que é uma análise no
sentido estrito do termo. O actor decompõe as montagens
de gestos e imagens para as reduzir aos seus elementos mais simples. A universalidade da sua arte consiste
em estabelecer os elementos e as montagens elementares que tornam um discurso e uma prática inteligíveis
ao torná-los comparáveis com outros discursos e outras
práticas: ao comparar, por exemplo, o discurso e a união
política com a declaração de amor e a ligação amorosa.
É isto que mostram, no início do filme, as palavras frag-
mentadas e as mãos que se juntam de Jean-Pierre Léaud
– que parece estar ainda a desempenhar *Masculino, Feminino* – e de Anne Wiazemsky, que ainda fala na língua de
Bresson de *Peregrinação Exemplar*. É isto que ela lhe ensina
quando atribui aos enunciados «Amas-me?», «Eu já não
te amo» um carácter tão problemático quanto aos enunciados políticos. Mas pode preferir-se, a esta demonstração dialéctica, a demonstração visual oferecida pelo plano
soberbo no qual, durante a exclusão de Henri, Yvonne,
diante da janela, numa pose de criada de Manet, escande
um «Re-vi-sio-nis-ta» que a imagem nos mostra como
um equivalente do «Eu já não te amo».

Assim, a tradução das palavras e dos gestos da política em atitudes de amor e desamor mostram-nos com o

que se parecem. Isola estes elementos simples da palavra política que se reencontram na declaração de amor, mas também no jargão do vendedor ambulante ou do charlatão de feira. Decerto, os episódios finais não ilustram a moral relativista de que tudo se equivale e que a palavra do militante que distribui os seus *Livrinhos Vermelhos* se equivale à do vendedor de alfaces. Antes teremos de evocar Brecht quando concebeu os episódios de *Na Selva das Cidades* como os *rounds* de um combate de boxe. O filme põe em evidência, sob a forma de variações brechtianas, os elementos do trabalho de actor, presentes em toda a acção que produza significado e toda a palavra que produza efeito. Em certo sentido, Godard inverte a lógica do *Wilhelm Meister*, que é uma das grandes referências da literatura germânica com as quais não deixa de se confrontar. O herói de Goethe começa pela paixão teatral e acaba por encontrar a certeza da colectividade sábia. O de Godard, ao contrário, reduz um saber colectivo aos elementos da arte teatral. É que, num ponto essencial, a política é semelhante à arte teatral. Também ela consiste em fatiar a grande metáfora que, infinitamente, faz deslizar as palavras e as imagens umas pelas outras para produzir a evidência sensível de uma ordem do mundo. Também ela consiste em construir montagens inéditas de palavras e acções, em fazer ver palavras transportadas por corpos em movimento para dar a entender o que dizem e produzir uma outra articulação do visível e do dizível.

Teatro, Ano Zero: assim se intitula o episódio das aventuras teatrais de Guillaume Meister. A alusão a *Alemanha,*

Ano Zero, de Rossellini, não é meramente nominal, é também visual. Jean-Pierre Léaud atravessa um cenário idêntico de ruínas para se aventurar por subterrâneos semelhantes aos do pequeno Edmund. Mas não é para se sujeitar às leis de um mundo em ruínas, é antes para reaprender o sentido dos três golpes do teatro. O título de Rossellini falava-nos de um mundo aniquilado, e o seu exergo, de uma criança vítima de uma ideologia criminosa. Por seu lado, o subtítulo de Godard fala-nos daquilo que o filme de Rossellini mostra: num cenário em ruínas, uma criança joga à macaca. Tal é, em suma, a moral do filme que Guillaume, o actor, opõe a Véronique, a terrorista. Não há situação zero, não há mundo em ruínas nem mundo por arruinar. Há, antes de mais nada, uma cortina que se levanta e uma criança, um actor-criança que interpreta, ao de leve, essa personagem na qual gravita o peso do mundo caído e do mundo por nascer. Entre a interpretação da criança-actriz e a fuga para a morte da criança ficcional, entre o trabalho dos operários do teatro e o trabalho dos operários da revolução, quem quiser pensar a separação deverá também pensar a comunidade. É isso que nos mostra este cinema entre dois marxismos que culmina numa meditação sobre o teatro.

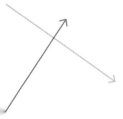

FÁBULAS DO CINEMA,
HISTÓRIAS DE UM SÉCULO

A ficção documental:
Marker e a ficção da memória

Le Tombeau d'Alexandre, assim se intitula o filme dedicado por Chris Marker a Alexander Medvedkine, nascido com o século e falecido nos tempos da Perestroika. Falar de «memória» é, desde logo, estabelecer o paradoxo do filme. Este não pode, de facto, assumir a tarefa de «conservar» a lembrança de um autor cujas obras não vimos e cujo nome nos é praticamente desconhecido. De resto, os compatriotas de Medvedkine não tiveram mais oportunidades do que nós de assistir aos seus filmes. Logo, não se trata de conservar uma memória, mas de criá-la. O enigma do título remete então para o problema da natureza do género cinematográfico que chamamos «documentário». Isto permite-nos, num atalho vertiginoso, ligar duas questões: o que é uma memória? O que é o documentário enquanto género de ficção?

Comecemos por algumas evidências que, para alguns, ainda podem parecer paradoxais. Uma memória não é um conjunto de lembranças de uma consciência. Se assim fosse, a própria ideia de memória colectiva seria vazia de sentido. Uma memória é um certo conjunto, um certo arranjo de signos, de vestígios, de monumentos. O túmulo por excelência, a Grande Pirâmide, não guarda a memória de Quéops. É em si mesmo essa memória. Dir-se-á, provavelmente, que tudo separa dois regimes de memória: de um lado, o dos poderosos governantes do passado – alguns dos quais só têm de real o cenário ou o material das suas sepulturas; do outro, o do mundo contemporâneo, que, ao invés, não cessa de registar os testemunhos das existências mais comuns e dos acontecimentos mais banais. Quando a informação é abundante, supõe-se que a memória transborde. Ora, a actualidade mostra-nos que tal não acontece. A informação não é a memória. Não acumula em prol da memória, antes trabalha para o seu próprio interesse. E o seu interesse é que tudo seja esquecido de imediato, para que só se afirme a verdade abstracta do presente e que o seu poder seja afirmado como o único adequado a essa verdade. Quanto mais os factos abundam, mais se impõe o sentimento da sua indiferente igualdade. Mais se desenvolve, também, a capacidade de fazer da sua justaposição interminável uma impossibilidade de concluir, uma impossibilidade de neles ler o sentido de *uma* história. Para se negar o que aconteceu, como os negacionistas no-lo mostram na prática, não é preciso negar muitos factos; basta retirar o elo que os liga e lhes oferece consistência histórica. O reinado do presente da informação relega para fora da realidade aquilo que não faz parte do processo homogéneo e indiferente da sua auto-apresentação. Não se satisfaz em relegar imediatamente tudo para o passado. Faz do próprio passado o tempo do duvidoso.

A memória deve, pois, constituir-se de modo independente, tanto do excesso como da escassez de informações. Deve construir-se como ligação entre dados, entre testemunhos de factos e vestígios de acções, como esse «arranjo de acções» mencionado na *Poética*, de Aristóteles, e que ele chama *muthos*: não é o «mito», que remeteria para um qualquer inconsciente colectivo, mas sim a fábula e a ficção. A memória é uma obra de ficção. Neste ponto, talvez a boa consciência histórica possa denunciar novamente o paradoxo e opor a sua paciente busca da verdade às ficções da memória colectiva, que forjam os poderes em geral e os poderes totalitários em particular. Mas a «ficção», em geral, não é a bela história ou a vil mentira que se opõem à realidade ou que se querem fazer passar por ela. A primeira acepção de *fingere* não é fingir, mas sim forjar. A ficção é a construção, por meios artísticos, de um «sistema» de acções representadas, de formas agregadas, de signos que respondem uns aos outros. Um filme «documentário» não é o oposto de um «filme de ficção», porque nos mostra imagens saídas da realidade quotidiana ou de documentos de arquivos de acontecimentos confirmados, em vez de empregar actores para interpretar uma história inventada. Não opõe o já dado do real à invenção ficcional. Simplesmente, o real não é, para ele, um efeito por produzir, mas sim um dado por compreender. O filme documentário pode então isolar o trabalho artístico da ficção ao dissociá-lo daquilo com que costuma identificar-se: a produção imaginária de verosimilhança e de efeitos do real. Pode devolver o trabalho artístico à sua essência: uma maneira de recortar uma história em sequências ou de montar vários planos numa história, de ligar e separar as vozes e os corpos, os sons e as imagens, de esticar ou comprimir tempos. «A acção começa hoje em Chelmno»: a frase provocadora com que Claude Lanzmann inicia *Shoah* resume bem essa ideia de ficção. O esquecido, o negado ou o ignorado que as ficções de memória querem certificar opõem-se a esse «real da ficção» que assegura o reconhecimento em espelho entre os espectadores da sala de cinema e as figuras do ecrã, e entre as figuras do ecrã e as do imaginário social. Contrária a essa tendência para reduzir a invenção ficcional aos estereótipos do imaginário social, a ficção de uma memória instala-se na distância que separa a construção do sentido, o real referencial e a heterogeneidade dos seus «documentos». O cinema «documentário» é uma modalidade da ficção, ao mesmo tempo mais homogénea e mais complexa. Mais homogénea, porque aquele que concebe a ideia do filme é também aquele que o realiza. Mais complexa, porque geralmente encadeia ou entrelaça séries de imagens heterogéneas. Deste modo, *Le Tombeau d'Alexandre* encadeia imagens filmadas na Rússia de hoje, depoimentos de entrevistados, actualidades de outrora, fragmentos de filmes da época, de autores e destinações diversas, desde *O Couraçado Potemkine* até aos filmes de propaganda estalinista, passando pelos filmes do próprio Medvedkine – todos reinscritos numa nova trama e eventualmente unidos por imagens virtuais.

Com os seus documentos reais, escrupulosamente tratados com intenção de verdade, Marker produz uma obra cujo teor ficcional ou poético é – independentemente de qualquer juízo de valor – incomparavelmente superior ao mais espetacular dos filmes-catástrofes. O «túmulo de Alexandre» não é a lápide que cobre o corpo de Alexandre Medvedkine. Também não é uma simples metáfora para avaliar a vida de um cineasta militante e, por seu intermédio, fazer o balanço do sonho e do pesadelo soviéticos. Sem dúvida, esse túmulo de Alexandre também possui valor de metonímia para nos falar do outro túmulo que simboliza a esperança sepultada, a saber, o mausoléu de Lenine. Mas é precisamente por escolha «ficcional» que este último não é representado aqui, e é metonimizado, por sua vez, por essa cabeça abatida, em torno da qual jubilam os activistas reunidos contra o golpe comunista no Verão de 1991 e sobre a qual, de seguida, as crianças brincarão sem cerimónias: essa cabeça de colosso faraónico com enormes olhos interrogadores é a de Felix Djerzinski, o homem que Lenine, segundo se dizia recentemente, havia nomeado chefe da polícia política, porque, como todo o polaco, experimentara demasiadamente na carne os horrores da polícia czarista para poder recriar uma polícia com base nessa imagem...

Um túmulo não é uma pedra. Também não é uma metáfora. É um poema, como se escrevia no Renascimento, e cuja tradição foi retomada por Mallarmé. Ou, ainda, uma peça musical em homenagem a outro músico, como se compunha na época de Couperin ou de Marin Marais e cuja tradição foi retomada por Ravel. *Le Tombeau d'Alexandre* é um documento sobre a Rússia do nosso século, porque é um túmulo nesse sentido poético ou musical, uma homenagem artística a um artista. Mas é também um poema que responde a uma poética específica. Ora, há duas grandes poéticas, susceptíveis, aliás, de se subdividir e, eventualmente, se entrecruzar. A poética clássica, aristotélica, consiste na acção e na representação. Nela, o centro do poema é constituído pela «representação de homens que agem», ou seja, pela encenação do texto por um ou mais actores que expõem ou mimetizam uma sequência de acções que acontecem a personagens segundo a lógica que faz coincidir o desenvolvimento da acção com uma mudança de sorte ou de saber das suas personagens. A essa poética da acção, da personagem e do discurso, a era romântica opôs uma poética dos signos: o que faz a história não é já o encadeamento causal de acções «segundo a necessidade ou a verosimilhança» teorizada por Aristóteles, mas o poder de significação variável dos signos e dos conjuntos de signos que formam o tecido da obra. É, antes de mais nada, o poder de expressão pelo qual uma frase, uma imagem, um episódio ou uma impressão se isolam para apresentar, a si próprios, a potência de sentido – ou de ausência de sentido – de um todo. Depois, há o poder de correspondência em que diferentes regimes de signos entram em ressonância ou em dissonância. É, então, o poder de transformação, pelo qual uma combinação de signos se fixa num objecto opaco ou se manifesta numa forma de vida significativa. Por fim, é o poder de reflexão, por via do qual uma combinação se transforma em poder de interpretação de outra ou, pelo contrário, se deixa interpretar por ela. A combinação ideal dessas potências foi formulada na ideia schlegeliana do «poema do poema», o poema que pretende elevar a uma potência superior uma poeticidade já presente na vida da linguagem, o espírito de uma comunidade ou até as dobras e estrias da matéria mineral. A poética romântica desenrola-se assim entre dois pólos: afirma simultaneamente a potência de enunciação inerente a todas as coisas mudas e o poder infinito de o poema se multiplicar ao multiplicar as suas formas de enunciação e os seus níveis de significação.

E, nesse mesmo movimento, complica o regime de verdade da obra. A poética clássica constrói uma intriga cujo valor de verdade decorre de um sistema de conveniências e de verosimilhança que pressupõe, em si mesmo, a objectivação de um espaço-tempo específico da ficção. E é essa objectividade de ficção que arruína o herói romântico por excelência, Dom Quixote, quando este despedaça as marionetas de Mestre Pedro. À separação entre actividades sérias e lúdicas opõe esse dever de fazer coincidir o Livro com o mundo, o que, antes de ser a loucura de um leitor de romances, é a loucura da cruz cristã. A poética romântica substitui o espaço objectivado da ficção por um espaço indeterminado da escrita: este, por um lado, dá-se como indiscernível de uma «realidade» feita de «coisas» ou de impressões que são elas mesmas signos que falam por si; por outro, e ao contrário, dá-se como o espaço de um infinito trabalho de construção, adequado a elaborar, pelos seus andaimes, os seus labirintos ou os seus desníveis, o equivalente a uma realidade sempre muda.

Arte moderna por excelência, o cinema é a arte que, mais do que qualquer outra, ou sofre o conflito ou experimenta a combinação das duas poéticas. Combinação de um olhar de artista que decide e de um olhar maquínico que regista, combinação de imagens construídas e de imagens experienciadas, faz de um modo geral desse duplo poder um simples instrumento de ilustração ao serviço de um sucedâneo da poética clássica. Inversamente, porém, o cinema é a arte que pode elevar à sua máxima potência o duplo recurso da impressão muda, que fala, e da montagem, que calcula as potências de significação e os valores de verdade. E o cinema «documentário», desembaraçado pela sua própria vocação para o «real» das normas clássicas de conveniência e de verosimilhança, pode, mais do que o cinema dito de ficção, jogar com as concordâncias e discordâncias entre vozes narrativas e séries de imagens de época, de proveniência e significados variáveis. Pode unir o poder de impressão, o poder de palavra que nasce do encontro entre o mutismo da máquina e o silêncio das coisas, com o poder de montagem – num sentido amplo, não técnico, do termo –, que constrói uma história e um sentido pelo direito que a si mesmo atribui de combinar livremente os significados, de «re-ver» as imagens, encadeá-las de outro modo, restringir ou alargar a sua capacidade de sentido e de expressão. O cinema-verdade e o cinema dialéctico – o comboio de Dziga Vertov, que passa sobre o operador deitado nos trilhos, e o carrinho de bebé do *Couraçado Potemkine*, que desce com implacável lentidão as célebres escadarias de Odessa – são as duas faces de uma mesma poética. Poeta do poema cinematográfico, Marker reencena-os. Ao combinar os planos do *Couraçado Potemkine* com planos de transeuntes que hoje descem as mesmas escadas, faz-nos sentir o extraordinário artifício da «câmara lenta» eisensteiniana, que dramatiza em sete minutos uma descida a grande velocidade de umas escadas que um transeunte normal desceria em noventa segundos. Mas também nos mostra o intervalo infinito entre esse artifício da arte que pontua um momento histórico e os artifícios da propaganda que nos apresentam um amistoso sósia de Estaline a enfiar o nariz num motor de tractor avariado. A precipitação desacelerada do movimento, operada por Eisenstein, parte de uma série de operações sobre o espaço e o tempo, o grande e o pequeno, o alto e o baixo, o comum e o singular. Faz parte de um sistema de figuras que constroem o espaço-tempo da Revolução. A ficção de Eisenstein é, assim, uma ficção produtora de história. O sósia de Estaline, em contrapartida, é apenas um sósia de Estaline, uma ficção do poder.

Cria-se então, entre as imagens do presente, as ficções da arte soviética e as do poder estalinista, um diálogo de sombras estruturado pelas seis «cartas» que Chris Marker endereça no presente ao falecido Alexandre Medvedkine. Da mesma maneira que introduz na prosa do presente as imagens do passado – assim se passa com essa reencenação da emblemática sequência do emblemático filme da Revolução –, parte, pelo contrário, de tal «coisa vista» hoje para a história do imaginário de um povo. Numa igreja de Moscovo, a câmara fixou imagens que «falam por si»: uma celebração religiosa, idêntica às do passado pela pompa e cerimónia dos ornamentos, pela fumaça dos incensos e pela devoção das eternas *babuchkas*. Mas também se deteve num rosto de velho, como qualquer outro, que não é, precisamente, o de um velho devoto qualquer: entre a assistência, um homem que tem, como Alexandre Medvedkine, a idade do século e cujo nome, como o seu, decerto nada «diz» ao espectador ocidental: o tenor Ivan Kozlovzki. Ora, esta pausa sobre um rosto que não tornará a ser visto opera duas coisas numa: coloca o passado comunista e o presente pós-comunista na trama de uma história mais antiga, a que foi desenvolvida pelas grandes óperas do repertório nacional. Mas também oferece um duplo a Medvedkine, pois desenha furtivamente um díptico essencial à construção da «ficção de Alexandre».

De facto, tudo opõe estas duas figuras. Medvedkine passou a vida, o seu século, empenhado em fazer desse século e da terra soviética o tempo e o lugar de encarnação da palavra de Marx. Dedicou-os a fazer filmes comunistas consagrados ao regime e aos seus dirigentes – que, no entanto, não permitiram que fossem vistos pelo povo soviético. Inventou o cinecomboio para ir aos colcozes e às minas filmar a obra e as condições de vida dos trabalhadores ou os debates dos seus representantes, permitindo-lhes, assim, que vissem no momento a sua obra e as suas falhas. E conseguiu-o com êxito de sobejo: essas imagens implacáveis de desolados acampamentos de barracas, de pátios com árvores decrépitas e de comissões de burocratas foram rapidamente descansar em arquivos onde os investigadores só há muito pouco tempo as encontraram. Depois, colocou a *verve* cómica e surrealista de *A Felicidade* ao serviço da política de colectivização agrária. Mas, aí, o escárnio das autoridades, sacerdotes e *kulaks*, superava qualquer possibilidade de utilização para ilustrar uma «linha» que fosse, e o filme não foi lançado. Posteriormente, ainda celebraria, em *A Nova Moscovo*, o urbanismo oficial. Porém, como pode ele divertir-se à custa dos arquitectos com uma montagem de trás para a frente que mostra a destruição dos novos edifícios e a reconstrução da Catedral do Salvador? O filme foi imediatamente proibido. Medvedkine teve então de renunciar aos seus e passar a fazer os filmes dos outros, os filmes que qualquer um podia realizar para ilustrar a política oficial da época, celebrar os cortejos à glória de Estaline, denunciar o comunismo chinês ou elogiar, pouco antes de Chernobil, a ecologia soviética.

Ivan Kozlovzki passou a sua vida e o século de outra maneira. O tenor cantou Tchaikovski, apreciado já no tempo dos czares e que Estaline preferia aos músicos da vanguarda comunista. Cantou Rimski-Korsakov e Mussorgski, em concreto esse *Boris Godunov* composto a partir da obra do poeta russo por excelência, do poeta também ele amado pelo regime soviético, esse outro Alexandre apelidado Puchkine. Nesta história emblemática de um *czarevich* assassinado e de um usurpador sangrento por sua vez deposto por um impostor, o tenor cantou a personagem do Inocente e a profética cena final em que este derrama, sobre a noite impenetrável, o pranto, a dor e a fome que esperam o povo russo. Kozlovzki passou a sua vida e o seu século a refazer as fábulas do século XIX que nos mostram como as revoluções são atraiçoadas de antemão e que cantam o sofrimento de um povo eternamente condenado à sujeição e ao engano. E fá-lo diante dos oficiais comunistas que não deixaram de preferir essas histórias e essas músicas às obras da vanguarda comunista. O plano fixo sobre o seu rosto mudo não se limita, pois, a revelar a furtiva contra-imagem de outra vida no século soviético. Vai inscrever-se numa ficção de memória que é o combate entre duas heranças: um século XX que herda um século XIX em oposição a outro. Mas, naturalmente, esses dois «séculos» também se entrelaçam e desdobram as suas próprias metamorfoses, contradições e retrocessos. E entre essas duas imagens do cantor, entre o velho que reza na catedral e o lamento do Inocente no palco do Bolchoi, Marker não só inseriu uma história de padres ortodoxos – as sequências ferozmente anticlericais de *A Felicidade* –, como também outro encontro de séculos, de homens e de «religiões»: inseriu a memória dessa cavalaria vermelha na qual Medvedkine, nas fileiras dos cossacos de Budienni, acompanhou o judeu e futuro fuzilado Isaac Babel.

Deste modo, a identidade ficcional entre a vida de um cineasta comunista e a vida do século e da terra comunistas diferem completamente do fluxo de uma história linear, mesmo que as «cartas» a Alexandre Medvedkine sigam, formalmente, uma ordem cronológica. A primeira fala-nos da Rússia na época czarista; a segunda, dos primeiros tempos soviéticos; a terceira, das actividades propagandísticas de Medvedkine com a epopeia do cine-comboio, a quarta, através das desventuras d'*A Nova Moscovo*, dos tempos do estalinismo triunfante; a quinta, da morte de Medvedkine na época da Perestroika e do fim da URSS. Mas a primeira carta desregulou, e logo à partida, a cronologia, ao dispor todas as épocas em conjunto. Esta apresenta outra história de vida e de morte, que a sexta esclarece quando nos oferece as imagens da verdadeira morte, da morte em vida de Alexandre Medvedkine a filmar, em 1939, as grandes celebrações estalinistas, com o título *Chudesnitsa*. Deste modo, o filme constrói-se no intervalo entre duas mortes, uma real, e outra, simbólica. E faz de cada um dos seus episódios uma mistura específica de tempos. A polissemia do título já indica essa pluralização da memória e da ficção. Porque há, pelo menos, quatro Alexandres num único nome. A visita ao túmulo de Medvedkine é, efectivamente, desviada para o espectáculo de uma multidão que, na lama do degelo, se apressa a cobrir de flores a sepultura de um Alexandre mais ilustre, o czar Alexandre III. Essa imagem, porém, como a das pompas religiosas de Moscovo ou de Quieve, não é o mero equivalente visual de «Sociedade! Tudo restaurado!» do poema de Rimbaud. A relação das duas sepulturas não é um simples sinónimo de esperança sepultada e de vingança do velho mundo; desde o início, cifra a estrutura narrativa do filme. Este não cumpre a transição linear da Rússia czarista para a Revolução nem da sua degenerescência para a restauração dos valores antigos, antes reúne três Rússias no nosso presente: a de Nicolau II, a soviética e a de hoje. Três Rússias que são também três eras da imagem: a Rússia czarista da fotografia e da parada sem alma dos grandes perante os pequenos; a Rússia soviética do cinema e da batalha das imagens; a Rússia contemporânea do vídeo e da televisão.

Isto já estava implícito numa das primeiras imagens do filme que nos mostrava, na Petersburgo de 1913, os gestos imperiosos de um oficial ordenando ao povo que tirasse o chapéu à passagem da nobreza. É necessário compreender o que nos diz Marker quando pede para não esquecer «esse gordo que ordena aos pobres que saúdem os ricos»: não se trata, metaforicamente, de reter a imagem que ontem legitimou a opressão e que hoje poderia «desculpar» a revolução soviética. Trata-se, literalmente, de não esquecer, de pôr essa imagem dos grandes que desfilam diante dos pequenos ao lado da sua contra-imagem, os grandes desfiles soviéticos dos pequenos declarados grandes – ginastas, crianças, colcozianos –, diante dos «camaradas» da tribuna oficial. Marker não se limita simplesmente a divertir-se com o desordenamento desses sistemas temporais estabelecidos que são a ordem cronológica simples ou os clássicos relatos em *flashback*. A estrutura narrativa constrói no presente uma memória que é uma relação de enlace entre duas histórias de um século. Assim o explicita, na imagem de Ivan Kozlovzki cantando o Inocente, o encontro com o terceiro Alexandre, Alexandre Sergeievitch Puchkine. Mas Alexandre é

também, e sobretudo, o nome do conquistador por excelência, o nome do príncipe macedónio que, subjugando a
Grécia antiga, estendeu os seus limites às fronteiras das
terras habitadas e, assim, construiu a sua imortalidade
histórica. E o seu nome é também, por excelência, o nome
do morto ilustre cujo túmulo se procurou em vão durante
milénios: um «nome Alexandre» que dá a essa sábia história de homónimos a sua incompletude, que remete o
túmulo-poema para o túmulo ausente, do qual talvez seja
sempre uma alegoria.

Assim, a história «clássica» de fortuna e infortúnio,
de ignorância e saber, que liga a vida de um homem à epopeia soviética e à sua catástrofe, adquire a forma de uma
narrativa romântica que, como os poemas escritos por
Mandelstam, no dealbar da Revolução, revolve a «negra
terra do tempo». Lembremos que libertar o nosso «século
de argila» dos malefícios do precedente e conceder-lhe
a ossatura histórica foi a grande preocupação de Mandelstam, aquela que guiava, nas estruturas narrativas dos
seus poemas, o entrelaçamento do presente soviético e
da mitologia grega, da tomada do Palácio de Inverno e da
tomada de Tróia[1]. Se a estrutura do «túmulo» de Marker
se mostra mais complexa, não é, simplesmente, porque
o cinema dispõe de meios de significação diferentes
dos da poesia. É em função da sua própria historicidade.
O cinema é uma arte nascida da poética romântica, como

---

1 Cf. J. Rancière, «De Wordsworth à Mandelstam: les transports de la
   liberté», in *La Chair des mots*, Paris, Galilée, 1998.

que pré-formada por ela: uma arte eminentemente apta às metamorfoses da forma significante que permitem construir uma memória como entrelaçamento de temporalidades deslocadas e de regimes heterogéneos de imagens. Mas na sua natureza artística, técnica e social, também é uma metáfora viva dos tempos modernos. Em si, constitui uma herança do século XIX, um enlace entre os séculos XX e XIX capaz de conjugar essas duas relações entre século e século, esses dois legados que mencionei: o século de Marx no de Lenine; o século de Puchkine e Dostoievski no de Estaline. Por um lado, é a arte cujo princípio – a união do pensamento consciente com a percepção sem consciência – foi pensado cem anos antes das primeiras projecções públicas, no último capítulo de *Sistema do Idealismo Transcendental*, de Schelling. Por outro, é a culminação de um século de descobertas técnicas e científicas que quiseram passar das ilusões da ciência do entretenimento para o registo, através da luz, dos movimentos ocultos ao olho humano. Na época de Étienne Marey, foi o instrumento de uma ciência do homem e de uma investigação da verdade científica contemporâneos da era do socialismo científico. A era em que Alexandre Medvedkine nasceu parecia ter encontrado o seu fim numa nova indústria da ilusão e do entretenimento popular. Porém, quando chegou à idade adulta, o poder da ciência e o poder da imagem estavam novamente juntos como poder próprio do homem novo, do homem comunista e eléctrico: comunista porque eléctrico; eléctrico porque comunista. A escrita de luz tornou-se ao mesmo tempo o instrumento prático e a metáfora ideal da união entre o poder da ilusão, o poder da ciência e a potência do povo.

Em suma, o cinema foi a arte comunista, a arte da identidade entre a ciência e a utopia. E, nos anos 20, não só na Moscovo revolucionária de Vertov e de Eisenstein, de Medvedkine e de Dovjenko, mas também na Paris estetizante de Canudo, de Delluc ou Epstein, as combinações de luz e movimento descartariam os comportamentos e os pensamentos do velho homem. O cinema era essa culminação do século XIX que deveria fundar a ruptura do século XX. Era esse reino das sombras convocado a tornar-se reino da luz, essa escrita do movimento que deveria, como o caminho-de-ferro e com ele, identificar-se com o próprio movimento da Revolução. Assim, *Le Tombeau d'Alexandre* é a história cinematográfica desta dupla relação do cinema com a era soviética: é possível fazer a história do século soviético através do destino dos seus cineastas, através dos filmes que fizeram, dos que não fizeram, daqueles que foram forçados a fazer, não só porque testemunhariam um destino comum, mas porque o cinema como arte é a metáfora ou o próprio resultado de uma ideia do século e de uma ideia da história que foram politicamente encarnadas no sovietismo. O discurso de Marker responde, à sua maneira, ao da(s) *História(s) do Cinema*, de Godard. Ambas nos propõem ler a história do nosso século não através da história, mas *das histórias* ou de *umas histórias* do cinema, que não é só contemporâneo do século mas parte activa da sua própria «ideia». Propõem-nos que leiamos em espelho o parentesco entre a fábrica de sonhos soviética e a fábrica de sonhos hollywoodiana, e que pensemos, dentro do desenvolvimento do marxismo estatal e do cinema industrial, uma mesma zona de conflito entre duas heranças seculares. O método é, sem dúvida, distinto. Godard utiliza os recursos próprios da escrita videográfica para equiparar no ecrã os poderes do quadro negro e os da colagem pictórica e, assim, dar uma nova forma ao «poema do poema». Enlouquecendo a máquina dedicada à informação, procede por saturação da imagem e por ziguezagues entre imagens. Numa mesma unidade «audiovisual», sobrepõe uma imagem de um primeiro filme, outra, retirada de um segundo, a música, de um terceiro, uma voz, oriunda de um quarto, e cartas, retiradas de um quinto. E complica esse entrelaçamento com imagens originárias da pintura e pontua-o com um comentário em presença. Propõe cada imagem e a combinação de imagens como um jogo de pistas abertas em múltiplas direcções. Constitui um espaço virtual de conexões e ressonâncias indefinidas. Já Marker opera numa modalidade dialéctica: compõe séries de imagens (testemunhos, documentos de arquivos, clássicos do cinema soviético, filmes de propaganda, cenas de ópera, imagens virtuais...), que organiza de acordo com os princípios propriamente cinematográficos da montagem, para definir momentos específicos da relação entre o «reino das sombras» cinematográfico e as «sombras do reino» utópico. À superfície plana de Godard ele opõe uma escansão da memória. Mas, ao mesmo tempo, está sujeito, como Godard – e ainda mais do que ele –, a esse aparente paradoxo que obriga a pontuar, pela voz autoritária do comentário, o que «dizem» as imagens que «falam por si» e os entrelaçamentos das séries de imagens que constituem o cinema como metalinguagem e como «poema do poema».

Tal é, de facto, o problema da ficção documental e, através dela, da ficção cinematográfica em geral. A utopia primeira do cinema foi a de ser uma linguagem – sintaxe, arquitectura ou sinfonia – mais adequada do que a linguagem verbal para se aliar ao movimento dos corpos. Essa utopia não deixou de ser confrontada, tanto no cinema mudo quanto no cinema falado, com os limites dessa capacidade falante e com todos os retornos da «velha» linguagem. E o cinema «documental» sempre se manteve preso entre as ambiguidades do «cinema-verdade», as artimanhas dialécticas da montagem e o autoritarismo da voz do mestre – voz, geralmente em *off*, que duplica, na sua continuidade melódica, os encadeamentos de imagens heterogéneas ou que pontua, passo a passo, o sentido que é necessário conferir à sua presença muda ou aos seus arabescos elegantes. Pedagogo dialéctico, Marker raramente se privou de sublinhar, para nós, quer a evidência fornecida pela «própria» imagem daquilo que a nossa memória tende a esquecer ou que o nosso pensamento é relutante em conceptualizar, como, pelo contrário, a insignificância ou a ambivalência da imagem solitária e a necessidade de esclarecer as suas leituras possíveis. *Le Tombeau d'Alexandre* é uma ficção da memória, uma memória entrelaçada de comunismo e cinema. Mas essa ficção da memória elaborada por meios artísticos é inseparável de uma «lição sobre a memória», de uma lição sobre o dever de lembrar, constantemente escandida por essa voz que nos diz que é preciso não esquecer uma certa imagem, que é necessário ligá-la a outra, olhá-la mais de perto, reler o que nos dá a ler. Antes de o cineasta nos mostrar visualmente o artifício eisensteiniano, pela montagem alternada de planos de *O Couraçado Potemkine* e de planos de transeuntes contemporâneos que descem mais devagar e mais rapidamente, ao mesmo tempo, as mesmas escadas, essa demonstração foi antecipada, tornada redundante, pela explicação do professor. O que é certo é que, inversamente, seria dificilmente legível sem esse comentário. O «documentário» incorre sucessivamente nessa remissão de uma imagem ou de uma montagem de imagens – que deveriam falar por si próprias –, com a autoridade de uma voz que, ao garantir-lhes o sentido, também as enfraquece. A tensão atinge, sem dúvida, o seu máximo quando a ficção histórica documental passa a identificar-se com um filme que o cinema dedica ao seu próprio poder de história. E a ficção da «carta» endereçada ao morto é aqui o meio de assegurar à voz do comentador essa autoridade inalienável.

A questão, entretanto, não só afecta a difícil relação entre pedagogia e arte como chega ao cerne desta poética romântica à qual pertence o cinema: a conjunção do poder da palavra conferido às coisas mudas com o poder de auto-reflexão atribuído à obra. Sabe-se qual foi a resposta radical que Hegel deu a essa pretensão nas *Lições de Estética*. Na sua opinião, o poder da forma, o poder de «pensar-fora-de-si» próprio da obra, era contraditório com o poder de auto-reflexão próprio do pensamento conceptual, do «pensamento-em-si-mesmo». A vontade de identificar um e outro reduzia a obra a uma mera demonstração de virtuosismo de uma assinatura individual ou remetia-a para o interminável jogo simbolista entre forma e significado, em que um era sempre o eco do outro. Quando o cinema se dá como cinema do cinema e identifica esse cinema do cinema com a leitura de um século, corre o risco de ficar preso entre a infinita remissão entre imagens e sons, formas e significados, marca do estilo godardiano, e o poder da voz que comenta, próprio do estilo de Marker. Manifestamente, os últimos filmes de Marker assinalam a consciência dessa aporia e a vontade de lhe escapar. *Nível 5* é particularmente evidente neste âmbito. Para construir a ficção de uma memória em torno da Batalha de Okinawa e do terrível suicídio colectivo pelo qual os conquistadores japoneses obrigaram os colonizados de Okinawa a reproduzir a honra japonesa, Marker rompeu deliberadamente o equilíbrio inerente à obra documental. Começou por confiar ao computador o cuidado de produzir, à maneira de um jogo de vídeo, as imagens do passado com as quais são confrontadas, de acordo com os princípios da montagem dialéctica, as imagens do presente ou as vozes dos entrevistados. Faz desse computador uma personagem de ficção: memória, túmulo e mesa de jogo, o que permite relacionar os recursos do jogo de vídeo com a estratégia dos generais japoneses e a do jogo de *go*. Mas o jogo de *go* também é emblema de um

filme, *O Último Ano em Marienbad*, cujo autor, Alain Res-
nais, é também o do «documentário» *Noite e Nevoeiro* e da
«ficção» *Hiroshima Meu Amor*. E *Nível 5* é, em certa medida,
o *remake* de *Hiroshima Meu Amor* na era do computador.
O casal de amantes foi substituído por um casal singular:
o computador e uma mulher que, através dele, dialoga com
o amante desaparecido. Mas essa amante de ficção tem
um estatuto muito particular. Por um lado, não é mais do
que a ficcionalização de uma função poética: a da voz que
comenta. Essa voz *off*, geralmente masculina e imperial,
é aqui representada, ficcionalizada e feminilizada. Mas
é-o de um modo muito específico: a «heroína», Laura, sai
da ficção cinematográfica, da mesma maneira que a sua
homónima, a heroína do filme de Preminger, saía do seu
quadro para se converter numa criatura viva. Além disso,
é sabido que a celebridade de Laura se relaciona com esta
primeira frase: «Nunca esquecerei a tarde em que Laura
morreu», que se revelará, por inversão, como a palavra de
um morto acerca de uma criatura viva.

Deste modo, a ficção de memória duplica-se até ao
infinito, e o documentário confessa-se mais do que nunca
como a efectivação de uma poética romântica que revoga
toda a aporia do «fim da arte». A memória de um dos crimes mais monstruosos do século e da história identifica-
-se, em *Nível 5*, com uma ficção da ficção da ficção. Mas
esta multiplicação ficcional do sentido parece também
corresponder a um empobrecimento material da imagem. A irrealidade sem aura, própria da imagem de síntese, comunica com as imagens de origens diversas que

o filme reúne. E a multiplicação dos níveis de ficção e de sentido encontra o seu lugar na banalidade do espaço videográfico. A tensão entre as «imagens que falam» e as palavras que as fazem falar revela-se, definitivamente, como uma tensão entre a ideia de imagem e a matéria feita imagem. E não se trata aqui de dispositivo técnico mas sim de poética. Com as armas do vídeo, Godard faz o contrário de Marker: reconduz à glória do ícone a alegre desordem das palavras e das imagens. Eterniza, ao juntar os fragmentos das ficções do século, o reino – espiritual e plástico – das sombras cinematográficas, herdeiras das figuras pictóricas. Pelo contrário, Marker, neste caso, mais próximo da arte da instalação, afirma a imagem como operação conjuntiva e intervalar que se afirma em detrimento do esplendor material do reino das sombras. Assim, o «poema do poema» encontra, na época dos balanços de um século e das revoluções da técnica das imagens, duas figuras muito próximas e radicalmente opostas. Um túmulo contra o outro, um poema contra o outro[2].

—

2 Os meus agradecimentos a Sylvie Astric, que suscitou o meu interesse por este filme e pela ficção documental no quadro de uma programação da BPI no Centre Georges Pompidou.

Uma fábula sem moral:
Godard, o cinema, as histórias

História(s) do Cinema: o título com duplo sentido e extensão variável de Godard resume de modo exacto o dispositivo artístico complexo no qual se apresenta uma tese que poderia resumir-se como se segue: a história do cinema é a de um encontro falhado com a história do seu século. Se este encontro se frustrou, foi porque o cinema ignorou a sua historicidade própria, as histórias cuja virtualidade era carregada pelas suas imagens. E se as ignorou, foi porque ignorou a potência própria dessas imagens, herança da tradição pictórica, tendo-as submetido às «histórias» que lhe eram propostas pelos guiões, herança da tradição literária da intriga e das personagens. A tese opõe assim duas espécies de «histórias»: as histórias efectivas, nas quais a indústria encadeou as imagens do cinema para fazer delas moeda do imaginário colectivo, e as histórias virtuais de que essas imagens eram portadoras. A montagem constitutiva da(s) *História(s) do Cinema* propõe-se, pois, mostrar essas histórias de que eram portadores os filmes do século e cuja potência os cineastas deixaram escapar ao submeter a «vida» das imagens à «morte» imanente ao texto. Com os filmes que eles fizeram, Godard faz filmes que eles não fizeram. Isto pressupõe um duplo trabalho: recuperar nas histórias contadas por eles as imagens subjugadas e encadear essas imagens noutras histórias. Este projecto, fácil de enunciar, obriga a certas operações que complexificam singularmente as noções de imagem e de história, e onde a tese de um cinema traidor de si próprio e do seu século se converte finalmente em demonstração de uma inocência radical da arte e das imagens móveis.

Comecemos pelo princípio. Não pelo princípio da série de Godard, mas pelo princípio da sua intervenção. Consideremos, na secção intitulada *Le Contrôle de l'univers*, o episódio isolado pelo subtítulo «Introduction à la méthode d'Alfred Hitchcock» – em homenagem à *Introduction à la méthode de Leonardo da Vinci*, de Paul Valéry. Este episódio pretende ilustrar a tese central de Godard: a primazia das imagens sobre as intrigas. Para isso, faz de nós testemunhas: «Esquecemo-nos por que motivo Joan Fontaine se inclina à beira da falésia e o que Joel McCrea ia fazer para a Holanda. Esquecemo-nos a que respeito Montgomery Clift guarda um silêncio eterno e por que razão Janet Leigh fica no Bates Motel e porque é que Teresa Wright está ainda apaixonada pelo Tio Charlie. Esquecemo-nos de que é que Henry Fonda não é inteiramente culpado e por que motivo exacto o governo americano recorre aos serviços de Ingrid Bergman. Mas lembramo-nos de uma mala de mão. E lembramo-nos de um autocarro no deserto. Lembramo-nos de um copo de leite, das pás de um moinho, de uma escova de cabelo. Mas lembramo-nos de uma fileira de garrafas, de um par de óculos, de uma partitura musical, de um molho de chaves, porque com eles, e através deles, Alfred Hitchcock sucedeu no ponto em que Alexandre, Júlio César, Napoleão falharam: assumir o controlo do universo»[1].

Godard não diz, pois, que o cinema de Hitchcock é feito de imagens cuja potência é indiferente às histórias nas quais se encadeiam. Apenas nos recordamos do copo de leite que Cary Grant leva a Joan Fontaine, em *Suspeita*, e não dos problemas monetários que a personagem pensa resolver com o dinheiro do seguro de vida da esposa; recordamos a escova esgrimida por Vera Miles que interpreta, em *O Falso Culpado*, a esposa vítima de loucura, e não a confusão que motiva a detenção do seu marido, interpretado por Henry Fonda; lembramos a queda em primeiro plano das garrafas de Pommard, em *Difamação*, ou as pás do moinho a girarem contra o vento, em *Correspondente de Guerra*, e não as histórias de espionagem antigermânicas nas quais se vêem implicadas as personagens interpretadas por Cary Grant e Ingrid Bergman ou Joel McCrea[2]. Em si mesmo, o argumento parece facilmente

—

1 Cito a partir do texto escrito de *Histoire(s) du cinéma*, Paris, Gallimard, 1998, t. 4, pp. 78-85.

2 Para refrescar a memória acerca das outras alusões de Godard, Montgomery Clift interpreta, em *Confesso*, o papel de um sacerdote acusado de um crime cujo verdadeiro culpado conhece, mas não pode revelar por causa do segredo da confissão. A mala de mão é aquela que, em *Psico*, contém o dinheiro roubado por Marion (Janet Leigh), a qual, para sua desgraça, irá parar no Motel Bates onde será assassinada por Norman Bates (Anthony Perkins). Em *Mentira!*, Teresa Wright interpreta o papel da jovem Charlie, apaixonada pelo seu tio homónimo, o assassino de senhoras encarnado por Joseph Cotten. O autocarro no deserto é aquele que espera por Roger Thornhill (Cary Grant), atraído para uma cilada pelos seus inimigos, em *Intriga Internacional*. Em *O Desconhecido do Norte-*

refutável. É claro que dissocia elementos indissociáveis: se nos lembramos das garrafas de Pommard de *Difamação*, não é pelas suas qualidades pictóricas, mas sim por uma carga emocional que emana integralmente da situação narrativa. Se a sua vacilação e queda em grande plano nos importa tanto é porque tais garrafas contêm o urânio que Alicia (Ingrid Bergman) e Devlin (Cary Grant) procuravam e porque, enquanto vasculham na cave, o champanhe esgota-se na recepção do andar de cima e em breve o marido de Alicia, Sebastian (Claude Rains), que é também um agente nazi, virá buscar mais, ouvirá a queda e compreenderá que a sua mulher lhe roubou a chave da cave. E o mesmo sucede com cada uma das imagens evocadas: é a situação narrativa que confere a sua importância aos objectos. O argumento parece, pois, ser fácil de refutar. Mas Godard não opõe argumentos entre si, antes opõe as imagens umas às outras. Logo, o filme apresenta-nos, ao manter este discurso, outras imagens feitas a partir de imagens de Hitchcock: o copo de leite, as chaves, os óculos ou as garrafas de vinho surgem, separadas por negros, como outros tantos ícones, outros tantos rostos de objectos, semelhantes a essas maçãs de Cézanne que o comentário evoca de passagem: outros tantos testemunhos de um (re)nascimento de todas as coisas à luz da presença pictórica.

-*Expresso*, o assassínio de Miriam Haines por Bruno (Robert Walker) aparece reflectido nas lentes dos seus óculos. Por último, a partitura pertence ao *suspense* de *O Homem que Sabia Demais*, no qual o assassínio de um diplomata é programado durante um concerto no Albert Hall.

Não se trata, pois, simplesmente de separar umas imagens do seu encadeamento narrativo. Trata-se de transformar a sua natureza de imagens. Vejamos, por exemplo, o copo de leite de *Suspeita*. No filme de Hitch-cock, é uma condensação de dois afectos contraditórios. É o objecto da angústia de Lina (Joan Fontaine), que descobriu os criminosos desígnios do seu marido. A atitude da jovem que acabamos de ver no seu quarto, um *insert* num mostrador de relógio a marcar a hora do crime e a flecha de luz branca traçada por uma porta aberta sobre um corredor escuro fizeram-nos partilhar a sua intensidade. Mas, para nós, é também outra coisa. Apresenta--se, de facto, como uma pequena adivinha visual. Há esse ponto branco luminoso que brilha no corpo longi-líneo de Cary Grant e que aumenta lentamente de tama-nho com a subida da escada e o estreitamento do campo. Esse pequeno ponto branco inscreve-se, por sua vez, num jogo de superfícies brancas, cinzentas ou negras, delimi-tadas pelas luzes projectadas nas paredes e pelas grades do corrimão da escada. Cary Grant sobe as escadas, com a sua habitual impassibilidade, num ritmo de valsa lenta. A este dispositivo de duplo efeito podemos, propriamente, chamar imagem: por um lado, materializa a angústia que nos dá a partilhar com a heroína e harmoniza a tensão visual com a tensão ficcional. Por outro lado, separa-as: a calma da subida e os jogos abstractos das sombras e das luzes transformam o enigma visual. Ao espectador que se questiona, com a heroína, se haverá veneno no copo, res-ponde-lhe com outra pergunta que apazigua a angústia, convertendo-a em curiosidade: *Está a questionar-se se há veneno, certo? Acredita mesmo que há?* E fá-lo, assim, entrar no jogo do autor, ao libertá-lo do afecto da heroína. Este duplo efeito tem um nome, frequentemente utilizado fora de âmbito, mas que aqui encontra o seu lugar exacto: desde Aristóteles, chama-se purificação das paixões, purificação da paixão dramática por excelência, o temor. Este é ao mesmo tempo suscitado no seu modo identificatório e purificado, aligeirado em jeito de jogo de saber que atravessa a angústia, libertando-se dela. A imagem hitchcockiana é o elemento de uma dramaturgia aristotélica. É um suporte de angústia e um instrumento de purificação da angústia que carrega. O filme hitchcockiano obedece exemplarmente à tradição representativa. É um agenciamento de acções visuais que actua sobre uma sensibilidade, jogando com a relação móvel entre prazer e dor, através de uma ligação entre o saber e a ignorância.

Assim, as imagens destes filmes são operações, unidades que participam de uma orientação das hipóteses e de uma manipulação dos afectos. Aliás, ouvimos, num segundo plano sonoro, a voz de Hitchcock a evocar essa manipulação dos afectos do espectador. Mas tal voz está encoberta por outra, a de Godard, que vai povoar essas imagens no seu lugar. O «método de Alfred Hitchcock» transforma essas imagens no seu exacto contrário: unidades visuais, nas quais se imprimiu o rosto das coisas, como o rosto do Salvador no véu de Véronique; unidades tomadas numa dupla relação com essas coisas cujo vestígio retêm e com todas as outras imagens com as quais compõem um *sensorium* próprio, um mundo de entreex-pressividade. Para tal, não basta separar as imagens do seu contexto narrativo e reencadeá-las, já que a segmentação e a colagem costumam produzir o efeito inverso. Ambas servem, desde Dziga Vertov, para demonstrar que as imagens cinematográficas são em si mesmas fragmentos inertes de celulóide que só ganham vida graças à operação da montagem que os encadeia. A montagem que transforma as imagens de porta-afectos de Hitchcock em ícones da presença original das coisas deverá, pois, ser uma antimontagem, uma montagem em fusão que inverte a lógica artificialista da fragmentação. Quatro operações constituem esta antimontagem. Em primeiro lugar, as imagens separam-se por via de negros, de maneira a ficarem isoladas umas das outras, mas sobretudo isoladas conjuntamente no *seu* mundo, um *submundo* das imagens, de onde cada uma parece sair na sua vez para dele testemunhar. Vem depois o desfasamento entre palavra e imagem, que também funciona ao contrário do normal. O texto fala de um filme, mostrando-nos as imagens de outro. Este intervalo, habitualmente gerador de disjunção crítica, faz aqui o oposto: confirma a sua co-pertença global a um mesmo mundo de imagens. A voz, por seu lado, dá a esse mundo a sua homogeneidade e profundidade. E, por último, a montagem de vídeo com as suas sobreimpressões, as suas imagens que surgem, piscam, se desvanecem ou se sobrepõem umas às outras, completa a representação de um *sensorium* originário, um mundo das imagens a partir do qual estas, respondendo à chamada do cineasta, saem, tal como em Homero, os mortos dos Infernos respondem à chamada de Ulisses e do sangue. De um modo espectacular, o ícone mumificado de Hitchcock, regressado do reino das sombras, vem aqui habitar o mundo das «suas» imagens. E passa a ocupar, no bosque de sequóias de *A Mulher Que Viveu Duas Vezes*, o lugar de James Stewart junto de Kim Novak. A substituição é, evidentemente, emblemática: lembrando o título do romance em que o filme se inspira – *De entre os Mortos* –, inverte a manipulação do guião. No argumento diabólico do filme, o tema da mulher chamada ao reino dos mortos pelo seu antepassado serve de cobertura para a manipulação criminosa de que é vítima o polícia Scottie/James Stewart. Uma exacta contramanipulação converte os personagens e o seu realizador em sombras efectivamente emanadas do reino das sombras. Deste modo, a imagem videográfica arranca a imagem cinematográfica do seu guião para a instalar nesse reino, para fazer do próprio cinema a interioridade desse reino.

Assim, a subtracção de fragmentos visuais ao *continuum* de um filme é uma maneira de modificar a sua natureza, de convertê-los em unidades que já não estão ligadas a estratégias narrativas/afectivas na modalidade representativa, mas sim a um *sensorium* originário onde as imagens de Hitchcock são acontecimentos-mundo, coexistindo com uma infinidade de outros acontecimentos-mundo pertencentes a todos os outros filmes, bem como a todas as formas de ilustração de um século, e susceptíveis de entrar numa infinidade de relações tanto entre si como com todos os elementos de um século. Tudo sucede então como se não tivesse sido Godard quem cortou as imagens de Hitchcock, como se, ao invés, tivesse sido Hitchcock a juntar essas imagens que já viviam por si próprias num mundo de entreexpressão generalizada, onde Godard iria de novo buscá-las para as juntar de outra maneira, mais fiel à sua natureza.

Mas, qual seria, exactamente, essa natureza? É o que iremos descobrir de seguida. O episódio de Hitchcock é imediatamente seguido, na(s) *História(s) do Cinema* por uma homenagem ao cinema, cuja composição ilustra exemplarmente o método godardiano. Perante os nossos olhos vão, com efeito, desfilar fragmentos visuais na sua maioria tomados da tradição expressionista e fantástica representada por alguns filmes ilustres: *Nosferatu*, *O Fantasma da Ópera*, *Fausto*, *Metrópolis*, *O Filho de Frankenstein*... Ora, a voz que as acompanha transforma estas imagens de monstruosidade e pavor no seu exacto contrário: com a imagem de um Frankenstein apresentado como São Cristóvão levando o menino-rei (*O Filho de Frankenstein*) e de uma Brigitte Helm cobrindo os meninos sob o manto da Virgem da Misericórdia (*Metrópolis*), cada um destes filmes acaba por reduzir-se à demonstração de uns quantos gestos quotidianos e poses arquetípicas da humanidade, ilustradores das grandes fases e dos momentos essenciais da vida. O cinema converte--se na enciclopédia desses gestos essenciais comentada pela voz de Alain Cuny: «Da tranquilidade à inquietude, do registo amoroso dos começos à forma dubitativa mas essencial do final, uma mesma força central governou o cinema. Podemos segui-la a partir de dentro, de forma em forma, com a sombra e o raio a gravitarem em volta, iluminando isto, escondendo aquilo, fazendo surgir um ombro, um rosto, um dedo levantado, uma janela aberta, uma fronte, uma criancinha na creche. O que surge na luz é a reverberação do que a noite submerge. O que a noite submerge prolonga no invisível o que surge na luz. O pensamento, o olhar, a palavra, a acção relacionam essa fronte, esse olho, essa boca, essa mão com os volumes, quase imperceptíveis na sombra, das cabeças e dos corpos inclinados em torno de um nascimento, uma agonia ou uma morte [...] um farol de automóvel, um rosto adormecido, umas trevas que se animam, uns seres inclinados sobre um berço onde cai toda a luz, um fuzilado contra uma parede suja, um caminho lamacento à beira do mar, uma esquina de rua, um céu escuro, um raio de sol numa pradaria, o império do vento desvendado numa nuvem a voar. Há apenas traços negros cruzados numa tela clara, e as tragédias do espaço e da vida contorcem o ecrã nos seus fogos [...]. Está presente quando o berço se ilumina. Está presente quando a rapariga surge diante de nós e se inclina à janela, com os seus olhos que não sabem e uma pérola entre os seios. Está presente quando a despimos, quando o seu tronco duro treme ao ritmo da nossa febre. Está presente quando ela envelhece, quando o seu rosto se escava e as suas mãos ressequidas nos dizem que não tem ressentimentos pelos sofrimentos que a vida lhe infligiu [...]»[3].

—

3 *Histoire(s) du cinéma*, op. cit., t. 4, pp. 99-120.

Deste modo, o texto, discorrendo ao longo dessas imagens de gestos arquetípicos, define aquilo que só o cinema é capaz de fazer, o que só ele foi capaz de ver. O texto, porém, que não é de Godard, também não nos fala de cinema. Quase inalterado, procede das páginas que Élie Faure dedica a Rembrandt, na sua *Histoire de l'art*[4]. É evidente que, para Godard, a colagem textual é tão essencial quanto a colagem visual. Mas o desvio aqui operado ganha um significado muito particular. Não se limita a reivindicar para o cinema a herança da tradição pictórica. Reivindica, desde o início do século XIX, uma certa pintura encarnada por Rembrandt. Rembrandt tem sido desde então o herói retrospectivo de uma «nova» pintura: aquela que rompe com a velha hierarquia de temáticas e com a divisão dos géneros que sintetizam a oposição entre a grande pintura histórica e a vulgar pintura de género: a que relaciona o jogo quase abstracto de luzes e sombras com a captura desses gestos e emoções essenciais da vida quotidiana que sucedem à pompa antiga dos grandes temas e das acções esplendorosas. Herói, pois, de uma nova «pintura da história», em tudo oposta à antiga, herói de uma «nova história»: já não a dos príncipes e dos conquistadores, mas a da multiplicidade entrelaçada dos tempos, dos gestos, dos objectos e dos símbolos da vida humana quotidiana, das fases da vida e da transmissão das suas formas. Essa nova história, que críticos de arte à

---

4   Élie Faure, *Histoire de l'art*, Paris, Hachette, col. «Le Livre de Poche», 1976. t. 4, pp. 98-109.

maneira dos Goncourt, depois, de filósofos à maneira de Hegel, lêem nas telas de Rembrandt, Rubens ou Chardin e que a prosa de Balzac ou de Hugo transpõe para o universo romanesco, encontrou o seu historiador exemplar em Michelet e o seu historiador da arte arquetípico na pessoa de Élie Faure, o teórico/poeta dessas «formas» de arte que são também formas cíclicas da vida universal. O «espírito das formas», segundo Élie Faure, é esse «fogo central» que as solda, essa energia universal da vida colectiva que faz e desfaz as formas. Nessa história, Rembrandt representa, de maneira exemplar, o artista que irá captar o espírito/fogo na própria fonte, nos gestos elementares da vida.

Estamos, então, em condições de precisar a natureza exacta do «desvio» operado por Godard em relação ao texto de Élie Faure, que lhe serve para transformar as fábulas dos monstros cinematográficos em livro de ouro das grandes horas da vida humana. A verdade desse mundo originário das imagens que Godard concebe à maneira fenomenológica é esse «espírito das formas» que o século XIX aprendeu a ler como a interioridade das obras artísticas, aquela que liga as formas da arte com as formas da vida partilhada e permite que todas essas formas se associem e se expressem entre si em infinitas combinações a partir da quais possam expressar a vida colectiva que atravessa e une todos os factos, os objectos comuns, os gestos elementares, as palavras e as imagens, banais ou extraordinárias. Esta co-pertença das formas e das experiências recebeu, desde então, um nome específico: chama-se *história*. É que a história, desde há dois séculos, não é já o relato do passado, é um mundo de co-presença, uma maneira de provar e experienciar a co-pertença das experiências e a entreexpressividade das formas e dos signos que lhes conferem uma figura. A rapariga à janela, o farol na noite, o caminho lamacento ou a esquina da rua – mas também as pás do moinho, o copo de leite, o vacilar de uma garrafa ou o reflexo de um crime nas lentes de uns óculos – pertencem à arte desde o momento em que a *história* se tornou o nome da co-pertença das experiências individuais, gloriosas ou comuns, o nome daquilo que coloca as formas do quadro ou as frases do romance – mas também os *graffiti* e as gretas dos muros, o uso de umas roupas ou o desgaste de uma fachada – numa relação de entreexpressividade. A história é este modo de experiência comum onde as experiências se equivalem e onde os signos de qualquer uma delas são capazes de exprimir todas as outras. A era da história tem a sua poética, resumida na célebre fórmula de Novalis: «tudo fala». Entendamos com isto que toda a forma sensível é um tecido de signos mais ou menos obscuros, uma presença capaz de significar o potencial da experiência colectiva que a traz à presença. Compreendamos, também, que cada uma destas formas significantes é susceptível de entrar em relação com as demais para formar novos agenciamentos significantes. E em função desse regime de sentido, em que cada coisa fala duas vezes – na sua pura presença e na infinidade das suas conexões virtuais –, as experiências comunicam entre si e constituem um mundo comum.

É esta história, e esta poética da história, que permite que as imagens de porta-afectos de Hitchcock se transformem em ícones godardianos da presença pura, ou que as palavras de Élie Faure sobre Rembrandt transformem os planos de *Fantômas* ou de *O Filho de Frankenstein* em imagens dos gestos essenciais da vida humana. As imagens-operações dos contadores do cinema podem tornar-se nos ícones fenomenológicos do nascimento dos seres para a presença, porque as «imagens» da era da história, as imagens do regime estético da arte, conferem à operação as suas propriedades metamórficas. Assim é porque pertencem a uma poética mais fundamental que garante a comunicabilidade entre as sequências funcionais do relato representativo e os ícones da religião fenomenológica. Esta poética é aquela que Friedrich Schlegel resumiu na ideia da «poesia universal progressiva»: poesia das metamorfoses que transformam os elementos dos antigos poemas em fragmentos passíveis de ser combinados em novos poemas, mas que também garantem a convertibilidade entre as palavras e as imagens da arte e as palavras e as imagens da experiência comum. Os fragmentos visuais retirados de Hitchcock e outros pertencem a este regime estético das imagens, onde estas são os elementos metamórficos sempre susceptíveis de ser subtraídos ao seu encadeamento próprio, de ser transformados a partir de dentro, de ser unidos com qualquer outra imagem pertencente ao grande *continuum* das formas. Neste regime, cada elemento é, ao mesmo tempo, uma imagem-material, transformável e infinitamente combinável, e uma imagem-signo capaz de designar e interpretar qualquer outra. Esta reserva de historicidade é aquilo que sustenta a poética da(s) *História(s) do Cinema*, essa poética que faz de toda a frase e de toda a imagem um elemento susceptível de se associar a qualquer outro para dizer a verdade acerca de um século de história e de um século de cinema, nem que para isso tenha de lhe modificar a natureza e o significado. É a partir dela que pode ser elaborada a intriga própria desta(s) *História(s)*: a intriga de um cinema que, no mesmo lance, carrega o testemunho do século e desconhece o seu próprio testemunho.

A(s) *História(s) do Cinema* são a manifestação contemporânea mais evidente da poética romântica do *tudo fala*, mas também da tensão original que a habita. Já que há duas maneiras de entendê-la, duas grandes maneiras de fazer com que as coisas falem a linguagem do seu próprio mutismo. A primeira ordena-nos que nos mantenhamos diante delas, que as desvinculemos da sua sujeição às palavras e aos significados das intrigas, para lhes ouvir o sussurro íntimo ou deixar que elas mesmas imprimam as marcas da sua presença. Esta maneira afirma que as coisas estão aí e que para fazê-las falar é preciso proibir a sua manipulação. A segunda, ao invés, partindo do princípio de que todas as coisas e todas as significações se entreexprimem, afirma que fazê-las falar será manipulá-las, será retirá-las do seu lugar para as pôr em comunicação com todas as coisas, as formas, os signos e os modos de fazer que lhes são co-presentes, e que, por isso mesmo, é preciso multiplicar esses curto-circuitos que produzem, com os clarões do *Witz* romântico, o brilho do sentido que ilumina a experiência comum.

A(s) *História(s) do Cinema* regem-se pelo jogo desta polaridade. Por um lado, mantêm um discurso que valoriza incomensuravelmente a primeira maneira. O cinema, diz-nos Godard, é uma «arte sem futuro», uma «arte da infância» votada ao presente e à presença. Nos antípodas de toda a «câmara-lápis», está um ecrã que se estende pelo mundo fora, para que as coisas nele se imprimam. Mas para encenar este discurso, para apresentar essas puras presenças que reivindica, Godard tem de recorrer à segunda maneira, aquela que faz de toda a imagem o elemento de um discurso, ao interpretar uma outra imagem ou ao ser interpretada por ela. Desde as primeiras imagens, a dança de Cyd Charisse, em *A Roda da Fortuna*, longe de manifestar apenas a imanência do movimento coreográfico e da imagem móvel, afirma-se como a ilustração desse pacto hollywoodiano com o Diabo, simbolizado pela aparição de Mefistófeles no *Fausto* de Murnau. Esta simbolização é, em si mesma, dupla já que Mefistófeles representa ao mesmo tempo Hollywood a apoderar-se da arte cinematográfica na sua infância e essa mesma arte, a arte de Murnau, vítima do pacto que ele próprio firmara. Tal dramaturgia resume, num certo sentido, a dupla dialéctica da(s) *História(s)*: a que lhe fornece a sua intriga e a que lhe permite construí-la. A(s) *História(s) do Cinema* declaram uma poética – a da pura presença – e acusam o cinema de tê-la atraiçoado. Para tal, vêem-se forçadas a aplicar uma outra – a da montagem metafórica – nem que para isso tenham de concluir que o cinema esteve, no modo da metáfora, presente no seu século, para melhor o convencer de que não esteve presente nessa mesma presença.

A demonstração articula-se em torno de uma dupla falência: a falência do cinema a respeito do século, derivada de uma falência do cinema a seu próprio respeito. A primeira prende-se com a incapacidade do cinema no desastre de 1939-45 e, em particular, com a sua incapacidade para ver e mostrar os campos da morte. A segunda relaciona-se com o pacto hollywoodiano com o Diabo da indústria do sonho e do comércio das intrigas. A estrutura da(s) *História(s)* é determinada por uma teleologia imperiosa que faz do nazismo e da Segunda Guerra Mundial a prova da verdade do cinema. Tal teleologia implica, ela própria, uma concentração da intriga sobre o cinema europeu, sobre a sua dupla derrota, diante da indústria americana e do horror nazi. É por isso que o cinema japonês é o grande ausente da enciclopédia godardiana. Não que assuma que a Segunda Guerra Mundial tenha implicado o Japão ou que não tenha marcado a sua cinematografia, mas porque essa implicação é por definição impossível de integrar nos esquemas do «destino da cultura europeia», inspirados por Valéry e por Heidegger, que regem a dramaturgia godardiana. O núcleo da demonstração toca, evidentemente, na relação do cinema com os campos da morte. Se «a chama do cinema se apagou em Auschwitz» foi, com Godard, por uma razão diferente da de Adorno. O cinema não tem culpa de querer continuar a fazer arte depois de Auschwitz. É culpado por não ter estado lá presente, por não lhe ter visto nem apresentado as imagens. O argumento é, evidentemente, indiferente a qualquer consideração empírica da maneira como poderia ter estado presente e ao mesmo tempo ter filmado. Como em Rousseau, os factos nada comprovam. O cinema deveria ter estado presente em Auschwitz, porque a sua essência é precisamente essa: estar presente. Em toda a parte onde algo acontece – nascimento ou morte, banalidade ou monstruosidade –, existem imagens que o cinema tem o dever de captar. Logo, o cinema traiu quando se tornou incapaz de estar lá para captar essas imagens. Mas se assim fez, foi porque já o havia feito muito tempo antes. Vendera já a sua alma ao Diabo. Vendera-se a esse «mísero contabilista da máfia», inventor do argumento. Entregara o seu poder da palavra silenciosa à tirania da palavra, a potência das suas imagens, à grande indústria da ficção, à indústria do sexo e da morte, que substitui o nosso olhar por um mundo ilusoriamente de acordo com os nossos desejos. Já antes consentira em rebaixar o infinito dos sussurros do mundo e das suas formas falantes a essas histórias estandardizadas de sonhos concordantes com os desejos dos homens nas salas escuras, ao fazer circular os dois grandes objectos do desejo: as mulheres e as espingardas.

Mas, para no-lo mostrar, Godard teve de operar toda uma série de deslocações e sobreposições, de desfigurações e desnominações. Teve, por exemplo, de mostrar-nos as imagens de *O Lírio Quebrado*, de Griffith, ou as da caça aos coelhos em *A Regra do Jogo*, de Renoir, abocanhadas pela potência da Babilónia hollywoodiana, representada pela Babilónia de *Intolerância* ou pela corrida às costas de homem de *O Rancho das Paixões*, de Fritz Lang. Isto implica uma dupla utilização dos mesmos elementos. A Babilónia de *Intolerância* é o império hollywoodiano e é o cinema de Griffith condenado à morte por esse império. A caça aos coelhos de *A Regra do Jogo* mostra o cinema francês condenado a ser destruído pela ajuda americana (metaforizada pela dança de Leslie Caron e Gene Kelly, em *Um Americano em Paris*, e é a expressão do pressentimento que habita esse cinema: pressentimento da sua própria morte e pressentimento da exterminação por vir, igualmente prefigurada na dança dos mortos desempenhada pelas personagens do filme. *Rancho das Paixões*, por sua vez, é o filme americano feito à medida de uma actriz alemã emigrada (Marlene Dietrich) por um realizador alemão emigrado, Fritz Lang, que, de antemão, havia já encenado, em *Os Nibelungos*, *Metrópolis* ou nos *Mabuse*, a ficção homicida que se apodera da realidade, anunciando assim, também ele, a degenerescência do cinema e os crimes nazis.

Deste modo, a demonstração põe em jogo a capacidade «histórica» do cinema, a sua capacidade de colocar qualquer imagem numa relação de associação e de entreexpressão com qualquer outra, de fazer de qualquer imagem a imagem de outra coisa ou o comentário que transforma uma outra imagem, que lhe revela a verdade escondida ou que manifesta a sua força de presságio. A retrospecção operada por Godard mostra-nos que «esta arte-criança» não deixou de ganhar uma potência distinta, uma potência dialógica de associação e de metaforização. Isto significa também que tal arte, desde cedo condenada à morte, nunca deixou de anunciar a sua própria morte e de se vingar desse império da ficção que a condenava à morte, revelando-o como uma loucura em si mesma votada à destruição. Deste modo, denunciou também de antemão as encenações dos grandes ditadores histriões, que pôs em cena à sua maneira. Desde as iluminações de Nuremberga, que Murnau e Karl Freund «regularam de antemão», até ao ponto culminante de *O Grande Ditador*, de Chaplin, o cinema, segundo Godard, encenou o delírio da ficção no poder e a vingança do real sobre a ficção. Mas essa mesma antecipação definiu uma nova culpabilidade do cinema: não saber reconhecer a catástrofe que anunciava, não saber do que é que estava a falar por meio das suas figuras.

O argumento apresentar-se-ia, em si mesmo, pouco convincente. Pode sempre ver-se na caça aos coelhos de *A Regra do Jogo*, como em qualquer cena de carnificina, uma prefiguração do genocídio. Em contrapartida, o campo bem mais inofensivo de *O Grande Ditador*, de onde o barbeiro e o seu cúmplice se evadem sem grade esforço, revela que o mais acérrimo crítico do nazismo estava a léguas de antecipar a realidade dos campos de exterminação. A diligência artística de *O Grande Ditador* parodia e perverte genialmente a gestualidade hitleriana, da qual se apropria por conta comum do cinema e da resistência política, mas em nada prefigura os campos da morte.

Em contrapartida, a diligência histórica retrospectiva de Godard põe em marcha a potência de associação que essas imagens – ou as de Renoir – possuem com todas aquelas que lhe são virtualmente co-presentes, todas as que se entrepertencem no seio desse regime do sentido e da experiência chamado História. É esta potência de sentido em reserva que Godard utiliza. É ela que lhe permite ver, nos filmes de Renoir ou de Chaplin, de Griffith, de Lang ou de Murnau, as figuras anunciadoras das realidades por vir: a guerra e o extermínio. É esta mesma potência que lhe permite denunciar, em segundo grau, a incapacidade do cinema, a falência desse poder dialógico e profético que não soube reconhecer. E esta denúncia, inteiramente fundada na poética das associações e das metaforizações, acaba, paradoxalmente, por confirmar o discurso da presença e por dar uma nova volta ao dispositivo em espiral da(s) *História(s).* Com efeito, Godard pretende demonstrar que, se o cinema traiu a sua função profética em relação ao futuro, foi porque traíra já a sua função de presença no presente. Da mesma maneira que Pedro renegou o Verbo encarnado, o cinema traiu a fidelidade devida a esse verbo encarnado que é a imagem. Não soube reconhecer a natureza redentora da imagem, essa natureza que o ecrã de cinema, através da pintura de Goya ou de Picasso, recebera da imagem religiosa, da imagem natural do Filho impressa no véu de Verónica.

É esta a redenção que o filme pretende manifestar. Se o cinema pode reconhecer-se como culpado, como Pedro ao terceiro canto do galo, é, com efeito, porque essa potência da imagem ainda fala dele, porque ainda existe nela algo que resiste a toda a traição. No tempo das catástrofes e dos horrores, foi o «pobre cinema das actualidades» quem, segundo Godard, preservou a virtude redentora da imagem. É certo que não esteve nos campos para filmar o extermínio. Mas, em geral, «estava lá». Mantinha-se diante das coisas que filmava, diante da destruição e do sofrimento, e deixava-as falar sem pretender fazer arte com elas. E, por estar animado pelo espírito documental de Flaherty ou de Jean Epstein, soube preservar a essência do cinema, permitindo-lhe renascer das cinzas da catástrofe mundial e espiar os seus erros. Este renascimento do cinema é exemplarmente atestado por dois episódios que põem a nu o método de Godard. É, desde logo, o episódio dedicado ao ano zero do renascimento, ao nascimento de um cinema italiano que escapava à «ocupação americana», simbolizado nas últimas sequências de *Alemanha, Ano Zero*. O tratamento aplicado por Godard é inversamente simétrico ao que utiliza com os fragmentos de Hitchcock. Se os planos hitchcockianos surgem isolados do seu contexto narrativo para se converterem em testemunhos da presença pura, nos planos que dão conta da errância muda de Edmund e do seu suicídio inexplicado, Godard estabelece, pelo contrário, uma conexão rigorosa que converte esse final de percurso num anúncio da Ressurreição. No final de *Alemanha, Ano Zero*, a conduta de Edmund, repelido pelo professor cujo pensamento julgara ter aplicado, recai numa série de atitudes mudas cujo sentido se torna impenetrável: ele caminha, corre, pára, salta ao pé-coxinho, dá um pontapé numa pedra, escorrega por uma rampa, apanha um pedaço de ferro, faz dele uma pistola de ficção que aponta primeiro a si mesmo e, depois, ao vazio à sua frente. No prédio em ruínas, foge ao mundo que se agita lá em baixo: os vizinhos que acompanham o funeral do pai, o irmão libertado que regressa a casa, a irmã que chama por ele lá em baixo. Este apelo não terá outra resposta senão o seu lançar-se no vazio. A esta desconexão radical, Godard contrapõe agora, por via das suas desacelerações, acelerações e sobreimpressões, uma rigorosa conexão que inverte a lógica do episódio. Edmund esfrega os olhos como quem acaba de despertar do sono, como o cinema aprende de novo a ver. O seu olhar vai então cruzar-se com o olhar ingénuo por excelência, o de um outro ícone do cinema neo-realista: a Gelsomina de *A Estrada*. Entre esses dois «olhares de crianças» é o cinema que renasce para os seus poderes e os seus deveres de ver, resgatando-se da América hollywoodiana simbolizada pelo casal dançante de *Um Americano em Paris*. E a extrema lentidão da câmara, imposta por Godard no final do filme, converte a irmã, acabada de se debruçar sobre o irmão morto, num anjo da Ressurreição que manifesta, ao erguer-se na nossa direcção, o poder imortal da Imagem que ressuscita de toda a morte.

Num outro momento, Godard condensará essa ressurreição numa só imagem que nos mostra a redenção do próprio pecador, a redenção da prostituta Babilónia/ /Hollywood. Ao reescrever um episódio de *Um Lugar ao Sol*, põe os amores da bela herdeira, encarnada por Elizabeth

Taylor, e do jovem arrivista, encarnado por Montgomery Clift, à luz da Imagem, ressuscitada dessa morte dos campos que George Stevens filmara em 1945 quando era fotógrafo do exército americano: «Se George Stevens não tivesse utilizado a primeira película de dezasseis milímetros a cores em Auschwitz e Ravensbrück, decerto nunca a felicidade de Elizabeth Taylor teria encontrado um lugar ao sol»[5]. Mais uma vez, Godard não nos deixa aqui avaliar o argumento em si mesmo. Um plano surge a tornar literal esse lugar ao sol. A rapariga a sair do seu banho no lago surge-nos como que cercada, iconizada, por um halo de luz que parece recortar o gesto imperioso de uma figura pictórica aparentemente vinda do céu. Elizabeth Taylor a sair das águas representa então o próprio cinema ressuscitado de entre os mortos. É o anjo da Ressurreição e da pintura que desce do céu das Imagens para devolver à vida o cinema e as suas heroínas. Porém, este anjo tem um estranho aspecto. Desce do céu, mas vem sem asas. E a auréola da personagem suspensa, a expressão do olhar e a capa vermelha com franjas de ouro são, aparentemente, as de uma santa. Só que os santos raramente descem do céu, e não se compreende bem por que motivo esta figura na qual se reconhece a mão de Giotto desafia a lei da gravidade dos corpos materiais e espirituais. De facto, tal perfil não é o de uma santa conhecida por ter praticado levitação. É tão-só o da pecadora por excelência, Maria Madalena. Se plana nos ares, de braços estendidos

---

5 *Histoire(s) du cinéma*, op. cit., t. 1, pp. 131-132.

para o solo, é porque Godard submeteu a sua imagem a uma rotação de 90°. No fresco de Giotto, Maria Madalena tem os pés bem plantados no solo. Os seus braços estão estendidos para o Salvador, que ela acaba de reconhecer nas imediações do sepulcro vazio e cuja mão a repele: *noli me tangere*, não me toques.

É, assim, uma utilização muito concreta da pintura aquela que vai dar o retoque final na dialéctica da imagem cinematográfica. Giotto é, de facto, na tradição pictórica ocidental, o pintor que tirou da sua solidão as figuras sagradas, herdadas do ícone bizantino, e que as juntou para fazer delas as personagens de um mesmo drama, ocupando um espaço comum. O mestre de Godard em matéria iconográfica, Élie Faure, chegara mesmo a arriscar, para valorizar a composição dramática e plástica de *A Deposição de Cristo*, aproximá-la da fotografia de um grupo de cirurgiões ocupados com uma operação. O recorte e a colagem aos quais se entrega Godard ganham, por contraste, todo o seu significado. Ao recortar o perfil de Maria Madalena, Godard não quis simplesmente, depois de André Bazin e alguns outros, libertar a imagem pictural do «pecado original» da perspectiva e da história. Extraiu a figura da santa de uma dramaturgia plástica cujo sentido era, propriamente, a ausência, a irremediabilidade da separação, desse túmulo vazio que era, para Hegel, o âmago da arte romântica e votava essa arte aos jogos da metáfora e da ironia. No lugar do *noli me tangere* impõe-se a imagem absoluta, a promessa que desce dos céus, reerguendo do túmulo a rica herdeira – e, com ela, o cinema –, como a palavra do iluminado Johannes que ressuscitara a jovem mãe de *A Palavra*.

Mas, naturalmente, esta iconização só é possível mediante a intervenção do seu oposto, mediante a poética romântica do «poema dos poemas» que desfaz e recompõe as obras da tradição e introduz, entre as imagens e as imagens, entre as imagens e as respectivas palavras, entre as imagens e os seus referentes, todos os enlaces e todos os curto-circuitos que permitem projectar sobre a história de um tempo os clarões de significados inéditos. Esses curto-circuitos, que a poética de Friedrich Schlegel queria provocar unicamente através da força das palavras, multiplicam-se até ao infinito, graças às possibilidades da montagem videográfica. A(s) *História(s) do Cinema* invertem assim a grande *doxa* contemporânea que acusa o ecrã fatal, o reino do espectáculo e do simulacro. Tornam visível o que a contemporaneidade da arte videográfica já sabia: é no próprio seio dessa manipulação videográfica das imagens, vista por todos como o reino dos artifícios e das simulações da máquina, que, pelo contrário, se ergue uma espiritualidade nova, uma sacralização nova da imagem e da presença. Aqui, são os prestígios da arte videográfica que transformam o discurso melancólico sobre o espectáculo-rei numa regenerada irisação dos ídolos da carne e do sangue. Mas, é certo, o paradoxo pode ser lido ao contrário. Para reduzir os guiões cinematográficos aos ícones puros de uma presença «não manipulada» das coisas, é preciso criar ícones pela força da montagem. É preciso o gesto do manipulador, que decompõe para logo recom-

por todas as composições da pintura e todos os encadeamentos fílmicos. Sem deixar de valorizar a presença pura,
há que conseguir que todas as imagens sejam polivalen-
tes: tomar uma imagem de vento a soprar num corpo
feminino como uma metáfora do «sussurro» originário,
a luta contra a morte da «mais jovem das damas do Bosque de Bolonha» como o sintoma do cinema ameaçado,
e uns coelhos abatidos como uma prefiguração do genocídio. É preciso, em simultâneo com a recusa do império
da linguagem e do sentido, submeter os encadeamentos
de imagens a todos os prestígios das homonímias e dos
trocadilhos. Desta feita, o cinema de Godard reconduz a
interminável tensão entre as duas poéticas, antagónicas
e solidárias, da era estética: a afirmação da radical imanência do pensamento na materialidade das formas e o
infinito desdobramento dos jogos do poema que se toma
a si próprio como objecto.

E este é, sem dúvida, o paradoxo mais profundo da(s)
História(s) do Cinema. Estas querem mostrar que o cinema
traiu, com a sua vocação para a presença, a sua tarefa histórica. Mas a demonstração da vocação e da traição resulta,
precisamente, na verificação do contrário. O filme denuncia as «ocasiões perdidas» do cinema. Mas tais ocasiões
são todas retrospectivas. Foi preciso que Griffith contasse
os sofrimentos de crianças mártires e Minnelli os amores de bailarinas, que Lang ou Hitchcock encenassem as
manipulações de calculistas cínicos ou doentes, Stroheim
ou Renoir, a decadência das aristocracias, e Stevens, as
tribulações de um novo Rastignac, para que surgisse a

ocasião de contar, com os fragmentos das suas ficções, mil versões novas de uma história do cinema e do século. Essas «ocasiões perdidas» são, pois, outras tantas ocasiões ganhas. Godard faz com os filmes de Murnau, Lang, Griffith, Chaplin ou Renoir os filmes que eles não fizeram, mas também os que eles próprios não teriam podido fazer se o tivessem podido, se tivessem, em suma, vindo depois de si mesmos. A história é, propriamente, esta relação de interioridade que coloca toda a imagem em relação com qualquer outra, que permite estar no lugar onde não se esteve, de produzir todas as conexões que não foram produzidas, de reencenar, diferentemente, todas as «histórias». E é esta a fonte de toda esta melancolia radical que subjaz na «denúncia». A história é a promessa de uma omnipresença e de uma omnipotência, que são, ao mesmo tempo, uma impotência de agir sobre qualquer presente que não seja o do seu desempenho. É, em definitivo, este «excesso de poder» que se denuncia a si mesmo como culpado e invoca a redenção da imagem nua. Mas tal redenção tem como preço mais um excesso, mais uma volta na espiral. E este suplemento atesta, ao invés, a possibilidade infinita e a radical inocuidade da grande manipulação das imagens. Compreende-se que a figura do «falso culpado» assombre o filme de Godard. Um «falso culpado», à maneira de Hitchcock, é aquele que consideramos erradamente ser culpado. À maneira de Dostoievski, é algo muito distinto: aquele que, em vão, se esforça por parecer culpado. Mostrar por toda a parte a inocência desta arte que deveria ser culpada, para provar, *a contrario*, a sua missão sagrada, talvez seja esta a mais íntima melancolia da aventura de Godard. A moral do cinema é feita à imagem das suas fábulas, contrariada.

ÍNDICE DOS FILMES CITADOS

«A loucura Eisenstein» desenvolve alguns elementos provenientes de artigos fornecidos ao jornal *A Folha de São Paulo* (22 de Março de 1998) e aos *Cahiers du cinéma* (n.º 525, Junho de 1998).

«Tartufo mudo» tem origem numa comunicação apresentada no colóquio *Friedrich Murnau*, organizado pela Cinemateca Francesa, em Novembro de 1998, por iniciativa de Jacques Aumont.

«De uma caça ao homem a outra» é a versão modificada de uma conferência proferida a 7 de Janeiro de 1997 no âmbito do Collège d'histoire de l'art cinématographique da Cinemateca Francesa.

«O realizador-criança», redigido a pedido de Antoine de Baecque, teve uma primeira publicação em *Traffic*, nº 16, Outono de 1995.

«Poética de Anthony Mann» foi escrito, a pedido de Serge Daney, para o n.º 3 de *Traffic*, Verão de 1992.

«O plano ausente: poética de Nicholas Ray» foi escrito por solicitação de Jean-Pierre Moussaron, na perspectiva de uma obra colectiva sobre o cinema americano.

«De uma imagem à outra? Deleuze e as idades do cinema» tem origem numa conferência no quadro do seminário «La Mirada del filosofo. Cine y pensamento en el cambio de milenio», organizado por Domenec Font na Residencia de Estudiantes de Madrid, a 20 de Novembro de 2000.

«A queda dos corpos: física de Rossellini» teve uma primeira publicação no volume *Roberto Rossellini*, dirigido por Alain Bergala e Jean Narboni (Cahiers du cinéma/Cinemateca Francesa, 1990).

«O encarnado de *La Chinoise*: política de Godard», nascido para uma apresentação do filme aquando do festival *Cinéma et marxisme*, organizado por Emmanuel Burdeau e Thierry Lounas, teve uma primeira publicação em *Traffic*, n.º 18, Primavera de 1996.

«A ficção documental: Marker e a ficção da memória» foi escrito a pedido de Martin Rass para o volume *«...sie wollen eben sein, was sie sind, nämlich Bilder...» Anschlüsse an Chris Marker* (Königshausen und Neumann). Uma primeira versão, em francês, surgiu no n.º 29 de *Traffic* (Primavera de 1999), por iniciativa de Raymond Bellour.

«Uma fábula sem moral: Godard, o cinema, as histórias» sistematiza diversas intervenções escritas ou orais (*Cahiers du cinéma*, n.º 537, Julho de 1999; comunicação no colóquio *Cinema and French Society in the 90s*, organizado em Abril de 1999, em Nova Iorque, pela Association for French Cultural Studies, por iniciativa de Jean--François Brière; intervenção ocorrida no Museu do Jeu de Paume, em Fevereiro de 2000, por convite de Danielle Hibon).

Todos os textos foram retrabalhados para o presente volume. O livro conta ainda com o trabalho efectuado por ocasião dos meus seminários na Universidade de Paris-VIII e no Collège international de philosophie. Os meus agradecimentos vão para todos aqueles e aquelas que me incitaram a falar ou a escrever acerca do cinema ou que me forneceram os meios para o fazer. Agradeço, em particular, a Rodolphe Lussiana pela sua ajuda.

ÍNDICE

FÁBULAS DO CINEMA, HISTÓRIAS DE UM SÉCULO

TRADUÇÃO
LUÍS LIMA

ORFEU
NEGRO

BÉLA TARR – O TEMPO DO DEPOIS
Jacques Rancière

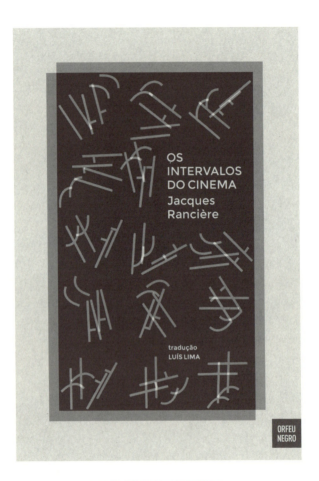

tradução
LUÍS LIMA

ORFEU
NEGRO

OS INTERVALOS DO CINEMA

Jacques Rancière

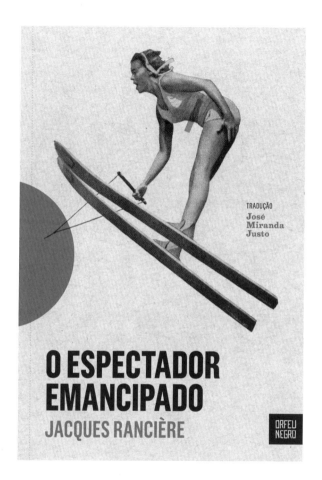

TRADUÇÃO
José
Miranda
Justo

O ESPECTADOR
EMANCIPADO

JACQUES RANCIÈRE

ORFEU
NEGRO

O ESPECTADOR EMANCIPADO

Jacques Rancière

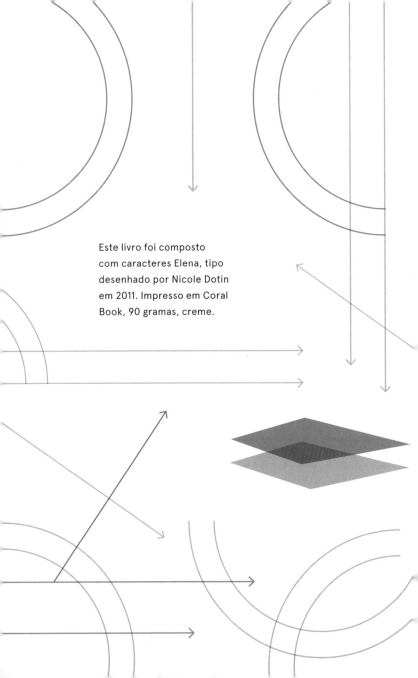

Este livro foi composto
com caracteres Elena, tipo
desenhado por Nicole Dotin
em 2011. Impresso em Coral
Book, 90 gramas, creme.